# 阿甘節稅法

## 全方位理財第三堂課
### 讓你隱形加薪,退休金翻倍

闕又上 著

# CONTENTS

| | | |
|---|---|---|
| **作者序** | 因為他的一句話,使命感驅動這本書 | 006 |
| **感　言** | 與夥伴同行―賺到錢,也賺到人生 | 012 |
| **導　讀** | 「稅」醒時分,讓你的退休金再翻倍! | 016 |

## PART 1　掌握節稅智慧　突破投資理財的思維盲點

### CHAPTER 1　中產階級翻身,贏在觀念

| | |
|---|---|
| 1-1 國家理財和個人理財的相同與不同 | 020 |
| 1-2 我們國家「窮在觀念」上 | 025 |
| 1-3 跛腳稅制下,如何合法照顧權益? | 030 |
| 1-4 鐵鎚人的視野和挑戰 | 037 |
| 1-5 政府暗示可以大方做的節稅之道 | 046 |
| 1-6 鋪了紅地毯的特殊節稅通道 | 054 |

### CHAPTER 2　稅務規劃的重點打擊

| | |
|---|---|
| 2-1 節稅像什麼? | 062 |
| 2-2 屬於你的聰明細心規劃 | 068 |

## CHAPTER 3　這樣做，節稅更有利

| | |
|---|---|
| 3-1 為什麼您會多繳稅？ | 083 |
| 3-2 我到底還有沒有合法省稅的空間？ | 087 |
| 3-3 節稅還是繳稅，公司還是個人？ | 091 |
| 3-4 大哉問：這個可以抵稅嗎？ | 096 |
| 3-5 節稅的方向該往那裡找？ | 100 |
| 3-6 別繳冤枉稅 — 報稅前的叮嚀 | 104 |
| 3-7 報稅不等於稅務規劃 | 108 |

## PART 2　把關稅負的第一道關卡
### 先守荷包，再創財富

## CHAPTER 4　細說個人所得

| | |
|---|---|
| 4-1 綜合所得稅 | 115 |
| 4-2 掌握報稅三步驟 | 123 |
| 4-3 最低稅負制 | 129 |

## CHAPTER 5　個人所得節稅攻略

5-1 綜合所得稅之 4 項扣除額　　　　　　　　　　141

5-2 個人所得 3 大節稅重點打擊　　　　　　　　　149

5-3 善用國稅局試算工具　　　　　　　　　　　　166

## CHAPTER 6　各式資產收益特性與稅收

6-1 股票　　　　　　　　　　　　　　　　　　　169

6-2 債券　　　　　　　　　　　　　　　　　　　187

6-3 全方位解析 ETF 與共同基金　　　　　　　　194

6-4 其他理財商品與稅務觀察　　　　　　　　　　204

## CHAPTER 7　投資節稅攻略

7-1 調兵遣將，稅省一半　　　　　　　　　　　　212

7-2 投資美股稅務指南　　　　　　　　　　　　　227

7-3 長期持有 v.s. 避開股息稅　　　　　　　　　　234

7-4 善用交易所得稅的差異　　　　　　　　　　　247

7-5 有美意，但不美麗的分離課稅　　　　　　　　250

**PART 3**

## 從財富傳承看財稅布局
## 無縫接軌，移轉與延續

### CHAPTER 8　台灣不動產之稅負與隱形成本

8-1 購買不動產之隱形成本　　263

8-2 持有不動產之隱形成本　　266

8-3 出售不動產之隱形成本　　275

8-4 不動產節稅 3 大重點打擊　　283

### CHAPTER 9　遺贈稅之稅負概略

9-1 贈與稅的聰明規劃　　291

9-2 遺產稅的規劃　　303

9-3 不動產之贈與和繼承　　309

9-4 遺產繼承順序　　313

9-5 夫妻財產分配，剩餘財產計算標準　　316

### CHAPTER 10　贈遺稅之節稅 10 大重點打擊　　319

### 作者序
# 因為他的一句話，
# 使命感驅動這本書

　　為什麼要寫節稅規劃這本書？因為要達到財務自由，或更高一層，人生更圓滿境界的均衡財富，或提早達到人生均衡財富，也就是工作、健康、家庭、友情、心靈這人生五顆球加上善循環。要達到這個目標，就無法不觸及五大整體財務規劃，而稅務規劃就是其中繞不開的議題之一。

　　因為「他」的一句話寫這本書，這個「他」是誰？他就是張忠謀先生。他曾經說過，回來台灣是想要打造一個世界級的高科技公司，驅使他的是一個「使命感」，他做到，也完成了，交出了人生極為亮麗的成績單！

　　「使命感」就驅動我寫這本書的動機，因為我需要訓練理財規劃顧問的教材，而培養「付費」而非銷售型的理財顧問的理由，就是因為我想改變現在金融服務業，太嚴重的利益衝突的運作機制。

　　我曾經在《全方位理財的第一堂課》提到五大整體財務規劃包括：

### 1. 保險規劃
　　是在有保護傘的情況之下，避免在「生（殘）老病死」的階段，沒有任何保護和規劃，而遭受突來的風險和意外的撞擊，致使家人或自己陷於萬劫不復或落入困難的財務狀態。保險規劃就是在有保護的情況之下，進行財富的累積。

## 2. 稅務規劃

在合法的情況下節稅，讓省下的任何涓滴資金，都可以流入投資帳戶，日復一日，年復一年，把投資帳戶細心呵護的養大，直到帳戶裡的被動收入逐漸可以取代自己辛苦工作所得的主動收入，屆時就可以空出雙手，追尋自己一生中想要完成的其他目標或願望，例如張忠謀先生就是在 54 歲時，有了一筆足夠寬裕度過晚年的退休金之後，來台灣放手一搏，實現他未酬的壯志。

## 3 投資規劃

利用資金持續創造財富。投資就像孵化養育小雞，要有日後不虞匱乏的營養雞蛋供應，先不管是雞生蛋還是蛋生雞這個人類還沒搞清楚的先後議題，你自己先要有一個起點來啟動，不管是你的專利、知識、勞力付出等，都必須先轉換成資金，這是投資規劃中的生產原料。

為了達成目標，你不能在保險規劃的地方犯錯，造成巨大的風險缺口，或者資金被保險給消耗了，變成我所謂的「保險規劃 100 分、投資規劃 30 分的不及格狀態」。同樣的，進行合法的節稅，若把可省的錢給浪費了，那就像是一個有漏洞的水壺，辛苦賺的錢，在欠缺知識和大意中給流失了，把重要的投資規劃和成長加重了困難度，也彷彿像是足球賽中的豬隊友，不但沒有阻擋對方的進攻，還把球踢進自己的球門內。

投資規劃對還沒有達到財務自由的人而言，它是重中之重，而且是五大整體財務規劃中，一個重要提高生產動能的重點階段，而它也必須仰賴保險規劃，用小錢保護大錢，才不會形成漏洞而拖垮可以進行投資規劃的資金，也必須借助稅務規劃中點滴省下來的錢，加速投資規劃的力道。

如果保險規劃與稅務規劃都出了問題，那麼在投資規劃上，就算你是

巴菲特再世,也會面臨巧婦難為無米之炊的困境!
4. **退休規劃**:享用財富的階段。
5. **遺產規劃**:將愛傳遞和分配財富的階段,會在後續系列書籍中說明。

## 取書名看本書思維,你沒有看到的幕後花絮

為什麼談稅務規劃,卻又要和理財(如投資的知識與運用)結合一起討論?從我們取書名的時候,種子講師的建議,以及我的講評互動如下,可以看到我們的思維。以下來一點你沒有看到的幕後輕鬆花絮報導。

種子講師A:以下是我想到的書名以及副標題供參考。

書名:聰明節稅,無痛加薪!

副標題:全方位理財的第三堂課。

我:聰明節稅已經有人用了,不宜再用,大家再想想看。

種子講師A:好,我把聰明節稅改一下。

書名:隱形加薪,超額節稅法。

我:懂得稅法的運用,增加省稅的福利,確實像隱形的薪水,但是超額節稅,也未必是每一個人都適用,有點誇大。

種子講師B建議書名:省稅賺大錢。

我:省一點小稅就要賺大錢,這也未免想得太美了。

種子講師莎拉也來腦力激盪,書名:個人節稅提早致富的終極解答。

我:提早致富的終極解答,來自於好幾個面向都要做好,節稅只是其中一個環節,小資族和上班族很多人沒有這個空間,你把節稅這個效益說得太過頭了。

種子講師 C 建議書名：你沒有學到的阿甘稅務規劃。

我：你沒有學到的阿甘節稅法，這個跟我們《阿甘投資法》有一點呼應，阿甘的本質就是：誠懇、認真、專注、不花俏、實在，一步一腳印朝既定的目標前進。節稅，不是投資取巧，這個有吻合，可以列入選項之一。

種子講師 D 也來腦力激盪，建議書名：你沒有學到的有錢人如何節稅。

我：有錢人節稅，不完全在這一本基礎的個人稅務規劃中呈現，高資產人士的節稅有另外的討論，特別是他們有公司的組織時，這不在本書個人節稅的討論範圍。雖然在第二部分的投資理財與遺產規劃有些案例，但只是略微觸及，不全然涵蓋有錢人的節稅，所以這個書名有點誇大。

種子講師 E 說，他建議的書名是：節稅秘笈，人人上手。

我：你把稅法當武俠小說了，有點像江湖賣狗皮藥膏的味道啊。

E 說：不好意思，我微調一下書名。

書名：為什麼你賺得比別人少，卻繳得比別人多？有錢人沒告訴你如何節稅的秘密。

我：繳稅是跑不掉的，也是公民應盡的義務，讓錢不「稅」著也很難，也不完全是我們要傳遞的訊息。**我們要的是在一個合法的情況之下，做到「合法、聰明、專業的節稅，甚至有簡單、安全、有績效的系統投資理論，和已證明可行的投資智慧做結合。」**

種子講師 F 也來建議書名：讓你退休金翻倍的節稅智慧。「稅」醒時分，讓你退休金再翻一倍！

我：退休金再翻一倍，你們好大的口氣，把人騙死了不償命啊？！

回覆他們的講評之後，我在想為什麼種子講師們大多提到，一旦你了解稅法的運用，「稅」醒之後，竟然有機會讓退休金翻倍？究竟是誇大其詞，還是真的他們看到了什麼樣的數字和知識的運用？

其實真的是有可能的，我只是不願意他們過於自信，少了謙虛，但事實上，節稅和投資的結合及運用，還真的有機會創造這樣的可能性，本書後續將會有一個數據來印證。

## 合法節稅是小資族的希望，也是人間的四月天！

為什麼整個參與編輯小組的財務規劃顧問和種子講師們，會那麼堅定的認為，稅法必須和投資知識結合，是不是他們看到了你沒有看到的視野和風景？

是的，因為他們看到了，且我們大家都認為小資族們應該要有的理財知識，因為知識就是財富和力量，也是若干年後應該達到的那個目標。這個風景在每一個小資族和中產階級心中都必須存在，而它就像林徽音寫的那首詩《你是人間的四月天》。

我說你是人間的四月天，
笑響點亮了四面風；清靈
在春的光艷中交舞著變。

你是四月早天裡的雲煙，
黃昏吹著風的軟，星子在
無意中閃，細雨點灑在花前。

那輕，那娉婷，你是，鮮妍。

百花的冠冕你戴著,你是
天真,莊嚴,你是夜夜的月圓。

雪化後那片鵝黃,你像;新鮮初放芽的綠,你是;
柔嫩喜悅水光浮動著你夢期待中白蓮。

你是一樹一樹的花開,是燕在樑間呢喃,你是愛,是暖,
是希望,你是人間的四月天!

## 國家財理得好,個人的家庭理財會更有效

　　那麼,為什麼本書談稅務規劃,又會提到國家理財的財政議題呢?因為,若是國家財理的好,個人的家庭理財會更有效的達到小康境界或財富自由,這是孔子〈禮運大同篇〉裡的最高境界,「使老有所終,壯有所用,幼有所長,矜、寡、孤、獨、廢、疾者皆有所養,是謂大同的境界。」

　　談個人理財之前,談些國家理財還有一個重要的原因,如果決策的層峰或領導者,沒有一定的理財視野跟專業,很容易就陷入「鐵鎚人」的盲點,若領導者沒有跨領域的知識,就會造成將帥無能,累死三軍的窘境。

　　我們現在的領導者,在過去的教育體系和環境下,沒有國家理財的知識和視野,但亡羊補牢為時不晚,必須趕緊從現在就開始培養,說不定我們的讀者中,就有未來的總統,或者成為層峰的決策者,或許就是正在閱讀本書的您,或是您的子女,這機會雖然小,但我還是要把握每一個可能的機會,因為,這也是我的「使命感」!

筆於 2025 年 4 月 11 日　台北

### 感言
# 與夥伴同行——
# 賺到錢，也賺到人生

　　這本《阿甘節稅法》稅務規劃一書，是由我與種子講師們共同編輯製作，對我而言，這麼做的另外一層目的，既是「整體財務規劃顧問」的培訓過程，也是團體協做同一件事情的默契養成，更有價值觀、工作態度、企業文化的養成。同時，本書也將作為未來種子講師培訓的教材之一，具有多重的意義在其中。

## 感謝共同完成本書的種子講師們

　　這個過程雖然比我一個人寫書的時間要拉得更長，要協調的事情更多，但正是所謂「一個人走得快，一群人走得遠」，而後者正是我未來幾年，希望能夠培養更多種子講師，以及能把客戶利益擺在最高位階，能夠提供解決方案的專業人才的目標，因此即使花的時間比較長，或許結果不是最完美，但卻是必須勇敢踏出去的關鍵一步。

　　在本書的編寫過程中，這些夥伴們以專業與熱情共同努力，使內容更加完整與深入。沒有他們的參與，這本書也無法完成，在此感謝所有種子講師團隊的投入與用心。本書各章節分工的夥伴如下：

- 綜合所得稅篇，由林郁婷及杜志遠合作，其他種子講師輔助整理。
- 投資理財稅務篇，由杜志遠負責，並由其他種子講師輔助整理。
- 房地稅，由許涵婷、梁力芳負責，並由其他種子講師輔助整理。
- 遺贈稅，由高意如負責，並由其他種子講師輔助整理。

此外，還有多位種子講師、實習種子講師的投入與協助，他們分別是陳芝穎、黃彥傑、余家傑、吳亮均等，以及兩位責任主編王淑君、陳麗。他們不僅參與了多數議題的討論，還對內容的豐富性與增修提供了極大的幫助，他們幾乎涉獵多個領域，貢獻良多。

## 感謝會計師之專業審閱

同時，更是感謝朱建成會計師、胡碩勻會計師兩位專家在百忙之中，特別審閱本書並給予指教與更正，感謝他們的專業建議。如果這本書有好的可讀性，他們兩位絕對有相當的貢獻，若有疏漏之處，仍是我們的缺失和應負的責任。

但這本書畢竟不是會計師寫的書稿，而是從財務規劃顧問的角度來思考，所以我會建議再搭配以下我的兩位會計師朋友之精彩著作，分別是：

胡碩勻會計師的《節稅的布局》，他透過許多精彩的時事與故事，讓大家可以更容易了解稅法，我們曾經在《全方位第一堂課》書中介紹過他的大作。

如果你已經擁有上一本書，那麼你也可以參考由鄭惠方會計師所著的《艾蜜莉會計師教你聰明節稅》，該書結構嚴謹，許多圖表都是經過她用心思考後，以最容易吸收的方式呈現。

有了以上兩本書，再搭配我們的《阿甘節稅法》，應該有很大的機會，讓你對稅法有充分的了解，在節稅之道上，不再那麼遙不可及。

## 推動全方位財務規劃服務

最後我還有一點感言。我 1985 年赴美留學，在異國的天空下打拚並不容易，40 年後努力的成果，讓我已經有條件如閒雲野鶴般走訪世界的名山大川，享受美景與美食。但我此刻卻在美東的書房一角，為台灣全方位財務規劃的理財教育而努力。

台灣理財規劃顧問的認證，也就是 CFP（Certified Financial Planner），在台灣推廣也快 20 年了，但還是無法被多數民眾認知和利用，這當中有很多的因素，民眾沒有付費觀念固然是其中之一，但專業人士還是應該負最開始和最重要的部分，比如：一、專業人士和民眾之間的利益衝突；二、銷售的誘因大於規劃的動機（motivation）；三、五大整體規劃的專業訓練，實際經驗不足。

這三個不是金融服務業人士的盲點，因為他們都清楚，只有少數人願意投入，一步一步去克服上述的困境。我想起張忠謀先生的那句話：「回台灣，驅動他的是強烈的使命感。」台積電 30 年的努力成就了護國神山，如果我也能夠努力幾年，讓這個付費諮詢的整體財務規劃可以更上層樓，創造更多民眾和專業人士都能夠雙贏的局面，相信國家社會也能因此獲利，那麼這個辛苦就很值得。

## 驅動力與人生目標

張忠謀先生曾說：「好的道德，也是好的生意。」我們深信把工作做好，加上正直和善良，是可以形成三贏的局面：客戶有一個可以信賴的「家

庭理財」醫生，進而有可能改變理財的命運；我們的財務顧問能賺到錢也賺到人生；最後我們的社會有小康安居的祥和，這三贏不是很好嗎？

很高興的是，我們這一次的教材編輯小組中的種子講師，有幾位就是來自於金控公司的理專，或者高科技公司的幹部。他們有些人多年來持續追隨又上財經學院的 YouTube 頻道與閱讀我的書籍，認同均衡人生五顆球（工作、健康、家庭、友情、心靈）＋我們推廣的善循環之理念，決定給自己這一生要賺到錢也賺到人生的終極目標。

於是他們辭掉了原有的工作，投入這個很有可能慢慢翻轉台灣金融生態的服務，也就是前面所說的，專業人士應負起開始和改進最重要的「利益衝突、銷售的誘因大於規劃、全方位規劃的經驗不足」，這三個缺失，希望我們小小的一步，能夠促使社會往前推進一步。

這些種子講師的勇敢和決心，讓我有吾道不孤的感覺，如果您渴望有工作的意義及人生的成就感，也相信以客戶的利益為先，把工作做好是會賺到錢，也賺到人生的信仰者。歡迎金融服務業的從業人員，和會計師、律師，以及對全方位理財規劃顧問工作有興趣的夥伴，加入我們的行列，一起同行。因為一個人走得快，一群人走得遠，希望我們在面對挫折時，還能堅持初衷。

也希望你透過我們的系列書籍，為自己增加應有的理財知識和技能，當國家社會面對眾多困境，諸事紛擾，無法幫助你時，你也能透過理財知識來自助。

我始終認為理財知識是現代人必備的技能，希望我們的知識和經驗，能為你點亮一盞前行的燈，讓我們一同前行！

又上財經學院

## 導讀
# 「稅」醒時分，
# 讓你的退休金再翻倍！

當你看完這本書，了解合法節稅的幾個重要突破點之後，「稅」醒了並且照做了，真的能讓退休金再翻一倍嗎？

是的，看完這本書，我們的目標設定，就是期望給小資族和中產階級們帶來一些節稅的希望，和理財的人間四月天。

### 知稅法，懂理財

這個目標雖然有一點挑戰，但是成功率還是相當大的，就像電影《007》中所說的，這是可行的，也行得通（it is workable and doable），這個目標是什麼呢？就是在眾多稅法中，找到一個合法或多個合法省稅的法條或方案，每年省下 1 萬 5 千元的稅錢，相當於每個月省 1,300 元，並將這個省下來的錢投入在台灣最強的 50 家公司的 ETF。

根據永豐金控網站資料顯示，假設一個 25 歲畢業的年輕人，工作 40 年後，65 歲退休，國家目前可以給予一次提領的退休金，也就是勞保部分，大約可領 180 萬左右。

但是，如果這個年輕人將每年合法節稅省下的 1 萬 5 千元，同樣 40 年的時光，透過台灣 50 大企業的股價成長，如果以年均 7％計，退休金估計約在 320 萬左右，相當於可獲得勞保基金的兩倍金額，效益**翻倍**。

國家勞保會不會破產？我不知道，或許不會，但勞保基金走得如此艱辛，搖搖欲墜。先不管它會不會破產，我們每個人從現在開始，就該好好運用稅法資訊和理財知識，透過本書辛苦地分析歸納與整理，能夠讓你以簡御繁的有效實踐。

　　知識就是力量，從翻閱本書開始！

## 本書該如何閱讀？

　　這本書與我過去寫書的方式為何不同，為什麼是先見林，再見樹？本書希望達到的目標是什麼？

　　在寫這本書時，我不斷思考與觀察，一般讀者在閱讀像這樣充滿大量稅法與稅務規劃的書籍時，會不會知道了法條規則，卻不知如何運用？以及在什麼地方使用？而且稅法與其他學科如投資、保險、退休遺產規劃的關聯性又是什麼？

　　在我的認知，知道如何合法節稅，比只是把它當成一門知識更重要。

　　有了這樣的方向跟思考，我站在一個整體財務規劃顧問的角色來撰寫本書，而不是會計師或法學專家。我更關心的是能否達到效果，並且與其他領域的整體財務規劃進行串聯與整合。

　　本書第一篇的三個章節由我主筆，各位可以捕捉到我以往寫書的風格，希望透過故事讓大家掌握到節稅的思維。它不只是稅法上的理解，因為就算你對稅法不理解，你也可以借重會計師或財務規劃顧問來達到節稅的目的，畢竟這已經是專業分工的時代。

　　因此本篇我想讓大家了解，我們身處在現行財政稅收的大環境中，要如何來看待節稅這件事。

　　接著，我摘錄過去在美國寫過的一些節稅文章，透過故事讓大家了

解，節稅除了要了解稅法以外，還有哪些應該注意的事項。有了這樣的思維與視野，在借重專家之時，才不會與專家雞同鴨講，甚至可以運用從本書中學到的知識來與專家討論，快速形成共識，集合兩者的力量集思廣益，雙劍合璧，創造最大的節稅效益！

第二篇以後，開始針對個人綜合所得稅、投資理財、房地產、贈與及遺產等涉及的稅法進行介紹，特別是本書特別設計屬於你的聰明規劃「20個重點打擊」，針對不同族群設計不同的情境與說明，你可以試著從中找到可以使用的工具，幫助你在節稅上產生直接的效果。

總的來說，本書就是希望你能先看到財政稅收的大輪廓，接著再從各個細節去找方法。期盼你能在閱讀本書的過程中，從複雜的稅務世界裡找到屬於自己的節稅之道，讓退休金得以倍增，財富更好的傳承！

PART 1

# 掌握節稅智慧
## 突破投資理財的思維盲點

# CHAPTER 1

# 中產階級翻身,贏在觀念

## 1-1 國家理財和個人理財的相同與不同

當年我在成功嶺服役時,常聽到基層士兵或軍官抱怨:「將帥無能,累死三軍。」但將帥為什麼會無能?將帥一層一層從基層歷練做起,怎麼還會無能呢?

巴菲特(Warren Buffett)的最佳拍檔查理・蒙格(Charles Munger)曾說,公司的資本配置(Capital allocation)是一個新上來的公司執行長還沒學會的課,否則他們也不需要有這麼多的併購或重組,來收拾殘局的糟心事。

以上兩個問題,都可以用「彼得理論」(Peter Principle)來說明。「彼得理論」是加拿大著名的教育暨管理學家勞倫斯・彼得(Laurence Johnston Peter)在 1969 年出版的一本同名書中提到的原理,此原理是指:在組織或企業的制度中,人們努力設法讓自己升遷,或是被選拔至高階職

位時，因為在新職位裡從事著本身並不專長的高階職位，最終變成組織的障礙物（冗員）及負資產。

「彼得原理」解釋了人力資源中的職等階層競爭，原理中帶有黑色幽默，但卻很寫實，特別是有些政務官是因政治、人情、有派系酬庸而上位時，更容易出現此種情況。

## 當國家不會理財時

偏偏國家理財不當，影響的層面更深更廣，輕則民不聊生或生活艱困，重則百姓生靈塗炭。苦惱的是，總有「彼得理論」中不適任的人會出現在那個位置上，而引發種種問題，從高度與廣度來看，我認為至少有兩個主因。

### 主因一：無綜效（No Synergy）

對擁有的資源無綜效的運用，簡單地說，每個部門各自為政，無法結合做成可以相互支援以達成目標的完整有機體，這是高度的問題，高度決定了出路。

### 主因二：鐵鎚人思維

因為所受的訓練或所熟悉的領域，以及手上的工具就只有一樣，沒有寬闊的視野和高度的遠見，所以看不清楚全貌，造成問題的原因所在，這就是所謂的「鐵鎚人」。我們在後面會以國家領導階層、專業人士和個人的例子來說明。

## 台灣百年難遇的機會錯失了

2017 年的 8 月，我寫了一本書，出版社刻意為我打造了這麼一個金融專業人士的形象，取名《華爾街操盤手給年輕人的 15 堂理財課》，也接受了台大投資社團的邀請做了一場演講。

印象是 2017 年的年底或 2018 年年初，我搭機從紐約直飛台灣，在甘迺迪機場候機時，有位朋友來送行，那天夜裡剛好飄雪，我在有著挑高斜面玻璃窗的候機大廳，坐在開放式的咖啡飲品區，望著窗外緩緩飄下的雪，剎是好看，但當時卻不知道那是我個人投資生涯的一個風暴，和國家理財的興旺命運在那個當下正同時展開，分道發展。

七年後，中華民國百年難遇的一次理財機會錯過了，如同當時演講感慨一般。而我個人經歷的困頓和挑戰，卻有否極泰來轉好的跡象，讓我告訴你這一段前塵往事。

不知道是台大邀請的社團對我的演講沒有信心，還是當時沒有借到更大的教室，印象中那天演講的階梯教室不大，卻有三方人馬匯集，分別是我臉書的粉絲朋友、出版社官網的讀者通知，還有台大投資社團的學生宣傳，把整個教室擠滿了，走道上還有一些人進不來，我就邀請他們在演講台前的空地上席地而坐。那時是冬天，地板是涼了一點，但現場的氣氛卻很熱絡，這對演講者來講是最好的場景。

那幾年我常往返台灣和美國，對台灣大環境面臨的困境與議題也有一定程度的觀察，年輕人關心的議題不外乎：低薪、老年長照、房價高漲中產階級買不起、勞保退休金面臨破產等四個恐懼與危機。

演講中，我說這四項問題，只要做一件事，都可以解決！此言一出，感覺全場的耳朵都豎了起來，眼睛也亮了起來。

當時正值美國總統川普（Donald Trump）上台的第一個任期，啟動了中美貿易戰，嚴格來說應該是中美的科技戰。我觀察到了一家公司，在這當中扮演了一個重要角色，這個觀察也是我2018年應邀信義房屋的一場演講中的主題，我在演講中就直接說了答案：「只要買下台積電，以上的這些問題都可以解決！」

為什麼我敢這麼大膽預測？

張忠謀先生的自傳下冊在2024年年底終於和讀者見面了，他在書中提到，早年台積電是中華民國最大的投資案，在募資過程極為艱難，彼時孫運璿院長中風無法履職，由俞國華院長接任，要求能夠有像樣的國際公司來投資，以提振強化國內企業參與的意願。為此，張忠謀寫了無數的開發信給德州儀器（Texas Instruments Inc.）和英特爾（Intel）公司，信中誠懇請求對方給予機會，允許他前往進行項目報告，但最終國際上沒有一家公司願意參與，除了一開始表達有意願的荷蘭飛利浦公司。

當時為了保有私人企業的經營活力，也不受國家公務體系的繁文縟節的阻礙而耽誤高科技企業的創新，行政院國發會擁有48.6%的股權，但截至2017年時，國發會的持有股權下降到只有6.8%，我當時深深感覺，如果不趁這個時機趕快把股權買回，未來將是極大的遺憾。

## 影響自己退休金的投資標的，不能自己決定？

我在台大長達兩個多小時的演講，強調了台積電不論是從科技面、經濟成長面與稅收面來看，對國家的助益有非常重大的影響，甚至對國防都有極大的幫助。我的這番話，好似讓教室外的寒意全被我們室內的熱情給驅散了！

第二天，有人傳來一位同學在臉書上聽完演講後的分享，大意是說，他昨晚到台大校本部聽了我的演講，我提到了買下台積電，就可以解決台灣經濟的各種困局。有些同學們回去一算，全部買下台積電在當時大概要5.5兆台幣，划算嗎？真的該買嗎？當然，各種贊成反對的聲音都有。

　　事實上，我在演講中提到，政府其實已經沒有這個實力買回台積電全部的股權，就算有，也沒有那個遠見與膽識，但民間的力量卻有這個實力，何以見得？

　　當時根據媒體的訊息，台灣整個銀行的定存高達40兆，只要讓民間定存的13％資金往證券市場移動，再加上政府自己還擁有的6.8％，那麼此舉便如電影《007》中所說的，行得通也做得到。

　　更何況，再搭配有節稅誘因的退休金自提，政府只要放寬勞工退休金，可以自提和自選投資標的，在歐美先進國家來說，這是引水入渠的好方案。

　　可惜現在我們的勞退金只能自提，卻不能自選投資標的，這純粹就是政府領導階層在視野與思維上的盲點，這個到底有多離譜，說起來你都難以相信。

　　不要說是一流國家的法規，就算是「正常國家」，全世界已經很少看到有哪個國家的民眾，從自己口袋拿出來用於退休金的錢，不能自我選擇投資標的。而這個盲點就在於主管機關在投資股市上，還留在30年前的落伍刻板印象，認為投資股市會虧錢，為了保護民眾，而不允許他們自行管理勞退自提的錢，只能交由政府管理。

　　況且，現在私立學校教職員的退休金可以自提，也可以自選，在「積極、成長、保守與生命週期」的不同類型基金中，由專家投資管理。此項

做法的成效，這幾年看來相當不錯，主管公務員的銓敘部在2025年1月1日也啟動比照辦理，委託私校管理單位，加入正確退休金規劃行列。

但偏偏影響全台灣工作人數最多的勞動部，卻依然堅持勞工「只能自提，不能自選」，幾乎違背全世界的潮流，也阻斷了勞工界朋友參與經濟成長的機會，相當於武俠小說的自宮。股市是經濟的櫥窗，你能夠想像一個國家的勞動部，阻止它的勞工朋友參與一個國家經濟的成長嗎？很難想像台灣經過了幾十年，還依然停留在這個落後的制度裡。

勞退自提可以作收入的抵減，這個免稅是一個很大的誘因，照理來說吃虧的是財政部，但財政部沒有反對，因為知道這是對全民有利的事，未來拿得回來，甚至有些人退休時領的退休金依照一定額度，有些錢可能還得繳稅。

反而是「勞動部」本著大有為政府的角色，怕人民虧錢，好心想要幫忙管錢。但與其說是怕人民虧錢，不如說是怕自己惹事，「防弊重於興利」思維的公家機關文化，只會惹出更大、更難以解決的難題。

# 1-2 我們國家「窮在觀念」上

讓我說一個媒體錄影的幕後花絮。數年前接受風傳媒訪談時，我提到，我們國家不是沒錢的窮，而是「窮在觀念」上。我告訴主持人謝哲青，從我2018年的大聲疾呼，到我們2021年在酒館喝小酒錄影的當下，這三年間台積電上漲了近1兆。

我說，如果早年行政院國發會沒有賣掉台積電近42％的股權，我們國家今天的財政稅收會非常寬裕。此時主持人突然脫口而出：「如果當時不賣掉，我們是不是就可以不必繳稅了？」當然不可以，雖然台積電是

護國神山,但 7 年前還沒有這麼大的能量,民眾可以少繳稅,但不能不繳。

而時至 2024 年,台積電到達千里之外的千元價時,我們再來看一下這個發展。截至 2025 年 2 月 20 日,台積電的市值從當初的 5.5 兆成長到 28 兆,這是什麼樣的概念?

## FIRE 理論

在說明這個問題前,要先理解 FIRE 概念。在理財投資領域,「FIRE」(Financial Independence, Retire Early)代表「財務獨立,提早退休」,是一種理財生活方式,其核心理念是個人積極存錢與投資,以便能比傳統退休年齡更早退休,通常透過大幅降低開支並最大化儲蓄,來實現財務自由。

FIRE 的關鍵要點如下:

① **專注於提早退休**:FIRE 的主要目標是提前退休,有些人甚至計劃在 40 多歲就結束職業生涯,這需要透過紀律嚴謹的存錢與投資來建立可觀的退休基金。

**未達繳稅標準,現在該做的兩件事**

如果你的收入沒有達到繳稅的標準,2025 年大約是年收入 50 萬,建議你,此刻要做的是放下這本稅務規劃的書,然後趕緊去做兩件事。

**第一件事**:請你去圖書館找我先前寫的兩本書:《阿甘投資法》與《你沒有學到的資產配置,巴菲特默默在做的事》。

**第二件事**:依照書中建議,透過「市值型的 ETF 和資產配置」進行投資理財,無論是選擇我書上的「超保守投資組合」,或是其他的資產比例配置,你應該都有很高的機會達到簡單、安全、有績效的水準,除非是你不按照紀律和書上的系統操作,否則都能達到相應水準。

② **高儲蓄率**：FIRE 倡導者通常會極力提高儲蓄率，有些人甚至將超過 50% 的收入存入投資帳戶，以快速累積退休資金。

③ **降低支出**：FIRE 的關鍵之一是最大限度地減少不必要的開支，以便將更多收入用於儲蓄與投資，加快財務自由的達成速度。

④ **投資策略**：FIRE 追隨者通常會關心理財，積極學習投資，並選擇多元化投資組合，以加速財富增長，使資產更快達到可以支撐退休生活的水平。

## 如果當年引水入渠台積電

了解了 FIRE 的目標和論點之後，也就意味著投資在一個標的，每年「只」領取 4% 作為被動收入，除非這個投資標的有問題，否則本金不虞匱乏，也就是 4% 的提領可以長長久久，不會傷到本金。

然而，銀行的定存根本沒有 4% 的成長，這 4% 從何而來？所以前提必須有一些成長性的投資標的，例如台灣前五十大企業，也就是大家熟悉的 0050ETF（俗稱的指數型基金），過去歷年來的年均報酬有 7%，即便提領 4%，這個本金還都在成長狀態，更別說美國的 500 強 ETF 投資（代碼 SPY），過去近一百年，年均報酬約 10%，這樣的成長相當驚人。

如果時光倒流，假設在我 2018 年台大演講後，我們國人利用銀行定存 40 兆的資金，只要移動其中的 13%，把定存極低的投資報酬變成資金活水，拿來灌溉台積電這塊良田，引水入渠，那麼國人擁有市值 28 兆台積電這個全世界一流公司，只要每年提取 4%，相當於 1.12 兆。

大家可能對這個數字也沒有概念，說出來你可能嚇一跳，這個數字超越了台灣 2024 年度所收取的個人綜合所得稅，該年個人綜所稅甚至不到 1 兆，沒想到謝哲青當年脫口而出的驚呼，竟然成真。

可惜的是，我看到問題卻無力解決，因為我手上沒有權柄，偏偏有權柄的人卻沒有這個視野，豈不可惜。正在看這本書的讀者們，希望你兒子或你女兒未來成為總統時，有這個能力解決。重要的是，請你現在就要開始培養他們具備理財的能力，以及此篇文章所講的管理綜效，最後，避開鐵鎚人的思維。

## 國家與個人理財都需協同作戰

國家理財要成功，一定得發揮各部門的綜效，就像作戰時的陸海空及聯勤部隊之協同作戰，美軍在這方面可能是世界上做的最好的國家之一。

也就是說，各個部門不能本位主義單一作戰，就如「勞退安全自選」這個議題，財政部願意讓利，讓勞工的退休金提撥金額可以從薪資或勞務所得扣除，這是國家短期間的讓利，金管會也樂觀其成，偏偏唯獨勞動部持反對意見。這就暴露出，國家領導階層無法讓各部門協同作戰的缺點，自然就不會有好的結果。

或許有聰明的讀者會提出質疑，勞動部的決議未必是錯的，因為它是勞工主管機關，本就有保護勞工勞退金不被虧損的職責，應該不必理會其他部門的決議。

這絕對是一個值得討論的好問題，聰明而且會找尋答案的讀者，交相比對應該已經找到答案，我們也可以簡單地思索以下的問題。

**問題 1**：如果投資證券市場是危險且虧損的，那麼國家為什麼要設立這樣的市場，讓民眾陷入風險？

**問題 2**：證券市場號稱是經濟的櫥窗，所有經濟成果的反應都會落實在證券市場，為什麼勞工朋友不能參加及享受全民共創經濟的成果？

**問題 3**：勞工關心的不外乎退休金要成長，未來的退休金有保障。事實上，創造經濟成長有兩個重要的生產元素，一是勞工的勞力，二是資本市場的資本力，但勞動部決策層最大的迷思是，以為生產的元素只有勞力，卻不曉得在民主的資本主義體制下，資本力是一個更重要且必須重視的議題，因為它可以調度全世界最有效的資源來運用。

台灣的勞工退休金如此沒有保障，就是在於只用一條腿跑步，勞工把自己賺進來的錢拿到銀行定存，有學過理財的投資者，用膝蓋都可以判斷悲慘的結局。

**問題 4**：如果勞動部高層的決定是對的，為何同樣的私校教職員所成立的退休金可以自選，而且四個模型的四種投資組合績效都相當不錯，這說明投資證券市場只要有良好規劃，符合自己的投資屬性，讓人民參與台灣與全世界經濟的成長，自然有一個不錯的結果。

**問題 5**：更延伸的說，銓敘部主管公務員的退休金管理，公務員的勞退自選體系也已經於 2025 年 1 月 1 日生效並啟動，為何全台灣最需要被照顧的勞工朋友，反而變成「一國兩制」下的犧牲品，原因出在哪裡呢？

會造成以上這些問題，就是上述所說的兩個層次，一是政府部門間沒有協同整合的作戰能力，也就是不具備管理學上所說的綜效運用。二是長

期處在舒適圈的視野和思維，造成手上只有一個工具，卻要處理跨領域和複雜的問題，自然會陷入鐵鎚人的陷阱。

無論是國家決策層、專業人士還是個人，都逃離不開「如何綜效運用」和「鐵鎚人思維」的兩項挑戰，而公職人員的挑戰更大。尤其國人長期「防弊重於興利」的官場文化思維，在決策上更容易陷入鐵鎚人的陷阱。

比如勞動部的決策者，手上處理事情的工具只有一根鐵鎚，造成台灣勞工退休基金不能自選，使台灣形同全世界落後的國家。而財政部若只懂得稅收，卻不懂得將國家龐大的銀行定存資金做有效運用，也是另類鐵鎚人的視野。

個人理財也是一樣，開源與節流同樣重要，我也曾在文章與影片中大聲疾呼，許多百萬年薪的人，工作了 5 年、10 年都還沒有一桶金，也就是台幣 300 萬可以在證券市場投資，原因就在於，有些人是在節流上出了問題，也有許多人是在保險、稅務、投資這三個領域沒有取得平衡點，資源配置錯誤，沒有協同作戰的高度思維所致。

總結來說，談合法節稅不能只用單一思維，只看稅法的單一面向，你必須與投資的知識領域做結合，才可以形成最少二維以上的多元思維，唯有此法才能解決鐵鎚人狹隘思維的處理問題方式，也才有機會達到整體財務規劃的最高效益。

# 1-3 跛腳稅制下，如何合法照顧權益？

我在寫這本書時，特別有一個心情，那就是關注中產階級，特別是中產階級（以下）的家庭，如何透過合法節稅找到突破口，再搭配投資規劃，利用知識來為需要創造財富的家庭創造收入。相對的，中產階級（以上）

的家庭有較多的優勢，不論是資源的優勢或利用專家的優勢，都讓他們財富增加的能力遠大於多數的中產階級。

記得有天看到《天下雜誌》YouTube 頻道上的報導，這影片我看了無數次，感觸頗深。還有《天下雜誌》2024 年的一個專題報導，主題是〈買不起房，不敢生小孩！「中產階級」怎麼了？〉報導中提到，家庭財富分配的數據睽違 30 年後，主計總處在 2024 年 4 月底公布，2021 年（前 20%）的家庭平均財富是 5,133 萬，但是「後 20%」只有平均 77 萬，和 30 年前相比，貧富差距從 16.8 倍飆升到 66.9 倍。

看到這個數字，我秉著若是每位讀者每年能合法節稅省下 15,000 元，接著能夠藉由投資知識的力量來扭轉部分劣勢，於是在這樣的心情下，這篇文章出現了。

## 跛腳的中產階級

根據 OECD（經濟合作暨發展組織）的定義，每戶或個人的所得介於全國中位數的 3/4 到 2 倍之間。以台灣為例，主計處 2022 年公布的每戶所得中位數是 94 萬來換算，區間落在 71 萬到 188 萬之間的家庭，就可以定義為台灣社會的中產階級。

眾所周知，中產階級是社會穩定的力量，但現在下沉的中產階級，正面臨了所謂「返貧危機」，該報導指出，在物價膨脹、房價高漲的年代，下沉的中產階級正面臨以下三個衝擊。

**衝擊 1：員工分配盈餘減少。**

企業的盈餘分配和員工可獲取的比例，在過去 30 年來有所改變，員工們拿到的比例下降，台灣受雇人員報酬所佔 GDP 的比例，由 1990 年

的51.7%下降到2021年的43%。這個比例輸給韓國與日本，意味著企業享受到經濟成長的結果「大於」中產階級，雖然過去10年政府逐漸調高最低工資，且近幾年來高科技業加薪幅度也相對亮麗，但這對中產階級來說，影響不大。

**衝擊2：居住不夠正義。**

飆漲的房地產價格，是造成世代財富鴻溝的主因。在台灣，房地產除了居住以外，也是一種另類的投資商品，沒有來得及參與的人，幾乎面臨財富的另外一個分配，處在不利的一端。

房地產被視為投資商品的屬性，讓懂得利用財務槓桿運作的投資客，借重台灣特有的低利率環境。試想，房地產價位動輒上千萬，一個10%的獲利，就可能是一個中產家庭兩、三年的收入。這麼高的獲利，這麼低的風險成本，讓台灣房地產長期處在一個易漲難跌的特殊環境；再加上台灣的地價稅政策不恰當，環環相扣造成了許多惡性循環。

當房價高漲，中產階級不敢婚，不敢生時，少子化是必然的結果。然後，少子化又造成百業缺工，學校沒人就讀了，醫生沒有病患了，許多人誤以為房價高漲自己有錢了，卻不知道整體社會和國家都陷入了危機當中，不需要有敵人，這個國家人口已經慢慢陷入消滅的險境中。

不良的稅制，以及失衡，失效的房屋持有稅，也就是房屋稅與地價稅，扮演了比你想像中更重要推波助瀾的力量。台灣在不動產的持有稅占總稅收上，低到不健康，也就是買得起豪宅的人負擔的租稅，比一般人買普通房子還要輕。

## 看中美房產市場如何影響經濟

世界著名的科學家愛因斯坦移民美國之後,就在新澤西州的普林斯頓大學任教與研究。普林斯頓是一個很漂亮的小鎮,校園裡大樹參天,常春藤爬滿每一個古老磚牆的教室,是很有味道的一個地方。

我每一次去普林斯頓拜訪朋友,有時候會在附近的咖啡店沉思,我大多時候捨棄95號的高速公路或1號公路,而是偏好走一條206號的羊腸小路,說是羊腸小路不如說是一般道路,因為一路上像去郊遊,經過許多小鎮,寬闊的田野,不太擁擠的社區,偶爾還能悠閒欣賞某些人家門前的花藝植栽。

有一陣子我很訝異,以「普林斯頓」這一個名氣和金字招牌,又有這麼漂亮的社區和全世界著名的大學,這裡的房地產,如果在台灣可能早已被過度開發,為什麼這裡仍然可以保有如此優雅的環境呢?

再看中國大陸這幾年的經濟為何嚴重下滑?中國大陸在2008年金融風暴後,房地產呈「野蠻生長」,導致近幾年房地產股價腰斬和崩盤,也拖垮了這幾年的經濟,許多百姓畢生的積蓄都在房地產裡,這一跌,不只是引領經濟發展的火車頭出軌,甚至影響整個經濟的發展。

事實上,早年我已用美國的觀察與經驗,預判中國大陸的房地產總有一天要從高空墜落,而且代價嚴重。所謂「不是不報,是時候未到」,新冠肺炎之後,全部印證我的預判。

至於美國社區為何可以讓房地產正常成長?當然有些區域也是漲幅驚人,但資本主義的市場機制會進行修正。中美房地產的差別,說來你很難相信,房地產的「稅制」扮演了一個重要的調節和引導的角色。

房屋的持有稅，也就是房屋稅與地價稅反應了消費者付費的機制。你想住豪宅，沒問題，但必須支付高昂的地價稅，在美國，豪宅的房屋持有成本要比台灣高出許多。台灣持有成本這麼低，也是變相間接鼓勵房地產的買賣。

　　兩相對照之下，原來立法和制度設計的軟實力，比起蓋橋樑和建築的硬實力，更是重要與持久。台灣介乎兩者中間，衍生出許多問題，實有借鏡先進國家成功的地方與改進的空間。不過只要牽涉到國家管理，不禁又讓人感嘆，國家高層決策者鐵鎚人的思維與視野，只能在期待英明決策者出現前，每一個家庭都要學會稅務規劃，與投資理財雙劍合璧，可能會是更實際的做法。

### 衝擊3：跛腳的稅制，讓所得分配更加惡化。

　　稅制的不公平，讓所得分配更加惡化。照理說有所得就要有課稅，在美國有虧損也可以抵稅，這是稅負原則和公平性，但台灣並沒有在這條大道上前行，偶爾跑到有台灣特色的稅制岔路，雖然其中有不得不然的大環境因素，但也有立法軟實力的改善空間。

　　這當中最明顯的就是：①證券所得免稅目前停徵，②海外高額所得抵稅以及③稅制失衡，失效的房屋持有稅，讓買得起豪宅負擔的租稅比一般人買普通房子還要低。

　　再加上資本利得稅幾乎沒有，資本利得稅比勞動所得稅來得低。若再加上我們前面所說的各部門沒有綜合效應，各自為政，最高階層的決策者又不懂理財知識及操作管理，那麼就會陷入國家不懂理財，以致出現將帥無能，累死三軍的窘境。

　　當然在諸多探討批評之餘，也要肯定政府節衣縮食，用小錢辦大事的

能耐,以台灣整個綜合所得稅的金額和比例,和世界各國相比偏低,卻還能讓整個社會運轉,政府沒有極大的功勞也有一定的苦勞。但如果視野和方法能夠用在對的地方,能夠產生的效益會更高。這部分我們就有春秋責備賢人之意,希望每一個執政黨都能夠念茲在茲,推出有擔當的能者,用對的方法帶領台灣人民,那就是全民之幸,相信這也是每一個執政黨爭取執政的初衷。

## 中產階級的突破之道

我們來看一下過去幾年台灣稅收的分布,可以發現「綜合所得稅」所佔的比例是 8,290 億(見表 1-1)。上篇文章有做過分析,如果 2018 年全

表 1-1　台灣稅收的分布

| 稅目別 | 2024 年累計稅收(億元) | 年增率(%) |
| --- | --- | --- |
| 綜合所得稅 | 8,290.91 | 9.80% |
| 房地合一稅(個人) | 715.73 | 70.67% |
| 營利事業所得稅 | 11,219.91 | 3.94% |
| 營業稅 | 6,237.36 | 8.98% |
| 證券交易稅 | 2,880.63 | 45.98% |
| 貨物稅 | 1,612.68 | -1.82% |
| 遺產稅 | 416.93 | 13.15% |
| 贈與稅 | 313.97 | 25.57% |
| 地價稅 | 990.2 | 5.26% |
| 契稅 | 192.56 | 21.86% |
| 總稅收 | 37,618.82 | 8.85% |

資料來源:作者提供

民有勞退自選機制，或許可買下台積電或台積電大部分的股權，以台積電目前28兆的市值，4%的收益，幾乎已經可以涵蓋所有全民綜合所得稅的繳納，形同像沙烏地阿拉伯般擁有石油的礦產，全民恐怕都不需要繳納所得稅一般，但那個機會已經錯過了。

那麼，中產階級該怎麼做，才能突破現況呢？

首先找到至少一個節稅要點，目標每年省下15,000元的稅金，讓退休金翻倍，怎麼做到？這需要節稅與投資兩項知識的結合，以及兩項工具的運用。畢竟本書的目標就是，在合法的情況下，找到對你有利的節稅方式，只要每年省下15,000元，以此為單位，40年下來，讓台灣一流企業為你每年合法節稅的這筆小錢幹活，你得到的福利將高於國家勞保能夠給付給你的退休金，而且幾乎多出一倍。

月薪3萬的員工，在勞保費用部分，員工大約負擔758元，雇主每個月負擔2,651元，相當每個月支付3,409元，一年超過4萬元，工作40年，一次性的退休金大約180萬（參考永豐金資料，如QR Code所示）。而每年找到一個省稅項目15,000元，投入40年，獲得的退休金就將近300萬，可見找到合法節稅項目之必要。

如果你還能夠找到兩個或多個合法省稅方式，那麼，有個三倍或四倍高於勞保退休金的金額，獲利多更多，對中產階級的收入有一定程度的提升，不至於在稅制不公平的情況下，走入下流老人的窘境。

## 想辦法都要擠出「半個單位」

如果達不到一個單位的，也就是每年省下15,000元，那麼想辦法找到有「半個單位」也不無小補，你不必擔心找到節稅的工具，國家財政就會陷入困

境，從表 1-1 看到個人綜合所得稅佔國家整體稅收的比例低於一兆，超過 30%，要是國家懂得理財，有個主權基金，或者可以讓勞工朋友「勞退安全自選」，選擇多元性的資產，加上市值型的 ETF，那麼，不論是國家的主權基金或是個人的勞退金，國家和個人都能透過投資全球與台灣一流企業，創造財富的綜合效益。

總而言之，無論國家還是個人，都不能只仰賴一個徵稅或節稅的工具，就想達到國富民強的目標。省小錢有必要，但是大成長更不能忽略，涓涓細流，為的是奔向大海。國家的節流與個人的節稅都是必要手段，但不是最終目標，只有打破鐵鎚人的思維，才能讓國家與個人向上提升，雙雙創造財富。

中產階級要脫離返貧的危機，先從本篇文章設定的目標，在以下的章節找到至少合法節稅 15,000 元的項目，再借重台灣一流的 50 家企業在經濟上的表現，透過台灣 50 的 ETF 進行投資，這個過去年均約 7% 的長期歷史投資報酬，就是翻轉人生財務的第一步，再讓接下來的稅務知識，引領你走向正確的財務規劃。

# 1-4 鐵鎚人的視野和挑戰

巴菲特一生的良師益友，查理・蒙格（Charles T. Munger），本身畢業於哈佛法學院，卻在投資界大放異彩，巴菲特這麼讚譽蒙格：「蒙格對我的影響無可取代，他用思想的力量讓我重新進化到人類，否則我會比現在窮得多。」這句話出自於巴菲特，代表你真的不能小看蒙格。

蒙格仿照其偶像富蘭克林，也寫了一本《窮查理的普通常識》，這本書很精彩，我已經閱讀兩遍，每次展讀都有新的收穫。

## 用跨領域知識化解鐵鎚思維

這本書好幾處提到「跨領域學習」的重要，蒙格引用西方諺語「To the man with only a hammer every problem looks like a nail」，意思是說：「在手裡拿著鐵鎚的人眼中，世界所有的問題就像一根釘子」。如果你手上唯一的工具是把鎚子，那你只能把所有的事情當釘子來處理，看什麼就鎚什麼，因為這是你唯一的專業技能和慣性思維，而這也正是現代社會許多專業人士所存在的盲點——鐵鎚人的視野。

蒙格認為治療鐵鎚人傾向的藥方很簡單：「如果一個人擁有許多跨領域技能，那麼根據定義，他就擁有了許多工具，因此能夠盡可能減少犯下鐵鎚人傾向引起的認知錯誤。此外，當他擁有足夠的跨領域知識，並從實用心理學中了解到，人的一生中必須不斷與自己和他人的兩種傾向對抗，那麼他就是在通往普世智慧的道路上，積極的往前邁進。」

許多人一定有這樣的疑問，為什麼稅務規劃不好好談節稅之道，而在談「鐵鎚人的視野」和「跨領域的學習」？因為這是多數專業人士都會犯的錯誤，進入了見樹而不見林的視角。

也就是說，有時候「稅法」告訴你有這個節稅的誘因，雖然合乎法規，但是從「整體財務規劃」的角度來看，你還真不能往那個誘因的方向移動，因為稅法告訴你的只是單一思維和元素，整體財務規劃還包含投資、遺產分配的人性等多方因素，唯有「多元思維模型」，才能使整體財務規劃達到最高效益。

正如美國一位博物學家約翰·繆爾（John Muir），早期曾倡導荒野地的保護，談到自然界萬物相關的現象時表示：「如果我們試圖理解一樣看似獨立存在的東西，我們將會發現它和宇宙間的其他一切都有聯繫。」

也猶如蒙格在做投資決策時，是對投資公司內部的經營所做的生態系統進行全面分析，這個多元思維模型，借用並完美揉和來自各個傳統領域的分析工具方法和公式，這些領域包含了所謂的歷史、數學工程、物理、化學、統計、經濟學等。

蒙格就提到：「軟科學界逐漸發現，如果幾個來自不同領域的教授合作研究，或者一個教授曾經取得幾個領域的學位，那麼做出來的研究結果會更好。」

## 行為經濟離不開心理學

蒙格也曾舉出以下例子：經濟學吸取了生物學「公用品悲劇（Tragedy of the commons）」的教訓，也就是加勒特・哈定（Garrett James Hardin）於1968年在《科學》雜誌發表的著名論文《公用品悲劇》，描述公共資源因濫用而枯竭或破壞的現象，而正確的找到一隻「無形的腳」，與亞當斯密斯那隻「無形的手」並存；甚至出現「行為經濟學」，這門分支學科明智的向心理學尋求幫助。

為什麼我要特別提到蒙格說的這段話？只要是理財投資的老手，看到我故意提到「行為經濟學」，當然接下來就會延伸到「行為投資學」，就會會心一笑。有時候，理財投資決勝關鍵的轉折點，不在於你的會計學或對財報有多熟悉，也不在於你的基本分析有多少經驗，其實更多時候是在你的心理素質，經濟學有許多解釋不通的地方，在心理學中卻清晰可見。

節稅只是一步棋，要贏得棋賽，你要多看看往後的幾步棋。**有時稅法告訴你往左，但如果再和其他知識領域或規劃結合，你可能要走相反的方向才是。**

## 別省了小稅，丟了大成長

我在《全方位理財的第一堂課》就用了一個例子。

我在上風傳媒的節目時，故意遮住兩者的結果差異，考考謝哲青和美女節目主持人。那個節稅條款真要實施起來，反而是個災難，你猜猜那個往左、往右的差距有多少？當然，兩位節目主持人都沒有猜對，因為結果非常驚人。

《全方位理財的第一堂課》於2022年出版，大約在2023年上節目時，我出示了一張圖表（表1-2）。小資族瑪麗距離退休還有35年，稅率是

### 表1-2　2005-2021 台股與勞退差額

| 對象 | | 瑪麗 | 李總 | 陳總 | 王董 |
|---|---|---|---|---|---|
| 距離退休年數 | | 35 | 25 | 15 | 15 |
| 稅率 | | 5% | 20% | 30% | 40% |
| 每年自提勞退金額 | | $30,000 | $100,000 | $100,000 | $100,000 |
| 節稅總額 | | $52,500 | $500,000 | $450,000 | $600,000 |
| 自提勞退帳戶 4.89% | | $2,648,664 | $4,700,963 | $2,140,077 | $2,140,077 |
| 再投資不同標的表現 不參加自提，先扣完稅 | 0050（2005/7-2021）10.68% | $9,037,664 | $8,718,702 | $2,347,630 | $2,012,254 |
| | 台股與勞退的差額 | $6,389,000 | $4,017,739 | $207,552 | -$127,823 |
| | SPY（2005/7-2021）10.88% | $9,467,284 | $8,987,510 | $2,385,395 | $2,044,625 |
| | 美股與勞退的差額 | $6,818,620 | $4,286,547 | $245,318 | -$95,453 |

資料來源：種子講師團隊陳芝穎、黃彥傑、余家傑聯合整理

假設條件：0050 的年均報酬 10.68％ 是指（2005/7-2021）實際績效，以此推算瑪麗 35 年的績效。
歡迎大家進行驗收，看看有無疏漏之處。

5%，她參與目前稅法中，勞工自提6%可以抵稅的勞退方案，這35年當中可以節稅52,500元。但是如果她也有投資知識領域的觀念，願意放棄這個省稅福利，也就是用同樣每年3萬元預算，先繳完稅，再投資0050的ETF，同樣的投資時間，這個差距會是多少呢？

同樣的金額繳完稅，投資在台灣的企業，跟著經濟成長，可以讓一個小資族退休金多出639萬，這位勞工朋友在退休時，多了一個安身立命的財富保障。

這就是讓大多數人都會訝異的金額，如果您是總統或行政院長，會不會為我們勞動部的錯誤政策感到不安呢？

為了精益求精，在寫本書的時候，我覺得有必要把這個表格資料更新，要求團隊把數據完全更新到2024年的12月底。（表1-3）

表1-3　2005-2024 台股與勞退差額

| 對象 | | 瑪麗 | 李總 | 陳總 | 王董 |
|---|---|---|---|---|---|
| 距離退休年數 | | 35 | 25 | 15 | 15 |
| 稅率 | | 5% | 20% | 30% | 40% |
| 每年自提勞退金額 | | $30,000 | $100,000 | $100,000 | $100,000 |
| 節稅總額 | | $52,500 | $500,000 | $450,000 | $600,000 |
| 自提勞退帳戶 5.62% | | $3,084,459 | $5,201,643 | $2,261,336 | $2,261,336 |
| 再投資不同標的表現 不參加自提，先扣完稅 | 0050（2005/7-2024）11.14% | $10,058,077 | $9,350,363 | $2,435,492 | $2,087,565 |
| | 台股與勞退的差額 | $6,973,617 | $4,148,721 | $174,156 | -$173,771 |
| | SPY（2005/7-2024）10.57% | $8,810,157 | $8,574,561 | $2,327,139 | $1,994,691 |
| | 美股與勞退的差額 | $5,725,697 | $3,372,918 | $65,803 | -$266,645 |

資料來源：種子講師團隊陳芝穎、黃彥傑、余家傑聯合整理

> **投資解析**
>
> ### 表 1-2、1-3 複利計算說明
>
> $$FV = PV \times (1+R)^n$$
>
> ◎ FV 為期末本利和，PV 為期初本金，R 為每期利率，n 為期數
>
> 財務上複利就像本金加上利息之後，利息也會再產生利息，最後形成指數成長。就像滾雪球一樣，一開始雪球小，滾得慢，滾得愈久、愈遠，雪球愈大，變大的速度也會加快。

　　同樣的場景，同樣的人物，又經過了三年半，台灣勞退基金的績效進步了，由第一階段（2005 年～ 2021 年 12 月）的年均報酬 4.89％，成長到第二階段（2024 年 12 月底）的年均報酬 5.62％，但是 0050 報酬也從第一階段的 10.68％進步到了 11.14％。

## 三年半見識複利奇蹟

　　上過我們投資小白課程的人都知道，結果要天翻地覆了。愛因斯坦說過，投資報酬中的複利是世界第八大奇蹟，我上吳淡如節目最常說的一句話是：「你如果不知道複利的奇蹟，你的理財不會有奇蹟。」經過這三年半的變化，勞工退休金的提撥，如果可以自己選擇投資標的，進入台灣的經濟櫥窗 0050ETF，這 3 年後差距從原本的 639 萬，擴大到 697 萬台幣。

　　寫這本書時我人在美東，內心的感受跟屋外的寒冬一樣，不知道我們國家的決策高層，看到這樣的數字差距時，會是什麼樣的感受？

　　請問讓領薪水的公務人員負責你退休金的績效，這符合人性、符合管理的原則嗎？勞動部的這個決定不是德政，反而是阻礙小資族退休金成長

的機會，這個連許多稅務專業人士都沒有注意到的犯錯，原因就在於，只用單一個領域的知識在處理這個問題。

所謂惡法亦法，在國家決策者還在顢頇無知，不知道正確方向時，你必須知道知識就是力量，也是財富。理財是現代人必備的技能，了解每一項稅法中，節稅的能與不能，唯有先透過自己的努力和自身知識的充實來改變命運，並期待有睿智的決策者，可以做出符合全世界勞退金管理的時代潮流的決策，也善用你手上的選票，換掉不會理財、也不關心勞工權益的政黨。並且在重要的決策中，記得要避開鐵鎚人的思維與視野。

## 不能掌握勞退，更要懂得節稅

有些眼尖的讀者，可能會發現（表1-2），瑪麗的退休金跟台灣勞退基金的比較，表中數字好像與我在《全方位理財第一堂課》所呈現的圖表數據不同，似乎減少了？

是的，當時的數據引用是截至2021年8月，因為考慮年度的成績，大家比較容易取得和做比較，因此把績效的結算點延長到年底。

另外大家可能也會發現，為什麼選用2005年開始做比較？因為考慮到勞退新制成立的時間，勞退新制是行政院勞工委員會於2005年7月1日，依據《勞工退休金條例》施行的新制度。

從2005到2024年，勞退新制的績效交出了歷年來最好的年均報酬5.62％，可以算是相當進步；但是台股的0050表現更加優異，同時期的績效是年均報酬11.14％，這可能是歷史上難得少見的優異績效，我在2014年寫《阿甘投資法》時就曾經預言到，台股未來會有美股SPY績效的影子，我稱0050為小SPY，現在回頭來看，這個判斷還算大致準確。下頁表1-4也能看出此趨勢。

表 1-4　台股與美股與勞退之差額

| 對象 | 瑪麗 | 李總 | 陳總 | 王董 |
|---|---|---|---|---|
| 距離退休年數 | 35 | 25 | 15 | 15 |
| 稅率 | 5% | 20% | 30% | 40% |
| 每年勞退自提金額 | $30,000 | $100,000 | $100,000 | $100,000 |
| 2005-2021 台股與勞退差額 | $6,389,000 | $4,017,739 | $207,552 | -$127,823 |
| 2005-2021 美股與勞退差額 | $6,818,620 | $4,286,547 | $245,318 | -$95,453 |
| 2005-2024 台股與勞退差額 | $6,973,617 | $4,148,721 | $174,156 | -$173,771 |
| 2005-2024 美股與勞退差額 | $5,725,697 | $3,372,918 | $65,803 | -$266,645 |

資料來源：種子講師團隊陳芝穎、黃彥傑、余家傑聯合整理

多數人恐怕很難想像，沒想到本書找出來的最大節稅且排名數一數二的項目，竟然是要讓你違背稅法的指示，「不要參與」國家原本政策「讓你提撥6%的薪水當作退休金，這個提撥金額可以抵稅」的美意。

金管會的善意、財政部的好意，讓勞動部僵化的鐵鎚人思維全毀了。難過之餘，讀者還是要打起精神，在其他項目上用心和仔細，還是有機會找到合法節稅的空間，好好運用它來理財。

現在的執政黨已經連續執政10年，勞動部錯誤的決策也跟著一再延續，很難想像一個錯誤的政策，影響全台灣勞工朋友未來近600多萬的退休金，這麼大的潛在退休金的福利而不知。這個數據很驚人，大到很多人不是親自驗算都難以置信。

我特地要編輯團隊把每一年的績效表現列出來，讓有質疑的人可以多一個確認驗算的數據資料，如表1-5所示。（這麼大的數據會質疑非常正常，不質疑的，我反而擔心你太相信我們的數據，不要輕易相信我們，可以的話請驗算。）

表 1-5　勞退、SPY、0050 近 20 年之績效

| 年度 | 勞退 | 勞退（最低保證收益率調整） | SPY | 0050 |
| --- | --- | --- | --- | --- |
| 2024 | 16.16% | 16.16% | 24.89% | 48.67% |
| 2023 | 12.60% | 12.60% | 26.19% | 27.40% |
| 2022 | -6.67% | 1.10% | -18.17% | -22.41% |
| 2021 | 9.66% | 9.66% | 28.75% | 21.97% |
| 2020 | 6.94% | 6.94% | 18.37% | 31.08% |
| 2019 | 11.45% | 11.45% | 31.22% | 33.52% |
| 2018 | -2.07% | 1.05% | -4.56% | -4.95% |
| 2017 | 7.93% | 7.93% | 21.70% | 18.13% |
| 2016 | 3.23% | 3.23% | 12.00% | 19.64% |
| 2015 | -0.09% | 1.37% | 1.25% | -6.31% |
| 2014 | 6.38% | 6.38% | 13.46% | 16.68% |
| 2013 | 5.68% | 5.68% | 32.31% | 11.67% |
| 2012 | 5.02% | 5.02% | 15.99% | 11.93% |
| 2011 | -3.95% | 1.31% | 1.89% | -15.84% |
| 2010 | 1.54% | 1.54% | 15.06% | 13.03% |
| 2009 | 11.84% | 11.84% | 26.37% | 74.96% |
| 2008 | -6.06% | 2.65% | -36.81% | -43.20% |
| 2007 | 0.42% | 2.43% | 5.14% | 10.34% |
| 2006 | 1.62% | 2.16% | 15.85% | 21.09% |
| 2005/7-2005/12 | 1.53% | 0.96% | 5.17% | 7.86% |

資料來源：勞動部、Goodinfo!、yahoo!finance，種子講師團隊陳芝穎、黃彥傑、余家傑聯合整理

註 1：勞退最低保證收益率調整（上表底色處））：因為勞退有規定不得低於以當地銀行 2 年定期存款利率計算之收益，如有不足由國庫補足之，例如 2008 年金融海嘯時，績效 -6.06%，調整後的績效 2.65%。

註 2：SPY 與 0050 績效含股息再投入。

$$年化報酬率 = (總報酬率)^{\frac{1}{年數}} - 1$$

- 總報酬率 = $(1+r_n) \times (1+r_n) \times \cdots \times (1+r_n)$
- $r_n$ 是每年的報酬率

# 1-5 政府暗示可以大方做的節稅之道

在我那個年代有一首知名的流行歌曲，貓王也唱過的《愛你在心口難開》（More than I can say），為什麼口難開？是找不到恰當的字眼來表達？還是怕被拒絕的不敢說，或不想讓你知道的不想說？

愛你在心口難開，這與稅務規劃有關嗎？難道稅務規劃也能搞曖昧？其實這很像是公開的秘密，不方便大聲嚷嚷，但又怕你不知道。究竟是什麼樣的政府政策，搞得這麼神秘？跟稅務規劃有關嗎？真的可以從中謀求合法的節稅福利嗎？我認為可以，而且還是重要的節稅之道。以下說明這個政策之所以說不出口的背景。

## 難以說出口的政策背景

說不出口這件事，讓我先從一個當年在美唸研究所的學習經驗說起。當時有一門選修課，我一看，名字是挺吸引人的「國際金融管理」，心想我來自台灣，是貿易為主的島國，是該了解一下國際金融的運作；而且「國際」兩字一聽就有高大上的感覺，印象中那門課只有三個老中選修。

整個學期的考試主要就是一個專題報告，沒期中考看似容易打混，但這個報告卻搞慘我了。教授在第一堂課對來自世界各地的學生很客氣，公

布了書名，然後大半時間談理論基礎，之後就要大家開始寫報告，每個學生選兩個國家，做這兩個國家購買力平價的比較，也就是學術上所稱的3P理論（Purchasing Power Parity）。

教授補充了一句：「最好選擇你們的國家跟美國來對比，這樣你會更有感覺。」接下來記錄每一位同學選擇的國家，我當然就選擇台灣與美國的比較了。

結果跑了幾趟圖書館後，換我傻眼了，每個人的報告做完後是得上台發表的，但我這個報告，沒有曖昧卻有說不出口的尷尬，原因在於當時台灣選擇固定匯率，1美元兌42元台幣，有一段時間固定在40元台幣。簡單地說，圖表就是兩條平行線，碰到當時台灣的匯率政策，沒有國際金融匯率的震盪，純粹是台灣中央銀行心如止水似的波瀾不興，與3P理論根本扯不上邊。

國際金融管理的3P理論，反映出經濟和金融管理的三大猛藥：「利率、匯率、稅率」。所謂水往低處流，國際貿易則是便宜的往高價的地區移動，因為這樣才有競爭力。40年前的美國是超強霸主，所有國家拼命出口到美國，特別是亞洲地區，日本、韓國、香港、新加坡都是台灣的競爭對手，要如何才能受到美國進口商的青睞，進而願意下單呢？當然就是東西要便宜，在這樣的思維下，央行就壓低台幣的幣值。

## 幣值競貶的難題

究竟是強勢台幣好，還是弱勢台幣對國家好？這是刀的兩刃，可以說有一好就沒兩好，就如同美元是強勢好還是弱勢好，美國也是爭論不休的。本書是稅務規劃的議題，此處不做經濟與金融方面的討論，但簡單地說，亞洲各國為了競搶出口訂單，大多時候都會有意無意地故意貶值，只

要其中一個亞洲國家做了這件事，其他國家不得不跟進，除非這個國家的產品有無法取代性，因此在亞洲，幣值競貶是一個常態。

問題來了，每個國家都說自己的幣值合理，沒有操縱，你說你公道，他說他公道，公道不公道，只有天知道？開玩笑，老外當然不會相信這樣的說辭。但既然是理論就一定有辦法可以印證哪個國家在匯率操縱？應該要有個指標才是。

還記得台幣大幅升值的年代嗎？（如圖 1-1）在那個「台灣錢淹腳目」，台灣股市狂飆的年代，熱錢從全世界湧入，而錢之所以湧入台灣的原因，就是看好台幣要升值了。這是來自美國的要求，因為台幣刻意壓低，猛賺他們的美元，形成了龐大的貿易順差所致。

圖 1-1　1980 年到 2024 年台幣對美金匯率走勢圖

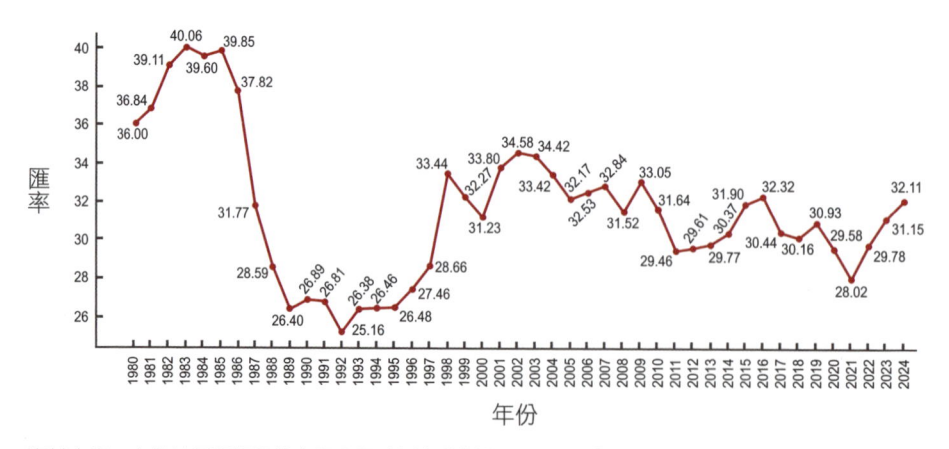

| 年份 | 匯率 |
|---|---|
| 1980 | 36.00 |
| 1981 | 36.84 |
| 1982 | 39.11 |
| 1983 | 40.06 |
| 1984 | 39.60 |
| 1985 | 39.85 |
| 1986 | 37.82 |
| 1987 | 28.59 |
| 1988 | 26.40 |
| 1989 | 26.89 |
| 1990 | 26.81 |
| 1991 | 25.16 |
| 1992 | 26.38 |
| 1993 | 26.46 |
| 1994 | 26.48 |
| 1995 | 27.46 |
| 1996 | 28.66 |
| 1997 | 33.44 |
| 1998 | 31.23 |
| 1999 | 32.27 |
| 2000 | 33.80 |
| 2001 | 34.58 |
| 2002 | 34.42 |
| 2003 | 33.42 |
| 2004 | 32.17 |
| 2005 | 32.53 |
| 2006 | 32.84 |
| 2007 | 31.52 |
| 2008 | 33.05 |
| 2009 | 29.46 |
| 2010 | 31.64 |
| 2011 | 29.61 |
| 2012 | 29.77 |
| 2013 | 31.90 |
| 2014 | 30.37 |
| 2015 | 32.32 |
| 2016 | 30.44 |
| 2017 | 30.16 |
| 2018 | 30.93 |
| 2019 | 28.02 |
| 2020 | 29.58 |
| 2021 | 29.78 |
| 2022 | 31.15 |
| 2023 | 32.11 |

資料來源：台北外匯經紀股份有限公司（新台幣對美元銀行間「成交之收盤匯率」- 年資料）

註：圖表的換匯數字是年底的時間，與文中所述若有不同，是因一年當中的變化。

當時美國好幾家國際證券商都提到，台幣合理幣值是在 24 元，新聞一發佈，台灣中央銀行極力否認，台灣的媒體也紛紛表示未免太誇張？！從 1 美元兌換 42 元台幣升值到 24 元台幣，幾乎形同財富重分配，台幣躺著不動，都有高達 42% 的增值空間，所以台幣瞬間大量湧入。

一時之間資金過剩到處亂竄，往股市或房地產移動的瞬間灌滿，然而錢潮一撤退，股市在 1990 年 2 月到達 12682 之後開始慘跌，最慘一度跌到 1990 年 10 月的 2485 點，之後回彈在 1990 年底的 4530 點。

## 台幣波動劇烈的四大時期

台幣曾經出現過幾次明顯的升值時期，主要受全球經濟情勢、台灣的出口競爭力、資本流動以及美國貨幣政策影響。以下是幾個台幣大幅升值的時期：

### 1. 1986-1988 年：台幣最劇烈升值的時期

1985 年《廣場協議》（Plaza Accord）導致美元大幅貶值，亞洲貨幣普遍升值。台灣當時的出口強勁，經常帳順差大幅增加，外資流入。台幣兌美元從 1985 年的 1 美元 ≈ 40 元升值到 1988 年的 ≈ 25 元，升幅超過 37%，是台幣史上最劇烈的升值時期之一。

### 2. 1992-1995 年：台灣經濟快速成長

1990 年代初期，台灣經濟成長迅速，吸引大量外資流入，台股繁榮，外資大量買進台灣資產，使得台幣升值，台幣從 1992 年的約 28 元，升值到 1995 年的 25 元。升幅 10.7%。

### 3. 2007-2008 年：金融危機前的升值

2007 年美國次貸危機爆發前，大量資金湧入新興市場，帶動台幣升值，台幣從 2007 年的 33 元升值到 2008 年初的 29 元，升幅 12.1%。但隨後 2008 年金融危機爆發，資金外流，台幣又快速貶值回到 33 元。

### 4. 2020-2021 年：COVID-19 疫情後的升值

2020 年後，因美國聯準會（Fed）大規模貨幣寬鬆政策（低利率＋印鈔票），美元走弱。台灣半導體產業強勁，加上外資與熱錢湧入，台幣兌美元快速升值。2020 年初台幣約 30 元，到 2021 年最高升至 27.5 元，升幅 8.3%。

以上都是台幣大幅升值的重要歷史階段，影響台灣經濟與投資環境。

## 大漢堡理論

儘管當時中央銀行一再否認 24 元台幣底線，但說起來難以置信，1988 年 6 月真的到達 1 美元兌換 24.7 元台幣，為何國際銀行或證券商可以精準預判？就是因為有理論基礎的存在，如同火箭升太空軌道中的運行，也有計算的方向。

這門稅務課，當然不可能是匯率的計算管理，但既然開了這議題的大門，民眾能否藉匯率的高低，來判斷幣值的低估或高估呢？

利率跟匯率這兩個重要議題，最好的諮詢對象是中央銀行總裁肚子裡的蛔蟲，但你有機會和他們對話嗎？如果沒有，我們就當作一般知識性來了解。

很幸運的是《經濟學人》（The Economist）雜誌，找到一個一般民眾

都可以理解的，匯率是否低估或高估的指標，那就是「大漢堡理論（Big Mac Index）」。

「大漢堡理論」是《經濟學人》於1986年提出的一種非正式經濟指標，主要用來衡量不同國家貨幣的購買力是否被高估或低估，進而評估貨幣是否被高估或低估。

## 基本概念

簡單來說，同樣幣值若無人為、國家的干擾或操控，一單位貨幣在不同國家應該可以購買相同的商品或服務，這也是大漢堡指數想要找出的「購買力平價」（Purchasing Power Parity，簡稱PPP），這個是官方或財經媒體經常出現的用詞，它有助於你了解認識各國民生經濟的表現。

為什麼是用麥當勞的漢堡做對比，而不是用台灣100元的理髮服務？因為台灣獨有的100元快速理髮店並非全球都普及（最近漲到120元，隨著物價膨脹還會持續上漲），這種服務業的產品就不適合用做全球購買力高估或低估的對比。

然而大麥克漢堡是一款全球標準化的產品，幾乎所有麥當勞餐廳都有販售，且組成成分相對一致。因此，可以通過各國的大麥克價格來計算貨幣的相對價值，進而評估匯率是否合理。

## 計算方式

### ① 比較兩國的大麥克價格

假設美國的大麥克售價為5.00美元，若台灣的大麥克價格為75元新台幣。兩者的PPP計算方式是：75÷5＝15，表示按PPP，1美元應該兌換15元新台幣。

### ② 與實際匯率比較

若當前市場匯率為 1 美元 = 30 元新台幣，則台幣相對於 PPP 價值，就是被低估了。

如果市場匯率為 1 美元 = 12 元新台幣，則台幣相對於 PPP 價值，就是被高估了。

## 實際應用

① 比較不同國家的貨幣價值，觀察某個國家的貨幣是否被低估或高估。

② 簡單評估匯率是否合理，但它無法考慮所有影響匯率的因素，如政府干預、資本流動、貿易壁壘等。

③ 反映生活成本差異，某些國家雖然貨幣被低估，但當地人薪資與物價水準也相對較低。

## 局限性

① 無法考慮當地成本差異：各國麥當勞的租金、人工等營運成本不同，因此大麥克價格未必能完全代表貨幣價值。

② 非正式指標：這是《經濟學人》提供的有趣指標，但不如正式經濟模型精確。

③ 匯率受多種因素影響：如利率政策、國際貿易、地緣政治等，而不只是購買力。

大麥克指數是一種衡量貨幣的相對價值的方式，雖然不夠嚴謹，但經常被投資者、經濟學家和媒體引用，作為評估匯率合理性的參考工具。

## 來吧！敞開大門的政府政策

　　介紹完大漢堡理論，匯率的基本科普告一個段落，回到稅務規劃的主要議題。對了，還沒交代我那門課最後是怎麼處理。當時我實在不想讓全班同學知道，在當時想賺美元的大環境下，台幣採取盯住美元的固定匯率政策，這當然也是部分出於美元匯率的操作目的，於是我只得向教授表示資料不全，換了一個美國與義大利兩國的比較，否則我也是有口難開啊！

　　40年前的報告我有說不出口的尷尬，這與我們國家的政府政策說不出口有關係嗎？何以見得？我的觀察與數據資料如下，當然你也可以從中看出蛛絲馬跡。

　　別擔心，這不是政府設下的陷阱，相反地，是鋪好了大紅地毯的貴賓特殊通道，重點是你要能看出這個方向的指引。如果你學問做得仔細和認真，或者對每年稅法保持一個敏感度，你會發現，每年增加的這個減稅額幅度都不高。每提高減稅額，政府稅收就減少了，所以提高的幅度都是非常緩慢，而且比例不高。

　　但是有一個項目，金額幅度最大，而且調升的比例相當驚人，以2024年為例（2025年申報），這個比例一下子就增加80萬？！

　　是的，你沒有看錯，增加80萬的免稅額！

　　如果此地無銀三百兩，這麼直白的指示你還看不懂，那你絕對是《梁山伯與祝英台》電影中的那個呆頭鵝男主角梁山伯。政府開了這麼大的節稅缺口，不對，這麼大的免稅金額，都已經不能叫缺口了，簡直可以說是敞開大門，而這個就是政府政策引導你要往這裡走的暗示。

　　至於為什麼不能明說？下一篇文章用更多的數據來說明。

# 1-6 鋪了紅地毯的特殊節稅通道

就在本書截稿送印前夕，美國總統川普刻意避開 4 月 1 日愚人節，宣布以下事項：①減少貿易逆差、②降低國內賦稅、③製造業回流與④減低國債，並選定 4 月 2 日為美國「解放日」（Liberation Day），在白宮玫瑰花園（Rose Garden）簽署對全球各國徵收「對等關稅」行政命令。

這是以國家為基礎課徵對等關稅，其他國家對美國徵多少稅，美國將回敬約一半的「折扣」關稅，包括分別對中國（34%）、歐盟（20%）、南韓（26%）、日本（24%）、印度（27%）、印尼（32%）、馬來西亞（24%）等課對等關稅；英國、巴西、新加坡、澳洲等國對美國課徵 10% 的稅，美國將回敬同樣 10% 的對等關稅。台灣的稅率則是 32%。

全球關稅的課徵，不但迎來股市的大震盪，未來恐怕也會引來全球貿易壁壘，以及關稅報復的一連串反應。川普搞了這麼大一齣，到底能不能如他所願，製造業全部或部分回流美國？究竟是川普想得美還是美夢成真，這得過一段時間才能印證。

但就亞洲而言，台灣會因而喪失競爭力嗎？我的看法比較樂觀，或許不會，但只有時間可以告訴我們。而我樂觀的原因與背景，也是與 2024 年海外所得免稅額由 670 萬調高到 750 萬有關。如果你還未看出這之間的蛛絲馬跡，那容我賣一個關子，請仔細閱讀，我在文末再公布我的看法。

## 為何政府大開 750 萬海外免稅額大門？

台灣為什麼可以，以及為什麼要給海外所得 750 萬這麼高的免稅額？多數人答不上來，但這個也是少數台灣政府跨部會合作無間，協同作戰的一個決策。

台幣應該強勢升值還是弱勢貶值，這是民間爭論不休的議題，這個就是我們1-5提到的，有得必有失。台幣貶值，有利於出口賺取國外的外匯；但相對的，這也意味著國內的資源，是用較便宜的價格賣給國際，例如美國。反之亦然，台幣強勢，購買美國的牛肉便宜了，但對出口就相對不利。

話說回來，為什麼台灣這個稅務誘導的讓利政策說不出口？

先不爭論升值或貶值的最後決策，何者對台灣有利？在韓國還是強勁對手，亞洲還有越南、印度，這些可以扮演世界工廠的衛星國家，亞洲各國目前看起來還是幣值競貶的情況。那麼台灣賺了美元，若要避免美國匯率操控的所謂301法案等的抵制或處罰，就必須要有一個相對應的機制或做法，滿足美國對競爭夥伴的索利，或者提供他們需要的好處。

簡單地說，目前台灣的做法是——台幣貶值促進外銷，多賺了美元，但民間將儲蓄或薪資，或各種因素賺到的錢投資在美國，這一來一往，就在國際金融的管理下，有了一個微妙的平衡。民間將大筆資金投資美國，也間接幫中央銀行或政府決策，在台幣貶值賺取美元外匯的操作時，減緩了美國的指控壓力，因為賺了外匯出國投資，甚至買下美國的政府公債，這是他們所期望的，因為鈔票又回到他們國家。

這過程當中，他們還賺了全球低廉的便宜物品，也減緩了美國的物價膨脹壓力。但美國經常是得了便宜還賣乖，得了好處還要罵你一頓，說你們這些亞洲國家總是操縱外匯。不過也別都怪美國，過程是你情我願的，結果大多數都得到好處，就算不是全民都同意的，也是自己想要的結果。

這個金融、總體經濟、投資與稅務上的議題，很多人都沒有關注，這些相關知識，資誠會計事務所前所長張明輝會計師，在他的著作《從財報數字看懂產業本質》一書當中，就有精彩的分析，目前（2024年）有750

萬的海外免稅額，一方面就是配合政府的外貿與匯率政策。

張明輝會計師還有另外一本著作也很精彩，《從財報數字看懂經營本質》，這兩本書雖然是談財報會計，與稅務規劃無較大的關聯，但與投資有更大的關係，對投資有興趣的讀者可以研讀。

## 配合政府政策移動，聰明又省事

那麼，具體上要如何利用海外所得來節稅？這部分會在第 7 章投資節稅篇的「最低基本稅額之下的海外所得」有較多的分析。有一桶金 300 萬台幣投資的人與中產階級，如果國內的股利收入需要付稅，那麼海外所得的投資就要好好借重和利用了。

當然海外投資也是有缺點，例如在美國超過 6 萬美元就要繳納 18%～40% 的遺產稅，或許可以考慮使用複委託。

你無法找到一個完美的策略與工具，只能在兩利取其重，抓大放小，相對好的就是好，從小資族到有錢人，都可以充分利用海外所得 750 萬的海外免稅額。

可以說，海外所得 750 萬免稅額，在 2024 年一下就調高了 80 萬，這不是政府設的陷阱，而是紅地毯的貴賓特殊通道。只不過在國際外貿和匯率政策上，不宜太明顯的放水，但從這個免稅金額的比例，細心的人其實就可以看到政府希望你移動的方向。

最聰明、最好又省事的節稅方式，就是配合政府的政策走，所謂因勢利導，你不必逆風前行，只要順流而下。更何況國際上有許多一流的企業值得投資，這部分的討論，我們就留在投資規劃的系列書籍中說明。

那麼，何以見得 750 萬海外所得免稅，就是政府「明示」你可以節稅的方向呢？有何比較數據呢？

「免稅額」從 2014 年的 88,000 元調到 2023 年的 97,000 元，10 年來只增加 9 千元。單身「標準扣除額」從 9 萬到 13 萬，10 年來增加了 4 萬。「薪資扣除額」從 12 萬 8 千到 21 萬 5 千，10 年來增加不到 10 萬。以上與 2024 年海外所得一年增加 80 萬免稅相比，很顯然的，海外所得免稅這部分就是政府希望你也能夠配合幫忙，這種對國家和個人都有利的節稅方式，就是政策的導向。

## 跟著政府政策，獲利又節稅

　　還有，從哪裡還可看出，政府為何下這麼大的猛藥？其實知識與投資及節稅政策，就在你的日常生活中，就從許多人都去過的麥當勞開始，聰明的你，知道大麥克指數又來了。

　　圖 1-2 是「紀路臺灣」2025 年 1 月 7 日發表的資料數據整理，在瑞士以法朗買一顆大麥克漢堡，換算成美元後，比在美國買的大麥克價格高出 41.8％。

　　其中，台灣的大麥克售價約為 2.46 美元，比美國便宜近 60％，比起中國的負 38％，日本的負 43％，越南的負 47％，說明我們的幣值低估的最嚴重，在 54 個地區中排名最低。

　　看完 2024 年台灣幣值偏低的數據，幾乎低估 60％，如果台幣升值 60％，我們的出口就會面臨極大的壓力。倘若以上數據和推理是正確的，那麼 2024 年 1 年調高 80 萬的海外所得免稅額，也就不足為奇了。

　　政府「因勢利導」，明示或暗示你節稅的政策，只有上面所說的海外所得一項嗎？當然不是，2024 年綜合所得稅的部分，就有另外一項節稅政策的調整值得關注，這一個項目可能可以達到我們所謂的全年省稅 15,000 元，40 年下來退休金多一倍的效果。

圖 1-2　2024 年全球大麥克指數（Big Mac Index）

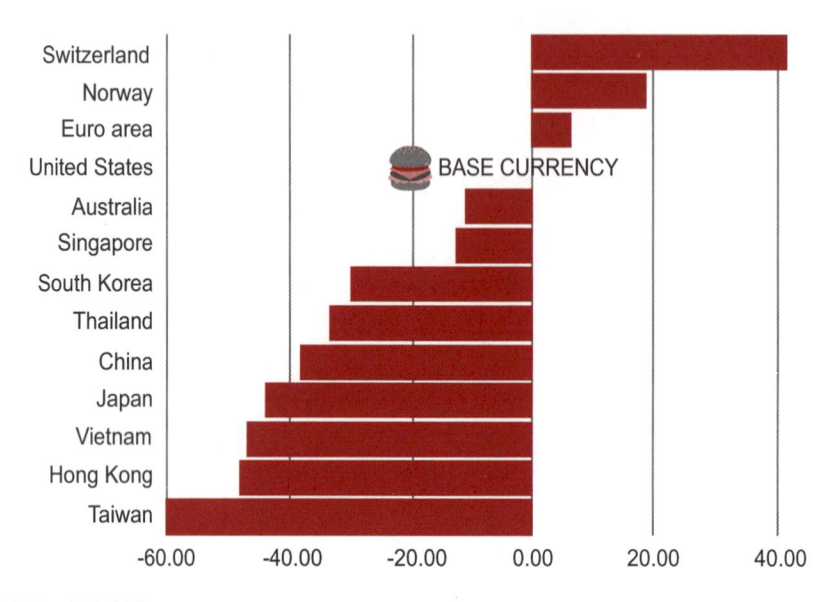

```
Switzerland   ████████████████████  +40
Norway        ████████████          +20
Euro area     ███                   
United States          BASE CURRENCY
Australia     ██                    
Singapore     ███                   
South Korea   ████████              
Thailand      ██████████            
China         ███████████           
Japan         ██████████████        
Vietnam       ██████████████        
Hong Kong     ███████████████       
Taiwan        ████████████████████  -60
              -60.00  -40.00  -20.00  0.00  20.00  40.00
```

資料來源：紀路臺灣

## 從 AI 視角看台美經貿關係

　　台灣給予海外投資 750 萬這麼高的免稅額，基本上這就是政府默默在做，但又說不出口的事，如果用 AI 來分析，會是什麼樣的表述和風貌？會有作者說故事般有溫度嗎？我很好奇，所以分別用不同方式問了 AI，在幾個回答當中，選擇了以下這個我覺得算是比較貼切的回答，是不是比較接近中央銀行，還是財政部肚子裡蛔蟲的答案？大家可以做一個判讀。

　　**我問**：為什麼台灣投資美國金額高，有助於美國政府解除台灣操控匯率的指控？

AI 答：

台灣對美國的大量投資在外交與經濟上扮演了關鍵角色，有助於緩解美國對台灣「匯率操控」的指控，其原因包括以下幾點：

### 1. 縮減對美國的貿易順差

美國針對匯率操控的指控，通常集中在對美國巨額貿易順差的國家。台灣投資美國，包括購買美國企業、政府債券及基礎建設項目，實質上就是把出口收入的一部分再投入美國，減少台灣的貿易順差壓力，平衡雙邊貿易。

### 2. 穩定美元需求，降低干預匯率的必要性

台灣投資美國需要購買大量美元資產，這本身提高了美元需求，自然減少新台幣升值壓力，從而降低台灣央行進場干預匯市的必要性。此行為符合美國對自由匯率市場的期待，有助於減輕匯率操控的疑慮。

### 3. 支持美國經濟，深化經濟合作

台灣對美國的直接投資（如科技產業、製造業）和間接投資（如購買國債）為美國經濟提供了資金來源，特別是在美國基礎建設、企業研發等領域發揮積極作用。

這種雙邊合作的經濟利益，使美國對台灣的指控壓力相對減輕，因為雙方在經濟層面的互賴性增強。

### 4. 提升台灣作為負責任國際經濟體的形象

台灣對美國的高額投資，表現出參與國際經濟秩序的意願，並符合美國所推崇的自由市場原則。

這能有效降低美國將台灣視為「不公平競爭者」的風險，塑造台灣作為公平貿易夥伴的形象。

### 5. 緩解政治壓力與外交談判籌碼

台灣的大量投資讓美國受益，為雙邊關係注入更多正面因素，使美國在匯率操控議題上的立場不至於過於強硬。

同時，台灣的投資可以作為外交談判中的重要籌碼，用於平衡其他議題（例如貿易、技術合作等）的壓力。

### 6. 符合美國的匯率操控判定標準

美國針對匯率操控有三大判定標準：對美貿易順差超過 200 億美元、經常帳盈餘佔 GDP 超過 2%、央行對外匯市場的干預超過 GDP 的 2%。

台灣對美國的高額投資有助於縮減貿易順差和經常帳盈餘，進一步降低觸發這些判定標準的可能性。

### 7. 轉化貿易盈餘為「互惠投資」

台灣將對美國的貿易盈餘部分轉化為投資，創造就業機會與經濟增長，為美國經濟帶來實質利益。

這種策略能有效弱化美國對台灣操控匯率的指控，因為盈餘資金已用於支持美國的經濟發展，而非用於匯率干預。

透過大量投資美國，台灣不僅減輕美國對匯率操控的疑慮，還促進雙邊經濟合作，強化台美間的互利關係，是一種經濟與外交上的雙贏策略。

## 川普關稅政策對台灣的影響

面對川普的關稅政策，為何我認為台灣有比其他亞洲國家更有應對的底氣和條件？我的看法在於，台灣在匯率上有靈活運用的優勢。

台灣之所以能有較強的外匯靈活條件，是因為過去幾十年來打下的基礎，也就是台灣的高儲蓄率，以及央行擁有相對多的外匯存款。這個源源不斷產生金流的基礎，讓台灣萬一需要打貿易戰時，可以有貶值的能力，又可以透過海外投資產生國際貿易平衡的實力，就也是當年國之重臣，尹仲容、李國鼎、孫運璿、俞國華及幾個世代勤奮的台灣全體國民，打下目前的全球科技重鎮。

還有以張忠謀先生創辦的台積電為首，帶領周邊的強大供應鏈，扮演了良性循環，在關稅的貿易壓力下，保有繼續出口賺外匯的條件，特別是在高科技產業的高附加價值，有了較高的儲蓄率，又有資金輸出的條件。

這些條件支撐台灣在匯率運用上的靈活性，打貿易戰免不了觸及外匯，台灣在這方面的底氣要比韓國與越南來得足。台灣現在是科技島，也是外匯的主要來源，至於鋼鐵、石化等傳統產業，可能就要面臨較大的挑戰。事實是否如此？我們若干年後回顧就可得知，今天我的這個推論。

# CHAPTER 2

# 稅務規劃的重點打擊

## 2-1 節稅像什麼？

　　財政部的網站上有這麼一段話：「稅法及相關的法律有很多免稅或減輕稅捐的規定，納稅人可以善用這些規定來減輕租稅的負擔，這就是通常所說的節稅。節稅是合法的，也是道德觀念所容許的，是法律所保障的行為。」

　　這就表示，法律是允許節稅的，但在進入本書之前，我認為讀者們應對節稅有正確的觀念，我用以下兩部電影的情節，來說明節稅的精神。

　　第一步電影《將計就計》（*Entrapment*），印象中是於 1999 年上映，由史恩・康納萊（Sean Connery）與凱薩琳・麗塔－瓊絲（Catherine Zeta-Jones）主演。史恩・康納萊是蘇格蘭演員，憑藉七部詹姆士・龐德電影，因飾演英國間諜 007 走紅。

## 節稅不能誤觸法網

女主角麗塔瓊絲為了盜取寶物，要冒險進入整個佈滿紅外線警戒網的房間，導演刻意讓麗塔瓊斯，以姣好的身材，在每一條雷射光構成的警網之間穿梭，大展她的舞姿和身體的婀娜曲線，並且不停的給予特寫鏡頭。導演企圖讓男主角緊盯她曼妙的身材，也同時讓觀眾「將計就計」落入麗塔瓊斯的美貌陷阱之中。

男主角或男觀眾有沒有脫離這個美麗的陷阱，我不知道，但女主角麗塔瓊斯可是安全過關，沒有觸動警鈴，順利奪取寶物。

我藉這個電影情節是想告訴你，節稅就像穿過層層的法網，不能觸碰法規，也就是不能違法。但在稅法當中，還是有空間可以運用稅法的知識，加上理財的工具，以及你的用心，三者並行之下，一定可以不碰觸法網且又拿到寶物。請務必記住，節稅絕不是逃稅，是要遵守法條的。

## 節稅要抓準時間，伺機而動

第二個節稅像什麼？要伺機而動，要挑選適合你的時機跟條件，這又像哪一部電影的情節呢？

2024 年的除夕夜我在飛機上跨年，想要享受一下機場過年的孤獨感，在台灣飛往美國的飛機上一覺醒來，想找一部電影看一下，我挑了一部曾經看過，準備再次回味的一部電影《傳奇 42 號》（42），敘述這位盜壘小王子的故事。

選這部舊電影有兩個原因，一是電影的演員卡司陣容中，有一位靈魂人物是哈里森・福特（Harrison Ford），在 1985 年出國前，他的《法櫃奇兵》（Raiders of the Lost Ark）」系列篇是台灣當時電影院的強檔，在

美國唸書時,他在《空軍一號》飾演被劫機但又臨危不亂智勝歹徒的總統,是我們這些留學生被功課和生活壓得喘不過氣來時,週末的快樂享受,這是懷舊。二是台灣棒球國手們在 2024 年拿下日本獲得 12 強冠軍,棒球已成為國球,這是同慶。我選擇這部影片,是懷舊與同慶兩種心情的交織。

### 傳奇球星的大無畏精神

《傳奇 42 號》就是在講述 MLB 傳奇人物傑基‧羅賓森（Jackie Robinson）的故事。MLB 即美國大聯盟（Major League Baseball）,有 30 個美國和加拿大成員,代表著有最高水準的職業棒球隊殿堂。

這個聯盟破天荒共同決議,將盜壘小王子傑基‧羅賓森穿過的 42 號球衣引退,意味著這個球衣號碼只屬於他一人,並將 4 月 15 號定為羅賓森日,就是紀念他首次在 1947 年 4 月 15 日,穿上布魯克林道奇隊（Dodgers）42 號球衣比賽的那一天。這是何等殊榮！其中一定有羅賓遜偉大和傳奇之處。

要知道,1947 年是種族歧視很嚴重的年代,他成為大聯盟首位黑人球員,17 年後,美國總統甘迺迪（John F. Kennedy）在 1963 年下令動用國民兵,護送黑人學生進入美國阿拉巴馬大學（University of Alabama）,起因是州長喬治‧華萊士（George Corley Wallace Jr.）為了恪守自己的競選承諾「種族隔離」,站在福特斯禮堂門前,阻止兩名黑人學生向學校報到。甘迺迪總統簽署了總統行政令,將阿拉巴馬州國民警衛隊置於聯邦管控之下,州長隨即發表了一篇有關州權的演講,讓開了道路,使兩名黑人學生順利報到。

可以想見 1947 年白人至上及劍拔弩張的氛圍有多麼嚴重,當時羅賓森的隊友甚至不願意同他一起打球。他為了不讓隊友感覺難堪,球賽結束

後，總是等隊友淋浴完畢後才最後一個進入。

當然，他的傳奇之處，絕對不可能只有耐住種族主義歧視的高壓挑戰。他1947年一加入布魯克林道奇隊，就拿下當年的新人獎，為球隊拿下6次聯盟冠軍，且在1955年獲得世界大賽冠軍，6度入選明星賽。1949年，獲得國家聯盟打擊王，成為最有價值的球員（MVP）。

這些殊榮看起來像打擊高手，跟「盜壘王子」這個稱呼有何關係？事實上，他在1947年第一個季賽就有高達29次盜壘（stolen base），NL第一名，整個大聯盟職業生涯，他的盜壘次數全部排在NL的前10名。

盜壘也算傳奇嗎？他的精彩之處，當然不只有如此，他效力大聯盟的10個賽季中，有7個賽季打擊率排名在聯盟最前列，全壘打、上壘率、進攻指數等數據都是頂尖水平，他確實沒有辜負道奇老板Branch Rickey的眼光與提拔。而這個傳奇角色，就是由哈里森・福特飾演。

### 節稅同盜壘都是戰術

在棒球運動中，「盜壘」指的是跑壘員在投手投球之前，就提前離開原來的壘包，成功佔據前方壘包的動作。

但中文的「盜」有偷取的意思，有所謂竊人之財謂之盜，日常生活中，若有此行為是非法的，但棒球運動中的盜壘是違規行為嗎？不是，它是一個很重要的得分小型戰術與技術，迫使投手必須耗費更多心力來牽制壘上的跑者，若是防守隊伍默契不夠，沒有接住投手突然發動的牽制，很容易就造成失分。

盜壘能否成功的關鍵除了腳程速度，起跑的時機影響更大。由於棒球本身是進攻失敗率比較高的運動，一般都要有一定的盜壘成功率約75%到80%，對進攻才會有較高的助益，運用得當，等於是不用隊友揮出安

打就能搶進壘包，提高得分機率。

盜壘率跟打擊率不同，打擊率能夠 0.4 都是強棒了，但高手的盜壘率可達 0.75。美國大聯盟史上最高的記錄保持者是瑞奇・韓德森（Rickey Henderson），打擊率 0.279，但是盜壘成功 1,406 次。

台灣截至 2024 年球季結束，職棒前十名盜壘球員，前四名成功紀錄都在 200 次以上，且有六名成功率都在 0.75 左右，例如排名第五的陳晨威就有 0.761；排名第四的球員彭政閔，達到 2 千支安打、100 轟、231 盜壘的成績，盜壘率也有 0.708；排名第一的黃甘霖有 295 次、盜壘率 0.747。可見打擊率要高不容易，但要創造高盜壘率的成功率顯然較為容易。

那麼，節稅與盜壘的相同之處為何？我的看法如下。

### 1. 都是熟悉規則後的運用

盜壘在棒球運動中，可以說不僅沒有違規，反而是關鍵時刻的獲勝戰術，除了需要快速的腳程，更需要判斷啟動的時機。

節稅也是在眾多的稅法規則下，找到可以適用的法條。規則很僵硬，但妥善運用就有機會讓它變得靈活，但前提是，你必須對規則熟稔才行。

### 2. 懂得運用可以小兵立大功，積小勝成大勝

以中華職棒 2024 年為例，排名第一的林立打擊率是 0.353，盜壘成功的前 4 名，盜壘率幾乎是安打的 20％。做個不十分精準但卻容易懂的比喻，他們懂得運用盜壘，往壘包推進的效益，比一般人增加 20％，彷彿比不會節稅的人多出 20％的節稅效益。若能透過省下的 20％稅金來投資，長年累積下來的複利效益會讓人大吃一驚，這個說法，我們在未來的章節會印證。

盜壘運用得當，等於隊友不必揮出安打就能搶進壘包，就如同本書的副標題所強調的「隱形加薪」，證明知識既是力量，也是財富！所以希望你在我們所做的整理和歸納的基礎上，善加運用！

## 3. 只要你願意，就可以改變

盜壘小王子傑基・羅賓森的生前名言是：「人生不是觀看一場運動比賽，如果你打算一輩子待在觀眾席，眼看事情發生，在我看來，你是在浪費時間。」

稅法是透過國會委員來立法，稅法最後的制定，反映了許多利益團體的角力，也「盡量」考慮許多人的利益。但適合別人的未必符合你的最高利益，同樣的，符合你的也未必適合別人，所以找到符合你的稅法規則予以節稅，再透過正確的投資，能夠讓自己早日成為小康家庭，進而財富自由。家庭財務健全了，也會更有能力讓社會達到均富，更有餘力伸出援手幫助弱勢家庭。

在人生奮鬥的過程，有人努力並用對方法，再加上運氣，累積財富成為人生勝利組，彷彿就像坐在大聯盟賽場上的貴賓席和包廂，大家觀賞同樣的比賽，但票價不同，視野自然也不同。如果你還沒達到那個階段，那麼運用球場上每一個正當的盜壘機會，為自己創造合法的財富，慢慢讓自己有實力往貴賓席靠近，最起碼不用一輩子都坐在需要用望遠鏡看球賽的邊緣區。

我還沒有看過一個家庭，能夠在上百條或更多的稅法規則中，構成滴水不漏的稅務規劃。現在，你只要努力或願意做出改變，就可以在稅海中「盜壘」，找到合法的節稅機會，而這一切就從改變觀念開始。

接下來就是我們「大海撈針」，一番努力後，為你挑選出來，你應該優先關注稅法的「重點打擊」部分，希望你能夠揮出節稅的安打，攻佔財富的壘包。

## 2-2 屬於你的聰明細心規劃

本書訂定的目標很明確，就是：在合法情況下找到對你有利的節稅方式，每一年省下 15,000 元，並以這個為單位，讓台灣一流企業為你每年合法節稅的這筆小錢幹活，40 年下來，你能夠得到的福利將遠高於國家勞保能夠給付的退休金，而且幾乎高達一倍之多。

因此，本書特別選出四個議題，針對不同族群，設計 20 個「重點打擊」。你可以試著從中找到兩、三項使用的工具，看看是否能對你產生立竿見影的節稅效果。

稅務規劃的重點打擊，目的是希望你能夠「先見林，後看樹」——先看到大輪廓，最後再看細節。接著進一步探索策略性的規劃，重點打擊 1 至 3 的詳細內容，請參閱 **5-2 個人所得稅 3 大節稅重點打擊**，分別是：

**重點打擊 1：善用租金補助款創造雙贏。**
**重點打擊 2：增加扶養人合法節稅。**
**重點打擊 3：將收入合法轉換成較高抵減的類別。**

### 理財稅務之重點打擊

有關理財稅務，顧名思義，要取得這部分的節稅福利不是只看稅法，還須加入投資績效的考量，否則就會形成：「稅法表面上應該做的事，加

上投資考量之後，反而不應該做了。」偏偏這是許多人的盲點。

### 重點打擊 4：善用 750 萬免稅的海外所得，輕鬆省稅

台灣有句諺語形容內行人是「住在巷弄裡的人」，也意味著有許多精彩，不是大街上看得到的表面景象。在這個單元中，我們認為最具威力的理財節稅項目，不注意的人乍看項目名稱，可能不會深入關注。

試想：「基本稅負」或「最低稅負」，這樣的名稱看起來可能是責任大於福利，以致有些人壓根就沒有在這個地方考慮琢磨，但卻可能是整本書極具威力的前幾名重點打擊項目，因為海外所得 750 萬免稅，就在這個基本稅負的規定裡。

有關海外所得免稅額的部分，我已經在上一章專文說明，此處僅做提示。

地球村時代，有許多投資項目在台灣可以找到，但投資產品豐富的美國可以找到更多，我們可以把國內所產生的利息或股利往海外轉移。簡單地說，我們在海外可以找到可能的替代品，卻可享有 750 萬的免稅額。

政府為何願意給予這麼大的免稅額，就是因為國家有更高的外貿戰略考量，也就是說，雖然強勢貨幣能對民眾謀些福利，例如外貿而來的物價相對低廉且穩定，但強勢貨幣不利於出口，對台灣海島型以外貿為主的商業型態來說，自然是先照顧出口，而累積的外貿順差，必須借助海外投資來緩和這個壓力。

### 重點打擊 5：幾乎不存在的完美除息

人生常有許多抉擇上的十字路口，往左或往右，結果可能大不同，如果你當下沒有水晶球，必須在混沌不清的情況下做出決定，就必須從犯錯

中調整學習。不過人生就是這樣，總是得一路摸著石頭過河前進，有時自己的知識加上別人的經驗，也會像是一盞明燈，指引著前進方向。

但稅務規劃一旦犯錯，無法重新再來的窘境沒有過多，即便犯錯了，了不起第二年就可以修正，只不過有些人可能會一直不停的犯錯，原因就是被表面的景象所迷惑，造成我前面不斷提及的：「有時稅法告訴你可以做的，但考慮整體面向後，你反而不應該做。」

例如勞動部無法同意勞退自選自行管理之前，勞退自選的提撥不應該參加，因為市面上還有更多有利的投資工具，貿然參加只會「省了小稅，丟了大成長」。

再舉一例，在理財投資的稅務部分，投資證券理論上不參加除權息，意味著不會收到股利，那麼股利就不會列入所得，不列入所得就有省稅的空間。真的是這樣嗎？

這道題目在網路上各種說明都有，莫衷一是，到底該怎麼做才好？目前市面上好像沒有確定與足夠說服力的數據。當然，股票這麼多，種類這麼多，股性各異，加上每個人操作的功力不同，所以該不該除權息，因人而異也說得通，主要是變數太多了，也有可能別人的垃圾卻是你的黃金。

在節稅規劃上，有人贊成不參加除息，所以在股票除息之前賣出持有，避免股利入帳，也就達到省稅的效果。但說來難以置信，我們在做這個題目的實際數據測試時，多數種子講師也都認為，稅法有此規定，應該就是一種節稅的方式吧？於是我們特地選了穩定度夠高和參與人數最多的0050做測試，沒想到測試結果，讓大家滿地找眼鏡，答案竟然與我們多數人的想法不同。有些人百思不解，反覆推敲，終於有了一些撥雲見日的答案。

當然這也不是斬釘截鐵告訴你，那樣的操作不能節稅，而是在我們已知的幾項假設條件下進行操作所得出來的結論。不過你要小心，因為你的假設條件可能與我們不同。我們的試算投入不少時間，若想了解整個過程與計算，請移步到第七章〈理財投資稅務的4大重點打擊〉。

### 重點打擊6：善用資本利得停徵免稅的時期

所有先進國家，稅賦正義是有所得有課稅，特別是非勞動所得（unearned income）的資本利得項目，就是我們經常說的「人有兩條腿，錢有四隻腳」，錢滾錢的速度，有時候是相當驚人的。而這樣的收入在台灣卻不需繳稅，這在全世界的國家並不多見，這可能也是財政學系的教授與學生們，以及多數關注稅負正義的人很難面對、但又必須接受的事實。

為了恢復課徵證券市場的資本利得稅，台灣已經因此事件下台了兩位財政部長，而這兩位財政部長還是母女，分別是郭婉容與劉憶如院長。所以我說我們的立法精神、公民素養與政治人物在堅持社會正義這個國家的軟體實力上，離先進國家還有一段距離。

回到惡法亦法，再不好的法律，也是大家選出來的國會議員及執政黨所決定的，除了繼續爭取以外，在還沒有恢復徵收以前，如同退休金無法自選和自行管理之前，每位納稅人都要自力救濟。

證券資本利得停徵期間免稅，這是刀的雙面，不會利用的人吃虧不少，會利用的人則是一大良好的節稅工具。據非正式統計，有八成的散戶無法在證券市場良好獲利，就算打個折扣可能也有六成，所以如何提升自己在股市操作管理的能力和知識，相對非常重要。

稅務規劃一路談到這裡，各位可能會了解為什麼我一直強調，做好稅務規劃必須是跨領域且避開鐵鎚人的思維，這句話的用意了。

要懂得且獲得資本利得，可以看我寫的《阿甘投資法》這本書，其中說明了有關景氣燈號的操作。只要根據我們的策略，成功比例非常高，可做為台股賺價差之操作戰術，非常適合在資本利得停徵免稅時作運用。

### 重點打擊 7：分離課稅看來美麗，但能用的不多

依照稅法，目前至少有四種金融商品符合分離課稅的條件，也就是利息所得按 10％ 的稅率分離課稅，一旦分離就代表課完 10％，就與你的綜合所得稅脫鉤，不會併入。但如果你的稅率是 20％，此部分就賺了 10％。

這類金融商品有：①公債、公司債或金融債券；②短期票券；③金融資產證券化商品；④不動產投資信託。

第一項公債、公司債和金融債券，如果搭配資產配置的概念，也就是有攻擊和防守並存的配置，那麼債券商品可扮演投資中「防守」的角色，利息可以分離課稅，利率也比定存高，讀者可以參考。

可惜債券 ETF 並不屬於這類型，是美中不足的地方。分離課稅的項目很吸引人，但可用的工具不多，如果未來有其他投資商品出現，大家可以持續關注。

而不動產信託相對來的穩健，畢竟許多人對房地產情有獨鍾，而且有很大的信任感，與其把錢放在定存裡，利息還需繳稅，不如參考我們在第七章的重點打擊，有較詳細的節稅說明。

最後，第三項金融資產證券化商品，有許多較複雜的投資操作，例如連動債 FCN。這些投資項目操作得好，投資績效可以讓你上天堂，操作得不好會讓你咬牙切齒，甚至毀了多年的積蓄，這也導致此部分雖然有 10％ 分離課稅的誘因，但我猶豫再三之後還是取消，不做深入探討，畢竟

投資高手還是少數。有興趣的高手們，如果找不到省稅空間，也可以從此處了解一下。

## 不動產節稅之重點打擊

當各位關注房地產稅務規劃時，恭喜你，已經是中產階級以上了。此章節的內容像是排骨肉，有些地方甚至像是燉湯的大骨，帶一點肉，但骨頭還是居多，所以有些地方還是滿硬的，為什麼呢？

因為房地產有許多行政規費，包括印花稅、地價稅、土地稅等都是固定的。我們可不想取代代書的工作，我們關注的是，能否透過規則的了解，在關鍵之處做出對的決策，進而達到符合法規，也符合自己需求的節稅方法。

房地產的稅務篇，幾乎是每一位稅務專家的著作裡都會出現的一道必考題，無論把房地產作為理財投資還是自住，這兩種剛性需求的家庭會關注的，無非是「贈與現金買房」、「直接贈與房子」、還是「繼承」，哪個比較好？

這三大不同交易的稅務差別，當然還可以延伸出更多的假設條件，但我們暫時在此打住，畢竟假設條件一多，複雜性與計算方式可能超越多數的讀者需求。至於高資產人士關心的部分，就留到以後有機會再來說明。

### 重點打擊 8：逐稅少而居，享租賃優惠稅率

不動產節稅第一道要關注的，不是逐水草而居，而是逐「稅少」而居，其稅就是指「房屋稅」。如果你有兩間以上的房子，那麼將戶籍設在高房價的那一間，你就有節稅的機會，詳請見第八章的重點打擊。

### 重點打擊 9：自用住宅換屋，支出的稅金能收回

據非正式統計，人的一生可能會有三次換屋機會，年輕時夫妻共用的小房，隨著子女的出生，經濟狀況的好轉，可能就有更換大房子的需求。接著等到空巢期，可能又會出現不同的需求。

在美國，許多家庭一旦出現空巢期，就會飛往佛羅里達州或是其他免稅收的地方，那些地方通常氣候溫和又不需繳納州的稅負，可以說是退休人士留下戶籍或是退休養老的好地方。

### 重點打擊 10：房地有別，稅有省

《楊家將》裡有一句話：「焦不離孟，孟不離焦」。焦、孟指的是楊延昭（楊六郎）旗下的兩員大將焦贊和孟良，二人是結義兄弟，常形影不離，後用於比喻兩人關係非常鐵，感情深厚。

房地產的「地和建物」，也是離不開的焦不離孟，孟不離焦，只是稅法在處理這個問題上，隨著時代的改變與稅法的異動，而出現舊法與新法並存的現象。

例如在 2016 年取得的房屋，房屋部分課綜合所得稅，而且可列成本折舊；土地部分僅課土地增值稅。大家都知道土地的增值稅基礎是以公告地價為準，這裡就可能產生節稅空間，也就是售屋總價中，合理也合規地把房屋與土地分開計算，把「土地」的占比拉高，「房屋」的占比降低，這樣的規劃方式就有可能節稅。

實務上，幾乎多數政府在房屋稅負上都是鼓勵民眾小房換大房，在一定期限之內（通常是兩年），支出的稅金可以退回，也就是所謂的重購退稅，這部分一般房屋仲介或許會提醒購屋者。不過如果你能提前了解這規則，再換屋時，或許會有較縝密的考量，詳請參看第八章之說明。

## 遺贈節稅的重點打擊

當你特別關心這個章節時，要大大的恭喜你，代表你要進入面對快樂的頭痛問題。既然是問題就要解決，請用一個優雅愉快的心情，畢竟它代表你人生的奮鬥進入另外一個境界和層次，在財務上，你可能已經比中產階級更富裕了，而有了贈與的能力和需求。

如果你在財務上沒有那麼寬裕，但認為無常隨時到來而想提前做規劃，無論財務金額多寡，都說明你的心境與視野是豐富寬廣的，畢竟能夠看透生死是很不容易的事，就算不能看透，但願意提前規劃也很不簡單，所以要大大的恭喜你。

接下來我們回到世俗的財務規劃部分，這個部分我們有十項工具，為什麼是十項而不是一項？因為每一種工具和策略都有特定的對象和用途，就如同殺雞不用牛刀，同樣的殺牛也不能用水果刀，處理遺產規劃的贈與，最少有下面的十招，組合起來像是瑞士刀，暫時夠用，若想要更多的工具就必須到「遺產規劃」的大項目才會觸及了。

### 重點打擊 11：積沙成塔逐年贈與，多傳承少稅負

第一個策略是涓涓細水，源遠流長的逐年贈與。不要小看這一點，以 2025 年的法令，可以有 244 萬元免稅額，這個指的是「每一個人」，光是夫妻合計就有 488 萬，如果是在每年的第四季度贈與，意味著三個月後進入下一年度，又有 488 萬，相當於短短幾個月內就贈與近 1 千萬，如此要做什麼事情都有了基礎，無論是當作房子的頭期款或是協助子女創業，都有了相應的資金可作運用。

這一招可以引用蘇東坡的名句,「若把西湖比西子,淡妝濃抹總相宜」,無論是中產階級的小部分贈與,一對夫婦可以贈與488萬;或是「好野人(rich man)的有錢人」,都必須學會這一招。或許你會說豪門不夠用,是的,還有別的方法在後頭,詳見第十章。

### 重點打擊 12:贈與免稅額極大化＋房地合一免稅額,最省稅

還記得我們談到人生的大哉問:「你是誰?你從哪裡來?你到哪裡去?」同樣的,稅務也有三大問:「你是誰?錢從哪裡來?錢到哪裡去。」

國稅局關注你的錢從哪裡來,是因為房地產的價格高,這個購買資金的流入,有可能會被認定是贈與的部分,所以我們必須把這個變數跟假設條件列入,要節稅,就必須把贈與稅的稅負成本盡量下降,此部分的規劃詳見第九章。

### 重點打擊 13:不動產留當「傳家寶」,稅省省省!

不動產如果當作遺產,在各項稅負上的稅金最低,但凡事都是一體兩面,不可能完美無缺。

對沒有迫切性賣出不動產的人而言,可以留下來當傳家寶自然是好,但也有許多副作用,包括這筆資金不能立即活用,使得此部分所造成的投資收益上的損失,有時候可能比省下的稅金還高。

同時還要考量繼承人為何,會不會讓未來的處理變得更為複雜?例如繼承人的繼承人也可能改變想法,讓原本單純且當下可處理的事情,變成誰都動不了的釘子戶,諸如此類的副作用也是要考慮的。如果沒有這些副作用,單純就稅負而言,當作傳家寶也是一個選項,詳見第九章之說明。

### 重點打擊 14：夫妻本是同林鳥，稅負當前各自算

配偶之間的資產互轉，是各項稅務規劃中的最佳拍檔。不只房地產，遺產稅也是如此，因此配偶間的贈與也值得參考，詳見第十章之說明。

### 重點打擊 15：正確運用保險，財富傳承無痛接軌

在人生不同階段，使用保險這個工具的態度和策略是大不同的。無論是剛開始就業，或是組成家庭進入人生新階段，如果事業有成，到了中壯年必須開始處理遺產及贈與的時候，保險規劃就成了一門學問。

小資族與中產階級階段，開源先不說，節流一定要做到，否則你沒有資金進入投資領域，來創造更重要的財富成長，因此每一筆資金在保險上都必須精打細算，夠用就好，先不考慮有儲蓄現金值的保險類別，畢竟到了中壯年以後，如果有遺贈稅的需求，這個地方思維就不同了，因為屆時你的需求也不同。

保險為何會是遺贈稅的工具之一，我們會需要用到它的什麼特性？用得好，它有以小搏大的功能。有關保險在遺產、贈與功能的運用，詳見第十章之說明。

### 重點打擊 16：信託讓財富增值不減值

如果你的眼球會關注在「信託」，再次恭喜你，因為信託很有可能讓你的遺贈稅規劃更加完善，效果也可能更加突顯。

在美國，信託是一個非常成熟多元的好工具，可惜台灣的文化是「防弊重於興利」，這方面的軟實力，無論是在立法上還是信託部門的執行面上，都與先進的歐美國家相距甚遠，還有一段很大的成長空間。

如果你沒有綠卡，只有台灣居民的身分，現階段也只能就現有的法規充分利用之，直到我們立法的觀念和步伐可以跟上先進國家。當然記得也要用選票，將有進步立法思維的政黨送進國會，不然惡法亦法，國家永遠無法在進步的康莊大道上前行。

「信託」在遺產規劃中，扮演著極為重要的工具和策略。信託本身通常沒有省稅的功能，但運用信託讓資金在去跟留的變化中就有節稅的空間出現，同時還能按照你的意願來分配財富，詳見第十章之說明。

### 重點打擊 17：利用股權移轉，確保企業順利傳承

台東的東海岸有個景點，就在卑南族的聖山，號稱都蘭山的山下，其入口處有一個景點「水往上流」。但水怎麼可能往上流呢？對的，是不可能，不過它可以產生錯覺。同樣的，在遺贈稅的規劃上，我們依然遵循自然法則，人往高處爬，水往低處流，節稅的資金往低稅率的親屬身上移動，這個就是「股權轉移」運用的基礎。

這也可以是以大化小，高稅率下的資金往低稅率的地方移動。由於各國的稅率通常是累進的，所以縱然做不到「化整為零」這麼誇張的境界，但高稅率往低稅率移動，多少還是能做得到的，詳見第十章之說明。

### 重點打擊 18：用公益基金會傳承財富，擴大社會影響力

年輕的時候，很難理解公益基金會究竟能產生什麼樣的效益？畢竟光是在爭取資源的路途上已困難重重，不浪費就算不錯了，怎可能還有多餘的給他人？

我亡妻 48 歲過世時，我發現也領悟到「預防醫學」的重要性，也閱讀了幾本探討這方面的書籍，了解到我們整個身體運作的方式。它實在太

重要了,建議你看完本書後,趕緊去了解「預防醫學和功能醫學」,如果你不了解人的身體運作機能,你很難保護自己。

畢竟我們的身體也有「使用手冊」,只是多數人偷懶或無知,從來不去閱讀或了解。當然我們的教育也不夠重視這方面,正確的做法應是「生病找醫生,健康靠自己」。

談及這些的原因,是因北京最有名的協和醫院,就是美國洛克菲勒基金會（Rockefeller Foundation）旗下的組織,美國航太重要的推手霍華‧休斯（Howard Robard Hughes, Jr.）之基金會催生下的休斯醫學中心,對社會有極大的貢獻。

而他們都是公益基金會旗下的組織,當然稅法給予的誘因也是他們成立基金會的主因之一。為何成立基金會能形成三贏的局面？

首先對個人而言,有節稅、財富傳承與擴大社會影響力之效益。就國家而言,不必出錢,只要給予企業家省稅誘因,就能創造極有效率的公益團體。就社會大眾而言,有個公益組織為他們提供國家社會沒有提供的照顧。你說,這是不是美麗的「善循環」？

因此,我於 2023 年,在我國中時母親過世那天成立慈善公益組織「財團法人台東縣惠心文化基金會」,基金會的名稱就是在我母親與舅舅的名字中各取一個字。他們當年因國共內戰從大陸逃難到台灣,而我母親從來沒有機會回到大陸,再看一眼她思念的父母。我母親非常善良,在那個本省人與外省人衝突的年代,她在鄰居眼中都是極為善良的一位女性。

如今我以母、舅為名所成立的基金會,就設定四個目標:推廣人文教育、推廣預防醫學、推廣理財教育、推廣慈善信託的推廣。

我正逐步落實我所相信的以及做我所說的,我希望在我的人生道路上,不只有知識的充實,也希望能把這些知識落實,如此才能在社會上形

成力量,才是真正擁有財富。歡迎您加入這個有意義的行列!有興趣了解者,詳見第十章之說明。

### 重點打擊 19:不動產贈與,移轉多更多

「有土斯有財」是華人根深柢固的觀念,一方面房地產本身就有居住的剛需,又有保值的功能,而且也是對付通貨膨脹的良好工具,更別說許多丈母娘對有房產的準女婿愈看愈有趣。房地產的特質這麼多,也難怪許多人在財富累積的過程中,或多或少都會持有房地產。

在不動產的贈與中,可利用台灣房地產獨有的特色,那就是「公告現值與市價」之間的巨大差異,這個在遺產計算的基礎上就佔了極大優勢。若再加上自住房地產的稅務優惠,在房地產本身屬重資金的財富項目下,省下的稅負有「一個抵三個」的壓縮機效果。如何好好利用其作為遺產贈與的工具,詳見第十章之說明。

### 重點打擊 20:避免高額稅負與法律風險,不踩雷

巴菲特的最佳拍檔查理‧蒙格有一句名言:「凡事逆著想。」他也說:「如果你知道會死在哪裡,不要經過那個地方就沒事。」

當然這一個「死」的比喻,不限定生命的消失,包含你做錯事情或搞砸什麼,都是他廣義的比喻,例如一個人身體要怎麼樣不健康,你可以想出一堆原因,比如飲食不健康、不運動、熬夜酗酒,如果再加上毒品,那麼身體報廢的時間會加速,這些都是造成「健康死亡」的原因。所以「避開這條道路,不去做這些事」,就可以幫你獲得較好的健康條件。

同樣的,有許多在遺贈稅這個項目上可以省稅的工具與方法,但問題是這個方法未必合規且合法,或者符合國稅局定義的節稅方式。本章一開

始就提到,「稅法」是由諸多法條構成的一個「法網」,不要去碰觸,在法網之間還是有合法的空間可以讓你節稅,只要別做過頭。

畢竟你的財富能夠大爆發和大增長,靠的不完全是節稅,而是在你專業的投資、辛苦省下來的資金能夠正確成長(投資規劃),加上有風險的控管和保障(保險規劃),最後才是花時間合法省下稅錢(稅務規劃),讓涓涓細流進入,從而建構你的財富大水庫。可以說每一個努力我們都不放棄,但是老話一句:必須合法、合規。

因此這個重點打擊,我們告訴你,諸如高齡或重病時才購買保險、過世前兩年大量的贈與財產、重病期間大額提領存款、透過子女名義購買不動產的三角轉移(假購買)、透過法人轉手不動產等,都屬於「不當規劃」,應避免之。

國稅局並不樂見,你都要跟上帝喝咖啡了才去做節稅規劃,如此脫產避開遺產稅的意圖極為明顯,還是會上門追繳的。而應對之道只有一句話,那就是「提前佈局和規劃」,這也是每一個家庭都需要「五大整體財務規劃」的原因之一。此部分的說明詳見第十章。

CHAPTER

## 3

# 這樣做，節稅更有利

　　這個章節，我特地摘錄一些多年前在美國發表與「稅務規劃」相關議題的文章。之所以考慮出現這些文章，主要是因為觀念和習慣沒有改變，但讀者需關注的是，文章故事中反應的提醒和觀念，而不是文章中的數字，因為稅法每年不停的變動，所以數字不見得會反應當下的改變。但歷史總是有相似的地方，而理財和稅務規劃的概念卻沒有太大的變動，猶如一則商業廣告「鑽石恆久遠，一顆永流傳」，同樣的人性和慣性，一樣永不變。

　　接下來我試著透過一些在美國為客戶做五大財務規劃時，有關節稅部分的一些故事。故事說的雖然是美國的稅務環境，但台灣有些部分借重美國稅法的結構，且背後的故事透露出的觀念是相同的。

　　本章的案例，在台灣與美國都有適用的地方，尤其現在許多家庭也有小孩在國外求學或發展，或者具有美國綠卡身分，因此本章也可說是提供美國稅務規劃的基本小常識。至於在美國整體的財務規劃和稅務規劃，仍

必須借重當地的專業人士，畢竟稅法年年更改。然萬變不離其宗，只要掌握大方向，再借重專家之力，勢必能達到良好的節稅效果。

# 3-1 為什麼您會多繳稅？

《富爸爸，窮爸爸》一書曾名列紐約時報暢銷書數月不墜，全球賣出了 500 萬冊是有道理的，作者有幾個論點，就是：①充分利用節稅工具，②不斷構築資產，也就是錢滾錢的實力，以及③財務智商的加強。

台美兩國報稅時間不同，美國報稅如果沒有延期，那麼公司稅的截止日是 3 月 15 日，個人稅是 4 月 15 日，最多可以延長六個月，台灣則是五月底必須完成報稅。這本書出版時是在 2025 年的 4 月，即將報稅了，報稅前夕談如何利用節稅工具的時機已太晚，「稅務規劃」要在去年年底以前就得完成，那是未雨綢繆。現在談「正確報稅和報稅前檢查」，勉強算是亡羊補牢。

為什麼許多人會多繳稅？原因可能是：①財富增加，這是好事。也可能是②沒有規劃，所以沒有充分利用省稅工具。也可能是③沒有正確報稅，遺漏了您應有的權利。會造成②與③的錯誤，有一部分原因是您沒有好好善用眼睛和耳朵。怎麼說呢？

## 把專業人才當成你的眼睛與耳朵

《富爸爸、窮爸爸》的作者提到，他有兩個爸爸，一個富，一個窮。富爸爸一輩子都很勤奮，且有豐富的收入，是夏威夷的富豪之一；但另一個窮爸爸終其一生都在財務問題的泥沼中掙扎。兩個爸爸給他截然對立的建議，在客觀上使他有了對比和選擇的機會。他回想，這實際上就是富人

和窮人的觀念。

據我了解，看過這本書的人很多，但懂得著手理財的卻是少之又少。因為多數人未必能以他的模式來致富，但有許多觀念和方法值得借鑑。

**例如富爸爸說：「把精明的人組織起來，好的專業人士是你在市場上的眼睛和耳朵，會為您創造財富。付給他們的費用，遠比付給政府的稅收來的少。」富爸爸一再教育他：「找一位對你利益關心的專業人士，花時間來教育你，是你最好的資產之一。」**

以下就是兩個簡單的例子，知道的人會啞然失笑，這麼常識性的問題怎會犯錯？但不知道的人偏偏錯的理所當然，渾然不知。以下從最簡單的例子說起。

### 第一例：對節稅細項的理解不夠全面

張先生以往都是自己報稅，去年賣了房子想找專人報稅，依我們要的清單，一一拿出報稅資料。他在遞給我股票交易明細表時，冒出了一句話：「這兩支虧損的股票，夠您抵了。」

我的專業直覺不禁讓我追問：「這麼說，難道還有其他虧損的股票，沒有全部出現？」他說：「是啊，不是每年只能抵減 3 千美元虧損嗎？」

我趕緊告訴他：「沒錯，但超過的部分能累積遞延（carryover），等哪天股票上漲獲利，可以對沖以往的虧損累積，不限 3 千美元。」

張先生一聽，兩眼發亮，於是我催他趕緊調出這三年股市大跌的所有資料，這一整理，有高達 4 萬美元的虧損，以他 35％ 的稅率，逐年約可省下 1 萬 4 千美元的稅。所幸他運氣好，還在三年更改稅表的有限期內。

讀者會覺得，張先生的報稅知識太差了，或許是，但他股票虧損的成績比許多人好，畢竟每個人專注的地方不同。何況美國稅法如果 200 頁為

一冊，約有 40 冊，台灣雖然沒有那麼複雜，但少說也是幾十條規則，我們每個人都有可能在某條稅法，錯的渾然不知！

### 第二例：稅不複雜，但藏在蛛絲馬跡中

李太太的稅不複雜，但收集資料時，我還是想找找可用的蛛絲馬跡。

我說：「您的孩子還小，怎麼會沒有小孩的看護費用？」

「這一陣子，我父母從國內來幫我照顧，但父母親沒被列入被扶養人。」她說。我再追問：「來多久了？」「前年9月來，去年6月初離開，因為沒超過半年，所以沒申報他們為被扶養人。」

但我再仔細一問，父、母親一方面思念在美國居住的小孩，也幫忙照顧孫子，過去這幾年都有來美，只是時間長短不一。美國算「稅務居民」的停留時間與台灣不同，可以回推過去三年，分別是：①報稅的當年度，停留時間全部計算。②再往前推一年，可計算三分之一的停留時間。③甚至往前推兩年，停留的時間都可以列入六分之一的計算，所以李太太的父母親是符合扶養資格的。

一開始李太太所說的沒錯，但只對了一半，能否列入被扶養人（dependent）有五個測驗，分別是：關係、收入、扶養、合併申報、公民或居民測驗，居民可以是綠卡或實質性存在測試（substantial presence test），其中報稅當年度的停留時間全算、再往前一年算三分之一，再往前第二年的停留時間算六分之一。

李太太的父母親過去3年的停留時間換算下來是190天，超過183天的規定，可以列為被扶養人，抵減的收入相當於省稅約3千美元，比起台灣或是其他國家，這算是比較有溫情的規定，但美國的稅法也未免太細了。

2017 年以前，美國的扶養寬減額，每一個人約可以有 4,050 美元的收入抵減；2018 年後做的改變，如果你在美有親人，這方面的討論和說明可以參見 501 publication 的出版，說不定可以為你和親人增加一些被忽略掉的抵稅福利。

另外，提醒與小結有關被扶養人的居民資格一事。

若您有父母親從國內來、或有親人在美同住過一陣子，這都有可能將他們列為被扶養人而達到抵稅的效果，其中最讓讀者疑惑和來電探討最多的，就是五個測驗當中的居民測驗。

這個居民的定義，指的是《稅法》規定下的居民，不是《移民法》下的居民，也就是說，沒有綠卡，一樣有可能。

申報被扶養人一定要提供稅號，但「稅號」（TAX ID）不等於「社會安全號碼」（Social Security Number S/S#）。後者基於特殊因素以致審核較嚴，許多已不在核發之列；但稅號（Tax ID）卻比較容易申請和取得，切莫因此而卻步，浪費您應有的權利。

## 報稅前夕檢查完整的檢查清單

以上這兩個活生生的個案和故事，有給你帶來什麼樣的啟發嗎？這兩例都不是專業上的挑戰，我所認識的會計師，個個敬業與專業，處理上述的申報都是小事一樁，畢竟上述問題的產生，大多都是溝通不足，或是在搜集資訊與找尋問題上投入的功夫不夠多。

然而一個完整的 factfinding（資料搜集）約 2 小時，是否有稅務規劃空間的檢查和確認又要 2 至 3 小時以上，一個長達四小時的工作必須要有專業的訓練，如果沒有合理的酬勞，豈不是又要馬兒跑，又要馬兒不吃草。我們華人社區只借重會計師的報稅服務，還是希望兼有「規劃」的品質，

這是值得大家深思和探討之處。

報稅前夕，建議您找一份完整的「檢查清單」（check list），通常有幾十個項目，逐一檢查，避免有任何疏漏。這個功夫值得您投入，因為每一個新發現，都可能是閃亮的鈔票。

至於李太太漏掉父母親扶養寬減額的這個福利，台灣讀者會不會也遇到相似的情況呢？可能有。因此我們特地在四類親屬扶養免稅額之處，關注一個大家可能有機會節稅但卻漏掉的項目，並且列為重點打擊的項目，看看是否能在此處找到合法的節稅空間。

# 3-2 我到底還有沒有合法省稅的空間？

為什麼要摘錄這篇文章？尤其是確定福利制 DB Plan（Defined Benefit）的退休計劃在台灣幾乎已經不存在了，此處的介紹是否會讓大家覺得格格不入？經過一番深思，我還是放上來了。畢竟每一個國家國情不一，民眾的需求和關心的項目也不同，以美國為例，由於美國家庭的儲蓄率普遍不高，如何有足夠的退休金是施政者所關心的，因此美國的退休法令在這方面給予極大的節稅誘因。

比如美國公司絕大多數員工都會參與 401K 退休計劃，2025 年最高可以放到 23,500 美元抵稅。如果超過 50 歲，免稅金額會提高到 31,000 美元，60～63 歲會提高到 34,750 美元，美國政府在退休方案的省稅上給予的誘因，的確是挺大方的。

我常半開玩笑的說，我看美國財務規劃人員的功力，是看他對退休法令的熟悉與否，但在台灣，完全不適用。台灣的退休法令幾乎沒有太多節稅的誘因和功能，員工 6% 的提撥，幾乎是省了小稅錢，丟了大成長，因

為沒有投資的好工具，是勞動部的大盲點。

那麼，台灣有沒有其他的投資好工具？是我覺得好用，也可以省到稅的方向和工具呢？

雖然沒有如美國退休法律那樣的立竿見影，但只要好好規劃還是有的。我們已經刻意把它濃縮在各個章節的「重點打擊」，這個部分請務必關注，而這篇文章講述的陳先生的故事，很可能就是各地讀者的翻版，希望他的故事，對讀者和專業人士都有啟發。

## 性格決定你的財富命運

「我到底還有沒有合法省稅的空間？」一個簡單的問題，不同性格的讀者有不同的作法，結果大相逕庭。

同樣的假設，不管是如何小心求證或大膽求證，在努力求證後，沒有節稅空間的人也能釋懷放下這個困惑了，有空間的，更是能合法的節約財富。

最可惜的莫過於只有問題卻沒有去求證，日復一日，年復一年，這是永遠沒有答案的書，也沒有屬於自己的稅務規劃。你是屬於何一種？

「性格決定了命運」是句老話，卻也一再的印證。投資的規劃管理，有人稱為是「科學和藝術的結合」，需要理論也要經驗，是五大財務規劃中最富有變化，最難以掌握的部分。

至於其他的財務規劃如稅務規劃、退休規劃、保險與遺產規劃，同樣需要理論和經驗，但卻比較接近科學。好消息是通常一分耕耘，常能有一分收穫；壞消息是，許多人是連耕耘的功夫都沒下，或是用錯誤的觀念和方式在耕耘，以致無法有好的收穫。

## 有疑慮時找專家

陳先生來電詢問時，正是我們忙著為客戶作分析和規劃的時候，匆忙中留下了電話。再度聯繫上時，電話中傳來他年輕的聲音，而他一開口就表示，想成立確定福利制退休規劃（DB Plan）。

陳先生是自雇業者，已有了 Money Purchase Plan，這是確定提撥制（DC Plan-Defined Contribution Plan）的一種，2025 年可以提出薪水的 25％存入抵稅的退休帳戶。這與美國公司多數員工使用 401k 計劃不同，可以放的金額較高，2025 年確定提撥制 DC Plan 可以放的額度，最高已經達到 7 萬美元，和一般上班族朋友的 401K 的 23,500 美元抵稅額相比，已經足足高了三倍之多。

DC Plan 放滿了，又加上年輕的聲音，我幾乎可以肯定的告訴自己，歲末的退休省稅計劃，他已經沒有空間了，至於明年初的其他個人省稅部分，倒是可以考慮檢查一下。

當以上這話正要從我口中脫口而出時，職業上的習慣，讓我追問了一句他的年紀，對方傳來「46 歲」。「賓果！」這句話讓整個計劃峰迴路轉。陳先生的歲末退休省稅計劃，由原來 4 萬美元抵稅 DC Plan 的等級，跨進了 DB Plan 的層級。

就在截止前，也接到精算師（Actuary）對我們設計的確認，這個抵稅額推高到了近 11 萬美元左右，比陳先生原先的 4 萬美元，多了 7 萬美元的合法抵稅。

從這個案例中，我的感想如下：

① 多年的經驗，讓我武斷地以為可以憑聲音來判斷年齡，以致差點誤斷。可見任何假設都需要再求證，否則一定不精確。同樣的，有沒有省

稅空間的問題不也是如此嗎？

②陳先生如果也像一般讀者以為放滿了，而不再尋求專業人士求證，那麼在「想當然耳」的情況下，也會錯過如此龐大的省稅抵減額。

③沒有陳先生詳細的資料提供，我們也無法找到許多其他小金額，但累積起來也是一筆不小數目的抵減額。

④不是每一個人都可能有這樣的省稅設計空間，也不是每一個人都有付費諮詢規劃的觀念，網路上免費的資訊很多，好的決策和規劃卻少之又少。精算師第二次的計算額度提高了 3 萬美元，但如果沒有我們對情況的掌握，以及與精算師有良好的互動，是不會平白多出這些錢的。

## 整體財務規劃更需三個臭皮匠

就算是在台灣，稅務規劃也是跨多領域及產業，個人稅還相對簡單，然而一旦層級拉高到公司或高資產規劃時，又有不同的變化，特別是在稅法這麼細瑣的情況下，理財是現代人必學的技能。而借重專家，必要時甚至要兩、三個專家進行再次確認，就如同醫生的第二個意見（second opinion），在某些情況也是可以被考慮的。

案例中的陳先生就是因為有所疑慮，而去詢問他的會計師，他的會計師秉持知之為知之，不知為不知的開放心態，找到了對退休規劃有較多關注的我們，過程中也願意接受新知，與我們討論不屬於會計師的專業領域。而我也借助了精算師的專業，在居間穿梭協調，在規劃中也不停的嘗試，最後找到一個當時還算不錯的節稅方案。

現代一人諸葛亮不好找，但三個臭皮匠勝過一個諸葛亮，畢竟整體財務規劃就是跨領域的合作，你說是嗎？

最後，台灣目前的勞退計劃，也逐漸採取確定提撥制方案，此種方案

的法規細節與成立背景，我們後續在退休規劃中會有較多的著墨，此處不再贅述。

# 3-3 節稅還是繳稅，公司還是個人？

　　威廉・莎士比亞（William Shakespeare）所著的戲劇《哈姆雷特》（*Hamlet*），又名《王子復仇記》，是他於 1599 年至 1602 年間創作的一部悲劇作品，也是莎士比亞最著名且被引用最多的劇本之一。這部劇與《馬克白》（*Macbeth*）、《李爾王》（*King Lear*）及《奧賽羅》（*Othello*）並列為莎士比亞的「四大悲劇」。

　　莎士比亞不只影響英國的文學戲劇，也影響了世人，直至今日依舊廣受歡迎。他的作品常常被改編並重新發現價值，在全球以不同的形式來演出和詮釋。莎士比亞有許多精彩的故事和對白，也是台積電創辦者張忠謀先生在就讀哈佛大學時，偏好的一位作者。後來張忠謀在他升任德州儀器某部門主管時，召集員工談話，他說自己都會故意漏出一點英國腔的莎士比亞作品，間接暗示他不是老外。他既是華裔管理階層，且熟知英美文化，藉此拉近彼此間的距離。

　　「生存還是毀滅」（To be, or not to be），是《哈姆雷特》的第三幕第一場，哈姆雷特王子的一段獨白。王子哀嘆生活的痛苦不公，考慮死亡與自殺，但也承認另一種選擇可能會更糟。這段開場白是世界文學、戲劇與音樂作品中常見被引用的一句，整句是：「生存還是死亡毀滅，這是一個值得思考和深思的問題。」（To be or not to be, that is the question.）。

## 你的財務規劃決定生存還是毀滅

的確,生存有必須面臨的挑戰和試煉,但死亡卻是連試煉的機會都沒有,更談不上有成功的那一天。在這裡的稅務規劃,我們不展開人生哲學的探討,我們探討大家比較關心的是:節稅還是繳稅?什麼樣的組織型態,有可能少繳稅?

我曾經問過許多會計師,成立公司組織型態有可能節稅嗎?如果一些假設條件都吻合成立了,那麼成立公司確實是有較大節稅空間的規劃。你還記得個人的稅率有幾階嗎?答案是五個階級,分別是5%、12%、20%、30%和40%,那你知道公司稅有幾階嗎?營業稅5%,營業所得稅20%。

這個稅法規則有讓你得到什麼樣的提示嗎?

如果你的稅率超過30%,而條件又符合的話,有些收入是可以透過公司型態來節稅的。中華民國公司稅法與美國還有一點極大的不同,那就是:公司的股利收入,竟然是「免稅」?是的,你沒有看錯,這對主要收入來自股利者已經不是暗示,而是明示告訴你什麼——讓公司擁有你的一些資產,而不是以個人名義,因為對某些人而言,公司稅率可能比你個人稅率還低。

當然有一好沒二好,在資本利得上,個人採停徵,而公司的股票資本利得的稅負是12%,但超過三年稅負下降,這是一個很不錯的設計方案。

當然不是每個人都適合成立公司,然而在稅務規劃中,如果有這樣的機會與選項,所有專業人士都會關注這個可能。簡單地說,成立投資公司或將部分資金留在公司是一個選項,通常這也是進階的稅務規劃,絕對值得關注!

本篇文章的主角李先生，就是在處理公司稅務的規劃上有改進的空間，您看看在這個個案中，有哪些值得你參考？

## 節稅最好的效果在事前規劃

　　在資訊爆炸的現在，眾多的「資訊」不等於有了好的「決策」；但好的決策，少不了必要的資訊。稅務或財務專家，都可以是您在節稅上獲利的眼睛和耳朵。借重和善待，可讓您的節稅策略更加耳聰目明。

　　報稅前夕，李先生來電，但他問的問題和一般人不同，他說稅表已完成了，想請人看看是否正確無誤，或者是否還有合法省稅的空間？

　　我們告知，檢查未必能發現問題，節稅最好的效果在事前的規劃，「規劃」才有揮灑的空間，「查」則只是在已完成的狹小空間中，試圖努力，不能有不切實際的期望。

　　李先生如約而來，他的公司稅和個人稅都已完成，我們逐項提了些問題，試圖快速了解李先生的稅務結構和經濟活動。

　　我問：「您的公司和個人報稅，是不是由不同的人負責？」

　　「是的，但您怎麼知道？」李先生好奇的問。

　　「通常稅表第二頁含有負責報稅人的資料，但我不是由此判斷，我判斷的原因是有以下兩點。第一點，您有個 S 公司，公司的獲利將分給股東，由 K-1 的方式產生 E 表和個人稅表匯總。它的好處是，公司的獲利沒有扣二次稅。

　　但您個人又有 1099-MISC 的收入，這通常是自雇業者使用 C 表來申報獲利或虧損，但 C 表下的獲利，必須繳交 15.3％自雇業者的社安稅。」雖然有部分可以在 1040 稅表的第一頁做調整，但近 10％的自雇業社安稅還是難免。

「這和一個人或二個人負責有關係嗎？我還是沒有完全了解。」李先生聽得有點迷糊。

　　「這麼說吧！您的 S 公司和自僱業者中 1099-MISC 的收入性質與公司登記，都在同一個屋簷下，可以說幾乎是雙胞胎。先不說這樣的設計好不好，或有無必要，如果是同一位會計師負責，就會注意或提醒您在合理的情況下，開支盡可能由自雇業的 C 表部分支出，如此一來，C 表的盈餘會下降，但同時 S 公司的盈餘會上升（因為支出已挪給了 C 表申報），但 S 公司的盈餘不繳社安稅。

　　所以只要從左口袋轉移到右口袋，些微的調整就可以省下 10％左右的社安稅，以您 C 表近 3 萬美元的盈餘來看，這有省稅 3 千美元的效果。」

　　李先生這下聽懂了，很有興致的繼續追問：「那我還可以調整嗎？」

　　「只要您能證明這個費用可以由 C 表支出，而且您的會計師也同意這樣調整。」我說：「相信您已經看出預防勝於治療，未雨綢繆優於亡羊補牢，如果一開始就有規劃，做對方向，不但省事，而且省稅。現在異動只是平添許多麻煩事。」

　　當然還有其他缺點，他問：「其他部分，我還有什麼地方可以調整進而省稅的嗎？」

　　我告訴他，檢查的部分是沒有了，但規劃的部分還有空間。「首先您的退休帳戶就未必適合您現在的情況，合法抵稅的空間就浪費了。再說您的薪資發放也沒有經過計算，薪水發得過高會增加了社安稅，發低了會導致退休抵稅帳戶的空間變小。」所以建議他要在這兩者之間，找到「適合」的退休方案與「恰當」的薪資，如此才能充分利用 S 公司的優點。

## 財務規劃需要耳聰目更明

李先生的個案，反應出資訊傳遞不清及統一協調不足的問題，若非其他特殊原因，原則上交給同一位會計師申報，省稅的效果應該會更好些。但李先生願意付費做稅務檢查，進而注意規劃的重要性，也接受建議由原先的一位會計師負責，這何嘗不是一種進步，可以讓他耳聰目更明。

美國在公司的結構上相當有變化，例如 S 公司，它是美國稅法第一章節中的附屬 S 章節〔Subchapter S of Chapter1 of the Internal Revenue Code（sections1361 through 1379）〕，有人稱之為小型公司。它有公司的型態，但卻是個人的報稅方式，也是一種所謂 Pass through entity，也就是公司需要報稅，但不需要繳稅，繳稅的部分分配到每一個股東身上，每一個股東會得到一份 K-1，再併入到他的個人綜合所得稅，股東人數不能超過 100 人，而且也不能有外國人。

它還有所謂有限責任合夥公司 LLC（Limited Liability Company），每種公司都有其特定的屬性與優缺點及適用的地方，公司在報稅上有優勢，對懂稅法的財務規劃人員而言，都可以有較多為客戶量身打造的空間。

回頭來看台灣的部分。台灣的稅法中，公司型態雖然沒有美國多，但也有其特殊性。例如我們先前提到的股利免稅，造就台灣獨特的投資公司生態；加上公司也有許多費用上的抵繳規定，因此公司在節稅的規劃上，有一定空間的存在。

我們不需要如《哈姆雷特》劇中的王子，陷入生存或毀滅的困難抉擇，對財務規劃專業人士和民眾而言，只要條件具備、環境適合，「個人＋公司」稅務規劃的組合，讓公司的成立不僅有節稅的空間，而且是法律責任的防火牆劃定和建構，所有的虧損只到公司股本為止。

公司設立這項工具不能說是雙劍合璧,最起碼具有雙節棍的兩項功能,值得符合條件的人好好借重。

# 3-4 大哉問:這個可以抵稅嗎?

為什麼會選錄這篇文章?與我 30 年前的一個場景有關。我想,既然當年的一位韓醫師有這個需求,相信所有報稅的人都有這個疑問,那就是「這個可以抵稅嗎?」沒想到這篇文章所用的題目,在 30 年後依然適用。

## 垃圾袋裡的費用收據

故事是這樣的。當時紐約皇后區的法拉盛,號稱小台北,很多台灣移民與韓國移民匯集在此處。但現在台灣移民已經不多了,散居在周邊的住宅區,反倒是中國大陸來的移民取代之。這個地方華人餐館林立,也是商業機構與金融機構的所在處,一天的活動都可以在這裡輕易完成。

這也是我當年開發市場和活動的地方,寫這一段故事時,腦海中如影片般倒帶,浮現出許多生活的回憶。想起冬天雪花滿街飛舞,一頭鑽進人聲鼎沸熱鬧非凡的餐廳,那真是幸福的片刻!

有一天我跟張會計師討論完事情,他送我下樓,辦公大樓就在法拉盛的緬因街(Main Street),「主要的街道」從英文上的字義就可以判讀這條街在市中心。就在我要離開的時候,韓醫師來了,交給他一大包塑膠袋裝的東西,他們交談幾句,張會計師也順便為我介紹,沒想到日後韓醫師還成了我財務規劃的客戶,這又是另外的故事,以後再說。

我當時好奇這一包塑膠袋裡頭裝的一大堆是什麼東西?張會計師輕描淡寫的說「一堆垃圾」,我剛開始還信以為真,回他說:「你的服務原來

還包含幫高階有錢客戶做資源回收？」

事實上，這袋裡裝的都是韓醫師診所的費用收據，韓醫師是韓國人，一提到他，我就懷念起法拉盛的韓國烤肉，裡面煙霧瀰漫，眼前看的是煙，食物進入口中就是美食與享受。韓醫師把這個用垃圾袋裝起來的收據，經過會計師的整理分類，那可是可以合法抵稅，省下亮晶晶的美元稅款。

韓醫師和張會計師兩個人分工合作的故事，可以借鏡什麼？

其實有些讀者的情況很類似韓醫師，這也是我選入這篇文章的考量。文章我做了些修正，美國的部分僅供參考，台灣的部分可以考慮。若有類似韓醫師這樣忙碌的專業人士，可以採用以下的笨方法，有時還真能幫你省下白花花的銀子！

## 每個活動都產生稅務上的「因」

美國稅法多加牛毛，細如髮絲，繁瑣的程度恐怕世界少見。但最令人稱奇的是，居然所有的人抱怨歸抱怨，但都是配合規定申報，守法的態度，執法的嚴格，這也是這個國家強盛的原因之一。

繁瑣是一回事，喜不喜歡又是另一回事。了解這些執法的規定是確保自身的權益不受損，這是報稅前應該做的功課，不了解規定，就把單據整理好，請專業人士提供有效的協助。

在正文之前，我們再次了解一下，報稅（Tax preparation）相較於規劃（Tax Planning），兩者之間所需的專業技術有何不同？也藉此讓讀者明瞭，一個好的優渥規劃需要從那些方向努力。

培育美國無數財務人才的財務規劃大學（College of Financial Planning），開了無數的相關專業人才課程，其中與稅務有關的一種專業課程，包括：

① 報稅人員：這類的專業技能有教材內容 12 堂課，軟體使用的是

Turbo Tax，一般性報稅所需的知識，在這 12 堂課中已涵蓋。

②稅務顧問（Tax Advisor／Counselor）：此類專業人士的課程就大不相同了，6 門約 72 堂的課程，除了有許多個案討論外，更涵蓋了退休規劃與遺產規劃。此外，與稅務有關的各式公司組織、私人擁有較高比例的組織型態（Closely-Held Corp）規劃，以及可以合法減稅的稅務規劃，著墨更多。

許多人會有疑問，為什麼稅務規劃要和退休、遺產等許多看似不相關的主體，進行如此緊密的討論，其實這正是稅務規劃的特別地方，因為任何的經濟活動，幾乎都無可避免地與稅務有關。

可以這麼說，您的每一個活動都產生了稅務上的「因」，甚至有些該產生的「善因」，都會因為您的不知或無意播種，以致沒有好的收成。稅務規劃所需的專業超乎眾人想像，這也是為何我一直反覆建議，不要只停留在「報稅」的初級階段，而是先探索節稅的源頭，假以時日定會有收獲。

## 你的報稅身分決定該怎麼報稅

哪些項目可以合法抵稅？這要取決於你的報稅身分。若你是公司型態或自僱業者，那麼收入部分就有可能轉入「執行業務所得」，而非「薪資所得」，前者可以抵減的成本項目非常多，可以說這是往南或往北的重要分隔，這也是一個重要的重點打擊，我們有後面刻意提醒。如果你的工作型態有符合自僱業者的性質，當然是爭取把收入計入執行業務所得的範疇。

如何區隔「薪資所得」與「執行業務所得」的差別？套句巴菲特的最佳拍檔查理·蒙格的說法：「凡事反過來想」。多數人都熟悉身為員工的特性，例如有員工福利、按時上下班和打卡、接受長官指示，而少有自主

規劃的空間和自主性，也不需要負擔公司盈虧，只要付出時間拿取報酬，這就是與公司因雇傭關係而產生的「薪資所得」。反過來想，沒有以上的情況，就是自僱業者的特質，收入就符合「執行業務所得」，就有較多的費用可用來抵減收入，所以這絕對是值得關注的重點之一。

但如果你的工作性質確實就是薪資所得，那麼我們就要另闢蹊徑，眼光該投注哪裡呢？

我會建議關注兩大類：一是「列舉扣除額」，二是「特別扣除額」。

以上兩大類在 2023 年的報稅年度分別都有 7 項，也就是 7 + 7，要是再來一個 7，那就是賭場最喜歡的啦！

但這兩大類在 2024 年度有一個重大調整，這個也是我們列入關注的重點之一，就是房屋租金支出，由「列舉扣除額」移轉到「特別扣除額」的項目，會有這樣的改變當然有其目的與用意，我們後有專文討論。

所以 2024 年的「列舉扣除額」的項目變成 6 個，分別是：①捐贈、②人身保險費、③醫藥及生育費、④災害損失、⑤自用住宅購屋借款利息、⑥競選經費。

「特別扣除額」的項目變成 8 個，分別是：①財產交易損失、②儲蓄投資、③身心障礙、④薪資所得、⑤教育學費、⑥幼兒學前、⑦長期照顧、⑧房屋租金支出。

## 「垃圾」也能變鈔票

說了這麼多，究竟與跟韓醫師的故事有什麼關係？

對許多忙碌的民眾或專業人士而言，我建議準備 14 個牛皮信封，或是準備一個可以裝 14 個資料袋的檔案夾，你也別管哪些項目或是哪些可以可以扣抵，你只要把收據分門別類，分別放在我上述的兩大類 14 個項

目中,那麼每年年底要報稅時就不會沒有資料,也不會遺忘,就算交給專家、記帳士或會計師來協助申報,也能減輕他們的寶貴時間。他們的時間減少了,你的費用也能降下來。

接著行有餘力再自己研究稅法,做好稅務規劃,畢竟你也需要清楚,必須準備那些有憑據的資料。

韓醫師是忙,把收據全丟在一塊,所以張會計師稱它為垃圾,但垃圾經過分類和整理,會變成資源回收的有用項目,可以賣錢變現。但這些項目可以抵稅嗎?先別問,第一步先把上面的14項收據整理出來,接著你再往下閱讀,就會有答案了。就算你沒有答案,在專家眼中,你已經幫他們完成了一些瑣碎但有意義的工作。

其他的內容與美國的報稅體制比較有關,台灣經過名模林若亞條款之後,在薪資所得上也有三項3%的費用抵減,多少對薪資所得又有額外費用支出的授信階層,有了一個平衡與彌補的部分。這個部分省稅空間有限,不在我們的重點打擊項目,但你可以自行參考相關訊息。

# 3-5 節稅的方向該往那裡找?

為什麼要選這篇文章?因為多年後再回頭看,這篇文章的觀念依然適用,而且貼切。先前提到任何經濟活動都會產生稅務的「因」,如果不懂得規劃做好節稅的善因,很難結出「省稅的善果」。

節稅的規劃存在報稅表格中的每一個欄位,了解每一個欄位的連結和其背後的邏輯,你就能順藤摸瓜找到節稅的空間。

我這一篇昔日的文章,提到了高收入的張醫師,他有三個小孩,連他在內一家四個醫生,我當年幫他做了一個省稅規劃,利用節省下的稅款做

了贈與，從每一個人一生的贈與額度扣除，所以沒繳到稅。但這個稅款，幫小孩子支付了房子頭期款，買到了相當舒適的住房，當時三個小孩都還是住院醫師。有一年，我聽到張太太說，他們三個媳婦都非常感激公公、婆婆給了他們最棒的禮物。

是的，當時高所得的張醫師，就是透過節稅的操作和贈與，把兩個省稅方案綜合，讓張醫師必須繳給山姆大叔的稅款，化做給小孩子購房的頭期款。當時我發現有這樣的節稅空間，並且告訴張醫師，此時幫孩子加大購屋的頭期款實力，買下一個2、30年都用得著的舒適房子，不然再過5～10年，等他們有實力的時候，也不需要你的「贊助」，因為屆時房價已經漲價，他們已經錯過換房的好時機。

回台北完成這本書的前一個月，我還接到張醫師小孩的來電。張醫師過世多年，媽媽現在也有失憶的症狀，就在他們捐獻的廟裡，有其他道親相互照顧。這讓我想起外州這家富裕且善良的家庭，我常捐款給他們興建廟宇，回謝當年他們給我的幫助。我們既是客戶又是朋友，我也很欣慰自己能對這個家庭貢獻我的專業與協助，很像是慈善信託中的許多操作，創造雙贏或多贏！

## 信託的意義

成長資產的凍結（Frozen of Asset Growth）並不是不讓資產成長，而是先將高稅率家人的資產轉到低稅率的家人，在後者的帳戶裡成長。這個有效的方法，除了台灣的信託有所謂的「本金自溢，利息他溢」的策略以外，若再搭配逐年免贈與稅的金額，2024年是每人244萬，長期下來，可以產生驚人的遺產節稅效果。

信託在各國都有，美國特別豐富，功能更多，有綠卡的人應該好好了

解和借重。至於台灣為什麼特別？那是因為台灣「本金自溢，利息他溢」的節稅方案中，台灣在全世界特有的「郵局低利率」，都會讓這個資產凍結產生擴大的節稅效果，詳細的部分請看第十章遺產贈與的重點打擊，以下就是多年前這篇文章的摘錄，希望你閱讀有收穫！

## 能省多少稅，幾年前就決定了

返美的漫長旅行中，看了一本書《三千億傳奇，郭台銘的鴻海帝國》，三千億台幣的公司，換算成美元，已可擠入美國大公司之列。

書中提了他記憶「深處的往事」，如今對照，令人唏噓。他第一次來美開發市場，就是新州的朗訊（Lucent），當年還是 AT&T 的一部分。坐的自然是經濟艙，到新州剛好是周五早上。對於採購來說，最好是星期一來，現在一下多出三天的出差費，只好一天一餐，二個漢堡裹腹。

郭台銘說「餓的人，腦筋比較清楚」，就在那三天，他把拓展美國的計劃擬好了，如今鴻海近 90 億美元的價值，已高出朗訊，2002 年底的 60 億總值，兩家公司這幾年的變化彷彿天上人間。近 10 年來，鴻海的複合成長超過 51%，2001 年，當全球不景氣，多數公司陷入泥沼時，該公司還成長 63%，成為台灣一千大民營製造業的新霸主，已非當年 1 萬美元創業的鴻海。

他的一句名言，讓我在飛機上沉思許久。「走出實驗室，就沒有高科技，只有執行的紀律。」他帶領一群科技人，像軍事化管理的作戰部隊般，迅速擴張全球版圖，這是執行力的極致表現。而且在全球重要客戶附近，設立研發、測試、樣品製作，與客戶同步開發，進而量產上市獲取高利。這諸多心血建立的優勢，使得當年投資的海外資金獲利在 50 倍上下。

他的另一句名言，與我們今天的主題有關，他喜歡比喻雄心和格局的

是:「阿里山上的神木之所以大,是四千年前種子掉到土地時就決定了,絕不是四千年後才知道。」

我倒是想藉此延伸的說:「明年報稅時,能否有省稅效果,那是在今年或多年以前就決定了,絕不是報稅的前夕才知道。」可以這麼說,您的每一項經濟活動,都產生了稅務上的「因」,有些應該事先規劃的「善因」,若不知或無意播種,那來年,自然不會有好的收成。更何況稅務規劃(tax planning),所需找尋的方向和專業知識,遠多於報稅(tax preparation)所需。

許多不同的個案,除了都有不同的規劃之外,它還觸及退休規劃、遺產規劃等與稅務有關的部分,還有各式公司組織的討論、高所得人士及股權高度集中的企業主(closely held business)等諸多議題。

許多人會有疑問,為什麼稅務規劃,卻要和退休、遺產、保險等許多看似不相關的主體,作如此緊密的討論?其實這正是稅務規劃特別的地方,因為上述的規劃中,都「躲藏」著抵稅或延稅的策略或工具,以下舉兩個例子。

第一個例子。張醫師收入高,山姆大叔快成了他的一半合夥人,三個小孩工作不久,已婚,有了孫子。我們發現張醫師每年都是扣完稅後的錢,支援孫子的褓姆費用,而當年以個人名義購買的辦公室已無貸款。每年近6萬美元的房租收入,扣完稅只剩一半。張醫師已有足夠退休金,且有遺產稅壓力,而且他覺得,自己能幫孩子的,就必須在他們經濟吃緊的幾年。

於是我們建議,由律師為小孩成立「有限合夥」,房子移轉至小孩名下,6萬美元的房租付給「有限合夥」(反正房租原本自己收下,扣了稅還是給了小孩)。調整後,稅率高的收入移轉到較低稅率的小孩名下,省下約20%,1萬2美元的稅款,還有近24萬美元的遺產稅(辦公室市價

約 60 萬美元）。這原是遺產規劃下的資產成長凍結和家庭收入的規劃考量，策略是側面解圍，效果是正面奏效。

第二個例子。李先生是老闆，不願開設退休帳戶，因為員工拿的比例和他一樣多，25％是一筆負擔，而 401（K）又通不過 particaption test。了解之後，我們建議成立 profit sharing plan with cross test，也就是可以依年資、薪水、職位做一區隔，如此一來，李先生可抵稅 4 萬美元，近 25％的上限，省稅近 1 萬 6 美元。員工的負擔只有數千，約 6％的比例，扣掉給員工的退休金支出，淨得省稅款 1 萬 2 美元，但員工有了退休福利，李先生也多了一項抵稅，是雙贏。

以上兩例說明節稅的方向，散佈在各個不同的財務規劃中，第一例是簡單的觀念，多數人可以想到，但所需的資訊在稅表上看不到，必須有規劃的觀念才有可能發現。第二例是因李先生對退休法令不了解情況下的盲點，需要專業人士的協助，才能找到方向，有了方向，還需執行。

有位企業家說的好：「知道卻沒有行動，那和不知又有什麼差別？」

# 3-6 別繳冤枉稅 —— 報稅前的叮嚀

仲夏夜，月上樹梢，人約黃昏後，或海邊的聽濤，或公園的花前月下。但情侶的卿卿吾吾，常引來煞風景的小混混，掏出小刀，吆喝道：「我們兄弟在此站崗保護多時，所以沒人敢來打擾，你們得交稅錢。」

情侶問：「什麼稅啊？」「戀愛稅。」小混混理直氣壯的回應。男生心想，美國萬萬稅，薪資要繳所得稅（Income Tax），賣東西要付銷售稅（Sales Tax），投資賺了錢有資本利得稅（Capital Gain），有了錢給親人，可能有贈與稅（Gift Tax），蒙主恩寵，見上帝時，可能有遺產稅（Estate

Tax），但沒聽說過還有戀愛稅啊？

男的還在疑惑，還是女的務實，趕緊付了錢打發走人，男的轉身問：「你怎麼沒要收據呢？」

偏偏我們今天談的「冤枉稅」，比戀愛稅還冤，而且很難發現，知道的人會啞然失笑，這種問題也會犯錯？不知道的人錯的渾然不知。

## 他們為何繳了冤枉稅？

陳先生是電腦方面的專業人士，稅不複雜，所以往常是自己買了套報稅軟體，就把事情給解決了。今年搬家，事情繁瑣，想找個專家省點事。

陳先生第一次找我們報稅，我們免不了向他索取前年的報稅資料，他雙手一攤，hard copy，搬家不知塞到哪去了？只有磁碟片的存檔，但與我們的電腦不相容，只得當晚上 E-BAY，花了 15 美元買了前年的軟體，把資料交了我們。

當今年稅表完成時，我發現他有筆個人的退休帳戶（ira-individual retirement account），在去年超過抵稅限額，這筆紀錄延伸到了今年的 5329 稅表，和今年報稅無關。原本可以不理，但它涉及陳先生的理財觀念和做法，了解有其必要，一問之下才知道是張飛打岳飛，打的滿天飛。

這筆原是陳太太在公司的退休帳戶 401（K），因工作變動，移轉出來的 rollover ira，卻因對退休帳戶的認知不清，而在電腦軟體的一大堆 YES 和 NO 之間，做了錯誤的選擇，稅因而報錯了。

報錯了，沒關係，我們已接近問題核心。我們關心的是，有沒有「做對」？因為報錯稅可以改，做錯就沒得補救。

「您收到 401（K）轉出來的這張支票，有沒有在規定的 60 天轉入 IRA 帳戶？」我問。

「有的，」陳先生肯定的說。「那有沒有收到 5498 這種表格？」我再問。

「有收到一些資料，什麼號碼倒是搞不清楚。」陳先生說。資料傳真過來，找了個沒有被干擾的午後，開始順藤摸瓜，答案逐漸浮現。

陳太太近 5 千美元的 401（K），轉出時，被預扣了 20％的稅，剩下的金額近 4 千美元進了 IRA 帳戶，我們發現，這 1 千美元已繳的稅款，也就是 1099-R 中的第 4 欄位的聯邦扣款。陳先生在去年報稅時，並沒有要回〔（因為 80％的 401（K），已在規定的時間再存入，這筆錢不應該有提早領款（early distrbution）的扣稅）〕。這個問題若能順利解決，重新申報有機會拿回 800 美元左右的稅。

我分析完，陳先生有種辛苦保存資料，還是有收穫的愉悅。

## 報稅前的叮嚀

以上這情形，華人朋友一不小心就會碰上，不是您惹的，但常會找上門來，而大部分的人都處理得不好，值得注意。陳先生的個案可以延伸幾個論點和提醒，報稅前夕，會計師已忙的不可開交，因此給您的叮嚀是：

① 所有的經濟活動都構成影響報稅的「因」，找一份完整的「檢查清單」，通常有幾十個項目；逐一檢查，避免有任何疏漏，這份清單，可以在報稅軟體公司的網站上找到。

② 隨時注意報章媒體的稅務資訊，女性防癌有個廣告，「六分鐘護一生」，有時候，疑點先是自己發現，再由專家確認並進行治療。

③ 如果您已有會計師，而且熟知過去的經濟活動，那麼可以縮小範圍，針對去年特殊的交易，如買賣房子、新公司的成立、省稅退休計劃的變更，家庭成員的異動，以及新稅法下的變動可有影響等進行檢查。

④ 正如陳先生所說，學電腦的他，哪怕什麼電腦報稅軟體，難為他的是一大堆稅法的規定，和不是那麼清楚的財務名詞。而且選對選錯也不知道，表都可印的出來。所以對稅法和財務性的專業名詞，要有耐心的逐步了解，這是「自己」想正確報稅的第一步。

⑤ 針對以往不常發生的經濟活動，如401（K）的移轉、公司的新成立、房屋買賣，由於陌生，犯錯的機會常會增加，這些部分應多加注意。

⑥ 陳太太離職後的這筆401（K），最簡單的方法是直接移轉（direct transfer），由401（K）帳戶到IRA帳戶，中間最好別讓支票開給個人。

⑦ 許多掌管401（K）的行政管理單位，由於管理不好，常會和離職員工溝通不良，一不小心，支票就開給您了，而且已扣了20％的稅。

⑧ 碰到上述情形時，趕緊在60天之內存入新的IRA帳戶，將被扣掉的20％，自己先墊上，存入IRA，被扣的20％在報稅時再清算。這點很重要，否則這20％就視同沒有移轉，如同陳先生一樣要付稅。您看看，山姆大叔想您的稅款，想的多麼心急呀！

⑨ 預防重於治療，離職時要注意，盡可能在事先告知，別扣20％的稅。同時為401（K）的錢找尋去處，直接移轉。

⑩ 上述的專業知識未必每個人都懂，華人朋友大多只知道自己是專業工作，不知道別人的工作也有許多專業。上述的事跟聰不聰明無關，是跟專業法令有關。美國專業分工極細，都有家庭醫生的存在，您是否也該思考，您的家庭是不是該有一個站在您的立場思考與看問題的理財顧問或規劃師？

# 3-7 報稅不等於稅務規劃

君住長江頭,卿住長江尾,共飲長江水。想一窺長江的源頭,您還不能只停留在長江的起點,因為它正是另一條江水的終點,要找到源頭,您還得溯水前行。如同好的稅務規劃或理財規劃,您的眼光也不能只在稅表打轉,稅表反應的已是結果,您還得找出造成結果的原因,予以改善。

中國人常說:「這事已是生米煮成熟飯。」也意謂著此事已成定局,少有更改的空間。每年四月的報稅,對會計師或理財規劃師而言,恐怕也只是把熟飯放到該放的便當盒,這是「善後」的處理工作,已沒有多大的改變,也意謂著「規劃省稅」的空間和機會已錯過。

## 你也是把熟飯放進便當盒的人嗎?

問題是,許多人每年「不停的繼續錯過」,因為大家都以為,報稅完了,就形同有了自己的稅務規劃。其實在報稅旺季,很少專家能有足夠的時間和您坐下來一起檢討過去,進而「計劃將來」,這也是許多人自己買報稅軟體,把熟飯放到便當盒的主因之一。

「檢討過去」是找出問題,而所需的資料和文件遠多於報稅所需;「計劃將來」則是把可能改進的方案予以一一實施,這通常必須在年底前,有時甚至在「好幾年前」就得規劃,如果您沒有這樣的觀念,那麼您很難有一個屬於自己的「稅務計劃」,會交冤枉稅也是很自然的,您自己若不關心,還有誰關心?

雖然說人生有百態,但理財的眾生相就那麼幾樣,最常見的就是想一夜致富,或是只想到蓋座「聚財的水庫」,卻沒想到水庫也要有「節稅排水口」。

一夜致富的例子不是沒有，但它通常致不了富，甚至離財富更遠。至於只蓋水庫，卻不建排水口的後者，這問題比較容易解決，加蓋排水口即是。但問題是排水口也不是一夜即可完成，由此可以看出頭痛醫頭，腳痛醫腳的資源浪費。這就是為什麼，理財也要考慮整體規劃的主因。

## 提早架構水庫排水道

來看以下的例子。過了感恩節，年節的氣氛正濃，我們正忙著歲末的退休規劃。對許多人而言，這是臨陣磨槍，不亮也光的最後一班重要列車。電話響起，另一端的黃小姐，一開始就表明自己的退休計劃已放滿，不是來搭那班車的，而是想了解自己這幾年收入增加，自己家庭的理財可有疏漏及需要改進之處，年底以前是否有合法的節稅之道？展望明年，可有什麼需要提前計劃的？

經驗告訴我們，當一個人的理財觀念可以進步到事前規劃時，就已經播下善因的種子，如果還有空間的話，它的效果通常較能清楚顯示。至於年底前能否有機會，那就得看運氣了，不過雖然不能有太多的期望，但還是值得一試。

收集完黃小姐的資料，我們決定朝兩個方向進行分析和規劃。一個是把所有可能在年底前還可以有節稅的各項方案逐一列出，看看可否提出與黃小姐想法符合的規劃。

第二個方向則是評估，新的一年可以進行的調整與改變，預先挖好下水道，屆時才能引水入渠。

果然，黃小姐這幾年的辛苦，都把精力放在建築財富的水庫上，從沒想到水庫也會滿水位，也有需要排水的一天，剎時才發現，竟然沒有排水道可以排水。

幸運的是，黃小姐收入增加來自於多方面，不僅限於薪資所得而已。我們根據她的意願，設計出看似退一步，實是進兩步的「慈善信託」，這個部分讓她得以搶搭另一班歲末的省稅列車，同時也為新的一年開始逐步設計過去所忽略的排水道，相信假以時日，水庫的滿水位將有去處。

## 提早佈局來年享受省稅果實

李先生來找我們時，雖然也在歲末前，可是卻有天壤之別，應該說，他的時機若能早些，會有很大的改善。李先生多年辛勤努力工作，也很積極上投資理財課程，工作的儲蓄加上投資理財方法正確，被動收入逐年上漲。

李太太看在眼裡，滿心歡喜，但是每年報稅，發現股利收入已經跨過了 30%，且正在朝稅率 40% 的方向前進。

我們出示了理財規劃篇的重點打擊的其中一項，建議他把一些投資分散在海外，海外的股利雖然列入基本稅負，但是 2024 年有 750 萬免稅的極高額度。了解這項稅法規則，接下來就是找到符合他的風險能力，以及投資績效的標的進行資產重分配。

我告訴李氏夫妻，只要今年開始播種，明年就可以摘下稅負下降而資產照樣成長的甜蜜果實。稅務規劃的省稅效果，永遠高於報稅前急就章的效益，關鍵在於你要有這樣的觀念，而且提早行動。

有人是不懂稅法規則，所以無法事先規劃；有人是沒有事前規劃的概念，就算懂一些稅法規則，也無濟於事。

沒有一位水利工程師會在蓋水庫時，忘了有排水道，可是許多家庭在作理財規劃時，卻會一再不停的犯這樣的錯誤。原因無它，前者是專業，具有一體的宏觀規劃；後者或欠缺專業訓練，或用心不夠，若是不用心規

劃卻能成功,那就只能說是上天眷顧。

這一章是用我以往稅務規劃的故事和個案,來告訴大家「預先規劃勝於事後補救」的觀念。雖然也有一些稅法技巧的提點,但更多的是觀念上的互動。

「報稅不等於稅務規劃」,其實也在提醒各位,了解稅法的規定很重要,但還不是最重要的,因為現在是專業分工的時代,除非你是相關領域且對稅法有極濃厚的興趣,否則在這方面一定不如會計師或用心的財務規劃顧問。

你只要掌握以下觀念:了解稅務規劃必須在事情發生前的佈局,有了這個認知,可以自己投入為之,也可以借重專家來完成,重視它並提前佈局,是良好稅務規劃的第一步。

接下來開始進入了稅務規劃細項的探索,每個章節的後面,還會加上重點打擊的討論,希望能夠縮短你掌握稅務規劃的幾項重點。我們說過如果稅務規劃,能夠找到每年 15,000 元的省稅金額,40 年下來,投入台灣 0050 的投資,從這個帳戶能拿到的退休補助金,遠高於勞保可以給予你的。

這就是我們的希望,透過稅務規劃,讓每個人都能夠達到隱形加薪,且讓你退休金翻倍的目標。這個目標值得努力,請開始翻閱接下來的分析和討論!

PART 2

# 把關稅負的第一道關卡
### 先守荷包，再創財富

# CHAPTER 4

# 細說個人所得

　　每年到了五月繳稅季，全民動起來開始認真算起自己今年到底要繳多少所得稅。阿志去年買新屋又喜獲麟兒，還大幅度調整投資標的到海外，於是財務規劃師老闆提醒阿志，今年申報個人所得稅有許多「眉角」可節稅，目標最少幫他節稅 15,000 元。

　　阿志心想，國稅局現在電腦作業不都算得好好的，怎可能還有這麼多的節稅空間？老闆娓娓道來：「平日我要你收集的醫療收據和買房借款利息單據，還有調整投資部位到海外標的，這些都能為你大大節稅呢！」

　　在台灣，個人所得稅就像一座環環相扣又縱橫交錯的城市交通網絡，乍看複雜卻又井然有序。一旦踏入「所得稅」這座城市，我們會發現，它是由三條主要幹道所組成：**綜合所得稅、基本稅額（最低稅負制）、分離課稅**，如圖 4-1 所示。

　　這三者之間既相互獨立又彼此影響，承載著不同類型的所得與稅務規定。想要在這個城市中自由穿梭，不至於迷失或額外遭受罰款，就必須先

圖 4-1　個人所得稅的三個組成要素

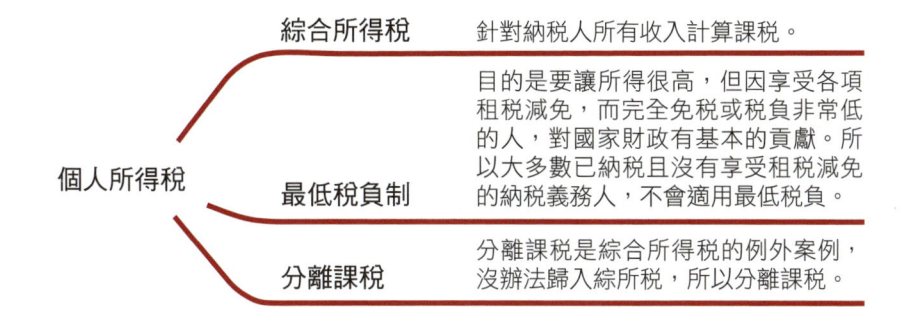

| 個人所得稅 | | |
|---|---|---|
| | 綜合所得稅 | 針對納稅人所有收入計算課稅。 |
| | 最低稅負制 | 目的是要讓所得很高，但因享受各項租稅減免，而完全免稅或稅負非常低的人，對國家財政有基本的貢獻。所以大多數已納稅且沒有享受租稅減免的納稅義務人，不會適用最低稅負。 |
| | 分離課稅 | 分離課稅是綜合所得稅的例外案例，沒辦法歸入綜所稅，所以分離課稅。 |

資料來源：財政部資料，種子講師團隊余家傑

搞懂個人所得稅的基本運作原理。

# 4-1 綜合所得稅

當你在賺錢的同時，政府也在關心你的收入，這就是「綜合所得稅」的存在。偏偏許多人在財務規劃中，往往忽略了稅務規劃，讓辛苦賺的錢因不了解稅制流入國庫。

而**「綜合所得稅」是大多數人都會被課到的稅種**，無論是上班領薪、經營事業、投資理財，甚至是中獎或退休，你的各種收入都可能需要繳稅，若能掌握其運作方式，不僅能減少不必要的稅負，甚至能增加一筆「隱形收入」。

台灣的綜合所得稅，依據收入來源可分為十大類別，每一種所得的計算方式、適用稅率和扣除規則都不相同。如果不清楚這些規則，你可能會多繳冤枉稅，甚至錯失節稅的機會。因此，認識自己的所得類型，就是聰

明報稅的第一步。

本篇將帶你快速了解十大綜合所得，搭配簡單案例，幫助你對應自己的收入類別，進而做好稅務規劃，讓你的財富運用更有效率。

## 綜合所得稅十大所得類型

綜合所得稅是針對納稅人所有收入進行綜合計算後來課稅的稅種，包含薪資、獎金、投資所得、利息、股利、租賃所得等收入。以下說明十大綜合所得分類與收入類型，並整理如表 4-1 所示。

### 類型 1｜薪資所得

薪資所得是指受僱工作的報酬，包括固定薪水、專案獎金、業績獎金等，這是多數受薪階級的主要收入來源。比如：小嘉在科技公司上班，每月領 6 萬元薪水，年終獎金 12 萬，二者都算薪資所得。阿華是補習班的兼職老師，每週授課 10 小時，每月領鐘點費 2 萬元，這也是薪資所得。

- **適用族群**：上班族、兼職工作者、公司受僱人員。
- **收入來源**：月薪、獎金、津貼、年終獎金、加班費。

### 類型 2｜執行業務所得

這類所得屬於自由工作者的收入，通常按件計費，不像薪資所得有固定雇主與勞健保之保障。比如：阿杜是開業牙醫，病人看診支付的診療費；小志是 YouTuber，接業配拍影片所收取的廣告收入；還有小遠是自行接案的企業顧問，每月收 8 萬元顧問費，以上的所得皆屬執行業務所得。

- **適用族群**：律師、醫師、會計師、顧問、YouTuber、自營業者。
- **收入來源**：顧問費、專業技術收入、演出費、專案收入。

表 4-1　十大所得適用對象及收入來源

| 所得類別 | 適用對象 | 收入來源 |
| --- | --- | --- |
| 薪資所得 | 上班族、兼職工作者、公司受僱人員。 | 薪水、加班費、獎金、職務津貼、績效獎金、年終獎金。 |
| 執行業務所得 | 律師、會計師、醫師、藝人、顧問、YouTuber、自營業者。 | 專業技術收入、顧問費、演出費、專案收入。 |
| 利息所得 | 存款族、債券投資人。 | 銀行定存利息、債券利息、政府公債利息、企業債利息。 |
| 營利所得 | 投資股票、ETF 的股東、公司分紅受益人。 | 上市櫃公司發放的股息、ETF 配息、基金分紅。 |
| 租賃及權利金所得 | 房東、包租公、擁有專利權、著作權的人。 | 房租收入、土地租金、專利授權費、版權收入、商標使用費。 |
| 財產交易所得 | 房地產投資者、股權交易者、黃金買賣者、藝術品收藏家。 | 買賣不動產的獲利、股票交易所得（停徵中）、黃金與藝術品轉手獲利。 |
| 競賽與中獎所得 | 比賽得獎者、樂透彩券中獎者、競技競賽獎金獲得者。 | 運動競技獎金、電競比賽獎金、中樂透獎金、抽獎活動獎金。 |
| 退休所得 | 退休人士、勞工退休金領取者、公務員退休者。 | 勞保或勞退金、公教人員退休俸、資遣費、軍職退休金。 |
| 自力耕作、漁、牧、林、礦所得 | 農民、漁夫、畜牧業者、林業工作者、礦業開採者。 | 農作物銷售、漁獲銷售、林木買賣、礦產開採收益。 |
| 其他所得 | 領取補償金、違約金收入者。 | 違約金、賠償金、紅利回饋、其他臨時性收入。 |

資料來源：財政部資料，種子講師團隊杜志遠

## 類型 3 ｜利息所得

只要銀行存款或投資產生利息收入，就屬於利息所得，必須報稅。比如：小家有 50 萬存款，一年產生 5,000 元利息；阿傑投資公司債，每年領取 3 萬元利息收入，都屬於利息所得。

- **適用族群**：存款族、債券投資人。
- **收入來源**：銀行定存利息、債券利息、公債利息。

### 類型 4 ｜ 營利所得

這類所得來自企業的盈餘分配，也就是公司賺錢的分紅。若投資股票或 ETF，獲利後領到的股利或配息即屬於營利所得。比如：阿力投資 0050ETF，一年領 5 萬元配息（代碼 54C）；又或小芳持有台積電股票，獲得 10 萬元股利，這些收入皆屬於營利所得。

股息所得代碼若為 76 則屬於財產交易所得，非屬營利所得，且證券交易所得免稅，因此所得代碼 76 對個人而言免稅。詳細內容請見〈投資理財篇〉之股票介紹。

- **適用族群**：股票、ETF 投資人、公司股東。
- **收入來源**：上市櫃公司發放的股息、ETF 配息、基金分紅。

### 類型 5 ｜ 租賃及權利金所得

這類所得包含房屋、土地、專利、著作權、商標等資產與智慧財產的收入，若有出租不動產或授權專利等收入，皆需納稅。比如：阿亮出租一間公寓，每月收取租金 3 萬元，扣除必要損耗費用，或直接減除租金收入 43％後之收入，即屬租賃所得。又如小均擁有專利技術，授權給公司使用，每年收取權利金 5 萬元，扣除必要損耗及費用後，即屬於權利金所得。

- **適用族群**：房東、專利持有者、版權擁有者。
- **收入來源**：房租收入、專利授權費、版權收入。

### 類型 6｜財產交易所得

　　這類所得是指資產價格上漲後賣出獲利的收入，如不動產、股票、黃金等資產買賣之獲利。比如：小莎 15 年前買房 800 萬，現在以 2 千萬售出，獲利 1,200 萬，屬於財產交易所得（2016 年 1 月 1 日前取得的房地產）。又如小拉投資黃金，低買高賣，一年賺了 15 萬元，也屬於財產交易所得。

- **適用族群**：房地產投資者、股票投資人、黃金與藝術品買賣者。
- **收入來源**：房地產交易獲利、股票買賣獲利、藝術品轉手收益。

### 類型 7｜競賽與中獎所得

　　這類所得來自比賽或抽獎獲得的獎金，如運動競技比賽、樂透中獎等。比如：Kiki 中了 200 萬元樂透，政府直接扣下 20% 稅金共計 40 萬，但此筆獎金不併入綜合所得總額。又如 Kevin 參加馬拉松比賽，獲得 10 萬元冠軍獎金，但此筆獎金需報稅。

- **適用族群**：競賽得獎者、樂透中獎者。
- **收入來源**：樂透中獎金、競賽獎金。

### 類型 8｜退休所得

　　退休後的收入也要計算。比如：小意每月領取 6 萬元退休俸，適用較高免稅額，可扣除。又或阿如選擇一次領取 300 萬退休金，適用一次性優惠稅率。

- **適用族群**：退休人士、公教人員、勞工退休金領取者。
- **收入來源**：勞退、退休俸、資遣費。

## 類型 9 ｜ 自力耕作、漁、牧、林、礦所得

若從事農業、漁業等產業，政府提供一定的免稅額度，超過門檻才需報稅，目前每年公布免稅費用率皆為 100％。比如：阿志種芒果銷售 50 萬元，可適用免稅規定。

- **適用族群**：農民、漁夫、畜牧業者。
- **收入來源**：農作物銷售、漁獲銷售、林木交易。

## 類型 10 ｜ 其他所得

是指雜項收入的所得，比如：小遠因車禍獲 8 萬元賠償，這筆收入即屬其他所得。

圖 4-2　居住者的定義與說明

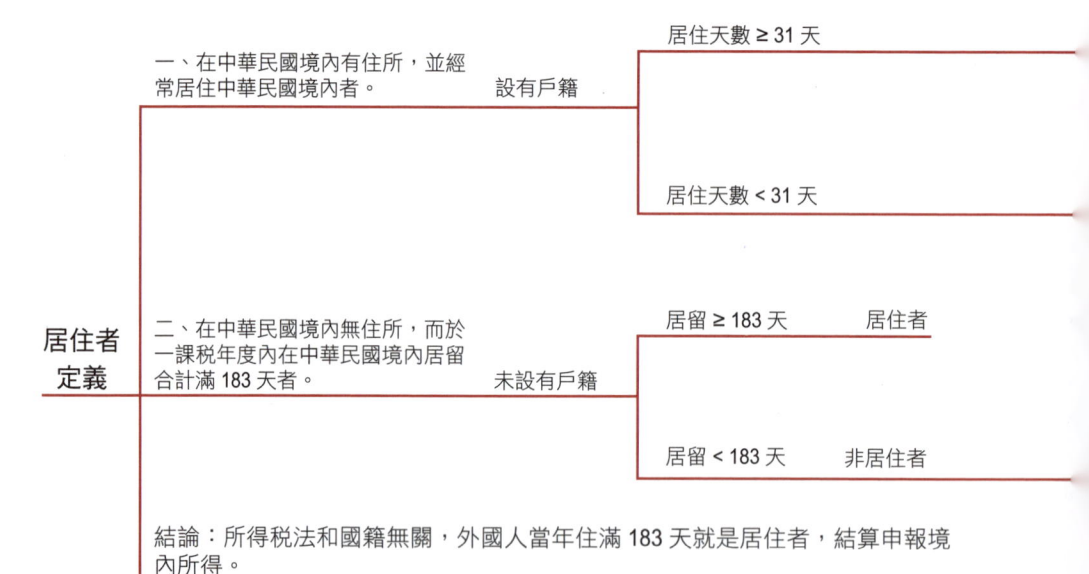

**居住者定義**

一、在中華民國境內有住所，並經常居住中華民國境內者。　設有戶籍
- 居住天數 ≥ 31 天
- 居住天數 < 31 天

二、在中華民國境內無住所，而於一課稅年度內在中華民國境內居留合計滿 183 天者。　未設有戶籍
- 居留 ≥ 183 天　居住者
- 居留 < 183 天　非居住者

結論：所得稅法和國籍無關，外國人當年住滿 183 天就是居住者，結算申報境內所得。

附註 1：最低稅負制只課居住者。

附註 2：CRS 只管居住者。（CRS 台灣版的肥咖條款 FATCA）

- **適用族群**：只要資產淨值有上升，沒有免稅的部分都算。
- **收入來源**：他人支付的賠償金、法院裁定的賠償、違約金。

## 我是台灣稅務居民嗎？

所謂稅務居民，是指在某一國家負有納稅義務的個人或企業。釐清自己屬於何處的稅務居民非常重要，由於台灣個人所得稅採**「屬地主義」**，如果符合台灣居住者的條件，綜合所得稅會被課以 5%～40% 的稅率，且最低稅負制也會針對居住者課稅，若有海外資金匯回台灣，海外所得也會被課稅。

判斷是否為**「台灣稅務居民」**的標準有以下兩點，如圖 4-2 所示。

| | | | |
|---|---|---|---|
| | 居住者 | | |
| 生活及經濟重心在我國境內 | 居住者 | 享有全民健康保險、勞工保險、國民年金保險或農民健康保險等社會福利 | |
| 生活及經濟重心不在我國境內 | 非居住者 | 配偶或未成年子女居住在中華民國境內 | |
| 生活及經濟重心定義 | | 在中華民國境內經營事業、執行業務、管理財產、受雇提供勞務或是擔任董事、監察人或經理人 | |
| | | 在其他生活情況及經濟利益足資認定生活及經濟中心在中華民國境內 | |
| 90 天以內（包含 90 天） | 中華民國來源所得 | 視情況就源扣繳或申報納稅 | |
| | 中華民國境內提供勞務，而自境外雇主取得之勞務報酬 | 免課稅，勞務報酬不視為中華民國來源所得 | |
| 90 天 < 天數 < 183 天 | 中華民國境內提供勞務，而自境外雇主取得之勞務報酬 | 視情況就源扣繳或申報納稅 | |

資料來源：財政部資料，種子講師團隊余家傑

**標準 1：是否設有台灣戶籍。**

**標準 2：是否一年內在台灣居住超過 183 天。**

實務上，只要設有台灣戶籍且居住超過 31 天，就會被認定為台灣的稅務居民。舉例來說：

- 小王為台灣人，回台拜訪親戚兩周，在台設有戶籍，那麼小王就非台灣稅務居民，因為居住未達 31 天。
- David 為美國人，在台灣雖未設有戶籍，但在台灣住滿 200 天，則 David 屬台灣稅務居民。
- Lisa 為日本人，來台短期打工 3 個月，在台灣未設有戶籍。則 Lisa 非台灣稅務居民，因為居住未達 183 天，只需針對中華民國來源所得就源扣繳。

但如果身分轉變成「非居住者」，則稅率將大幅下降，從最高 40％下降至 21％，也就是說，非居住者而有我國來源所得，就源扣繳最高為 21％，同時非居住者不受最低稅負制管轄，又省了一大筆稅。

所謂**就源扣繳**是台灣對外國人所做的租稅措施，亦即當我們支付費用給外國廠商或外國人，就需於給付同時先扣除一筆稅，再將剩餘費用支付給他，而這個扣除的稅額必須納入國庫。

如果是非台灣稅務居民，僅需針對台灣來源所得（如薪資、租金、股利）繳納固定稅率的所得稅。這也就是為什麼很多大老闆年底時大多不在台灣，因為一旦在台灣待滿 183 天以上，就會變成居住者，要繳納的稅金可能多出好幾億、甚至高達幾十億。

報稅不只是義務，更是財務管理的一部分。大老闆們都知道要透過「合法省稅、聰明理財」的方式來管理財富，身為小資族的一般民眾，更

圖 4-3　個人所得稅報稅三步驟

| Step 1 計算綜合所得淨額 |
| :---: |
| 綜合所得總額－免稅額－扣除額－特別扣除額－基本生活費差額＝綜合所得淨額 |

| Step 2 計算應納稅額 |
| :---: |
| 綜合所得淨額 × 稅率－累進差額＝應納稅額 |

| Step 3 計算應退／補稅額 |
| :---: |
| 應納稅額－扣繳稅額－可扣減稅額 ＝應退／補稅額 |

資料來源：財政部資料，種子講師團隊杜志遠

應充分理解綜合所得稅的計算方式、扣除額應用與扣繳制度，降低應納稅所得，減少不必要的稅負，善用這些知識，確保自己的財富最大化。

# 4-2 掌握報稅三步驟

簡單來說，這是政府對你一年內賺取的所有合法收入進行整體計算，經過免稅額與扣除額的調整後，最終得出的應納稅額。

綜合所得稅採取累進稅率，收入愈高，適用的稅率也愈高。因此，了解可扣除的項目與節稅策略，能有效降低應納稅所得，進而減少稅負。報稅不難，只要掌握以下三個步驟，就能輕鬆完成申報，如圖 4-3 所示。

### 步驟 1：計算綜合所得淨額

第一步是確認所得類別，台灣的綜合所得主要分為十類，已於上述說明。接下來，利用各種扣除額來降低應納稅所得，包括以下四者：

① **免稅額**：每人基本免稅額。

② **一般扣除額（二擇一）**：包括標準扣除額或列舉扣除額。其中列舉扣除額有捐贈、人身保險費、自用住宅購屋貸款利息、醫藥及生育費、災害損失、競選經費等六項。

③ **特別扣除額**：包括薪資所得、儲蓄投資、教育學費、房屋租金支出、幼兒學前、長期照顧、身心障礙、財產交易損失等八項。

④ **基本生活費差額**：確保納稅人有基本生活保障。

經過調整後，會得出你的綜合所得淨額，這就是計算稅額的基礎，如圖 4-4 所示。

**綜合所得淨額**
**＝綜合所得總額－①免稅額－②一般扣除額－③特別扣除額**
**　－④基本生活費差額**

圖 4-4　綜合所得稅淨額計算基礎

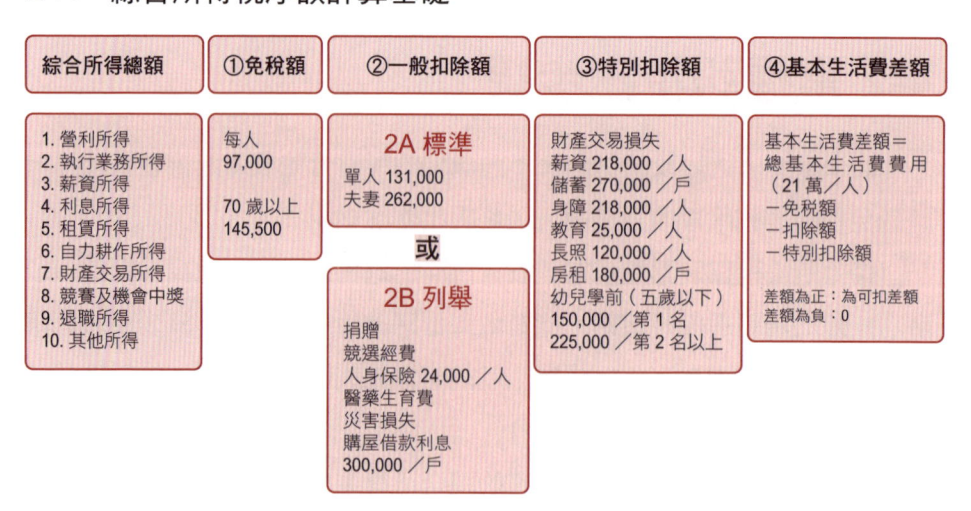

| 綜合所得總額 | ①免稅額 | ②一般扣除額 | ③特別扣除額 | ④基本生活費差額 |
|---|---|---|---|---|
| 1. 營利所得<br>2. 執行業務所得<br>3. 薪資所得<br>4. 利息所得<br>5. 租賃所得<br>6. 自力耕作所得<br>7. 財產交易所得<br>8. 競賽及機會中獎<br>9. 退職所得<br>10. 其他所得 | 每人<br>97,000<br><br>70 歲以上<br>145,500 | **2A 標準**<br>單人 131,000<br>夫妻 262,000<br><br>或<br><br>**2B 列舉**<br>捐贈<br>競選經費<br>人身保險 24,000／人<br>醫藥生育費<br>災害損失<br>購屋借款利息<br>300,000／戶 | 財產交易損失<br>薪資 218,000／人<br>儲蓄 270,000／戶<br>身障 218,000／人<br>教育 25,000／人<br>長照 120,000／人<br>房租 180,000／戶<br>幼兒學前（五歲以下）<br>150,000／第 1 名<br>225,000／第 2 名以上 | 基本生活費差額＝<br>總基本生活費費用<br>（21 萬／人）<br>－免稅額<br>－扣除額<br>－特別扣除額<br><br>差額為正：為可扣差額<br>差額為負：0 |

資料來源：財政部資料，種子講師團隊杜志遠

### 步驟 2：根據稅率計算應納稅額

台灣的綜合所得稅採用累進稅率，也就是說，所得愈高，課的稅愈重。累進稅率依綜合所得淨額之級距而有不同之稅率，所得稅級距對繳納金額的影響甚大，如表 4-2 所示。

累進差額是為了讓累進稅制的計算方式更簡潔，避免每個人都需要拆分計算每一個級距的稅款。舉例來說：小陳的所得淨額 80 萬，以表 4-2 來看，超過 59 萬但未滿 133 萬的部分適用稅率 12％。

**應納稅額＝綜合所得淨額 × 適用稅率－累進差額**

小陳的應納稅額＝ 80 萬 ×12％－ 41,300 ＝ 54,700（元）

### 步驟 3：試算、申報、確認退稅

即使算出應納稅額，也不代表就必須繳這麼多稅，還須考慮以下三項：

**最終應退／補稅額＝應納稅額－扣繳稅額－可扣減稅額**

表 4-2　綜合所得淨額之累進稅率級距

| 級距 | 綜合所得淨額 | 乘法 | 稅率 | 減法 | 累進差額 | 等於 | 全年應納稅額 |
|---|---|---|---|---|---|---|---|
| 1 | 0 ～ 590,000 | × | 5％ | － | 0 | ＝ | |
| 2 | 590,001 ～ 1,330,000 | × | 12％ | － | 41,300 | ＝ | |
| 3 | 1,330,001 ～ 2,660,000 | × | 20％ | － | 147,700 | ＝ | |
| 4 | 2,660,001 ～ 4,980,000 | × | 30％ | － | 413,700 | ＝ | |
| 5 | 4,980,001 以上 | × | 40％ | － | 911,700 | ＝ | |

資料來源：財政部資料，113 至 114 年度累進稅率。

① **應納稅額**：意即前面計算出的稅額，透過「（所得淨額 × 稅率）－累進差額」得出的金額。

② **扣繳稅額**：意即預先扣繳的稅款在某些情況下，你的收入來源會預先扣掉一部分稅款，例如：一般上班族的薪資所得，雇主每月代扣所得稅。或者是股利所得，公司發股利時會預扣一部分稅金。又或兼職、稿費收入也會預先代扣 10％或是更高的稅額。

③ **可扣減稅額**：除了扣繳稅額，可能還有其他符合條件的稅額扣抵，例如：有股利所得時，可使用股利稅額扣抵（8.5％ 可扣抵稅額，最高 8 萬元），但須注意你的股利必須為**選擇合併計稅**（而非分離課稅 28％）時才適用。若你選擇將股利分離課稅，則無法享有這項扣抵優惠。

以上，如果算出來的結果為正數必須補稅，若結果為負數則可獲得退稅。可獲退稅時，政府會將多繳納的稅款退回你的銀行帳戶。

報稅看似複雜，但只要掌握這個計算公式，就能輕鬆知道自己究竟是要補繳還是退稅，讓你不會多繳冤枉錢！

## 預先扣繳稅款的收入

你可能有過這樣的經驗：發薪日到了，但帳戶裡的錢總比你期待的少。明明公司說年薪是 120 萬，但實際拿到的卻沒這麼多，這是因為錢在匯進你戶頭之前，已經被政府扣了一筆。這就是**「扣繳制度」**的影響。

這個制度的邏輯很簡單──政府還未等你報稅，就事先直接從你的收入裡扣掉一部分稅款，以確保國庫有穩定稅收，更避免你之後少報、漏報或繳不出稅來。

但問題來了，是所有收入都會被扣繳嗎？這其中有很多細節，如果沒

有事先聲清，你可能在收到錢時才發現「怎麼少了這麼多」，甚至在報稅的時候才發現這筆錢早就被扣走，根本無法退稅。

以下是常見的扣繳情況，在支付時就會被預扣所得稅，並整理如下頁表 4-3 所示。

### 1. 薪資、租金、佣金、權利金、獎金、退休金

如果你的收入是從公司或機構發放，那麼有極大的機率會先被扣稅再給你。這就是「扣繳義務」，發放方負責扣稅，直接幫政府收錢，最後你拿到的金額，就是已經扣過稅的了。

### 2. 債券、短期票券的利息

如果你的收入來自債券利息，甚至是短期票券，那麼這筆錢也可能在進入你的帳戶之前，就已經被扣了一部分。

此處的扣繳方式，會依照你的身分是否為台灣稅務居民而有所不同。

若為台灣稅務居民，包括：國內發行的①公債、公司債、金融債券的利息；②短期票券（例如商業本票）兌現時的利息；③資產證券化商品（如 REITs、不動產信託）利息；④附條件交易的利息（如回購協議）；⑤其他一般利息等，皆扣 10%。

要留意的是，這些已經被預扣繳的利息**不用併入綜合所得**，也**不用儲蓄投資特別扣除額來減稅**。由於這筆錢已是預扣稅額，如果最終應納稅額為負數，預扣多繳的稅是可以拿回來的。詳細內容請見 4-4〈分離課稅〉之介紹。

表 4-3　台灣所得稅扣繳稅額類別

| 扣繳項目 | 扣繳稅率（居住者） | 扣繳稅率（非居住者） | 扣繳條件與說明 |
| --- | --- | --- | --- |
| 薪資 | （一）5%<br>（二）〔註1〕 | （一）18%<br>（二）〔註2〕 | • 若居住者月薪低於起扣金額，免扣繳。<br>• 非居住者統一適用 18%，例外詳〔註2〕。 |
| 權利金 | 10% | 20% | 包括版權收入、專利使用費等，支付方需依稅法規定扣繳稅款。 |
| 租金 | 10% | 20% | 租金收入由支付方按規定扣繳，無論個人或企業支付均適用。 |
| 佣金 | 10% | 20% | 包括仲介費用或介紹費等收入，需由支付方代扣稅款。 |
| 執行業務報酬 | 10% | 20% | 包括自由職業者的服務報酬（如律師、會計師、設計師等）。 |
| 利息 | 10% | 20% | • 居住者扣繳率為 10%。<br>• 非居住者按 15% 或 20% 扣繳，依來源國協議可能調整。 |
| 股利 | 不屬於扣繳範圍 | 21% | • 非居住者適用 21% 扣繳。<br>• 居住者若選擇分開計稅，適用 28% 稅率（不屬於扣繳範圍，但需自行申報）。 |
| 抽獎或中獎 | 10% | 20% | 單筆金額超過 2 萬元需扣繳，包含現金獎金及等值贈品。 |
| 退職所得 | 6% | 18% | • 居住者減除定額免稅後按 6% 扣繳。<br>• 非居住者則為減除定額免稅後按 18% 扣繳。 |

資料來源：財政部資料，種子講師團隊杜志遠

註1：按薪資所得扣繳稅額表（114 年起扣金額 88,501 元）。
註2：若受雇人全月薪資總額在行政院核定之每月基本工資 1.5 倍以下（即未達新台幣 42,885 元），則適用 6% 之扣繳稅率（114 年度起最低工資為 28,590 元）。

至於非台灣稅務居民，包括：國內發行的①公債、公司債、金融債券的利息；②短期票券（例如商業本票）兌現時的利息；③資產證券化商品（如 REITs、不動產信託）利息；④附條件交易的利息（如回購協議）等以上 4 類皆扣 15％；⑤其他一般利息等，更是扣到 20％之多。

一般而言，非台灣居民的扣繳率較高。這是因為政府擔心境外投資人「賺了錢就走」，因而對其扣繳率較為嚴格，以確保台灣的稅收不會流失。

# 4-3 最低稅負制

在報稅時，許多人以為只要計算綜合所得稅，扣除各項免稅額與扣除額後就能確定應納稅額。但有些人卻在最後一刻才發現，自己還需要補繳一筆「意料之外的稅款」，也就是**最低稅負制**（Alternative Minimum Tax, AMT），是財務規劃中的關鍵考量因素之一。

最低稅負制的設計初衷，是為了防止高所得者透過各種租稅優惠或扣除額來降低稅負，以確保每個人對國家財政有基本貢獻。因此，政府設立了一條**「最低稅額門檻」**，若所得超過這個門檻，則必須依照最低稅負制計算稅額，並繳納較高的數字。

## 基本稅額的概念與運作

基本稅額是一條國家稅收的「安全網」，其計算方式如下：

**基本稅額＝（基本所得額－ 750 萬）×20%**

基本所得額並非單指綜合所得淨額，而是政府規定須納入最低稅負制計算的 8 種所得，如下頁表 4-4 所示。

表 4-4　基本所得額類別

| 收入類別 | 說明 |
| --- | --- |
| 綜合所得淨額 | 扣除免稅額與扣除額後的綜合所得。 |
| 海外所得 | 若超過 100 萬元，則全額計入最低稅負制。 |
| 28%分離課稅股利 | 選擇 28%分離課稅的股利收入。 |
| 特定保險給付 | 受益人與要保人不同的壽險或年金給付（死亡理賠 3,740 萬以下免計入）。 |
| 未上市／櫃股票交易所得 | 購買未上市／櫃股票後出售的交易獲利。 |
| 私募基金交易所得 | 投資私募基金的收益。 |
| 非現金捐贈 | 捐贈土地、股票、藝術品等資產。 |
| 特殊稅務優惠扣除額 | 例如政府鼓勵投資高風險新創企業的稅務優惠。 |

資料來源：財政部資料，種子講師團隊杜志遠

最低稅負制主要影響高收入者，特別是擁有海外所得、土地交易、未上市股票交易、保單給付等特殊收入的納稅人。

當基本所得額超過 750 萬元時，政府會對比「綜合所得稅應納稅額」與「基本稅額（最低稅負的計算結果）」兩者，並取較高者作為最終應繳稅額。

若「基本稅額＞一般稅額」，就須補差額；若「基本稅額≦一般稅額」，仍以一般稅額為準。其運作模式如圖 4-5 所示。

## 最低稅負制的 8 大誤區

最低稅負可說是所得稅的補充稅負，然而很多民眾或投資人在申報基本稅額時，常會出現各種誤判，以下舉例說明，提醒納稅人務必留意。

## 圖 4-5　最低稅負制架構

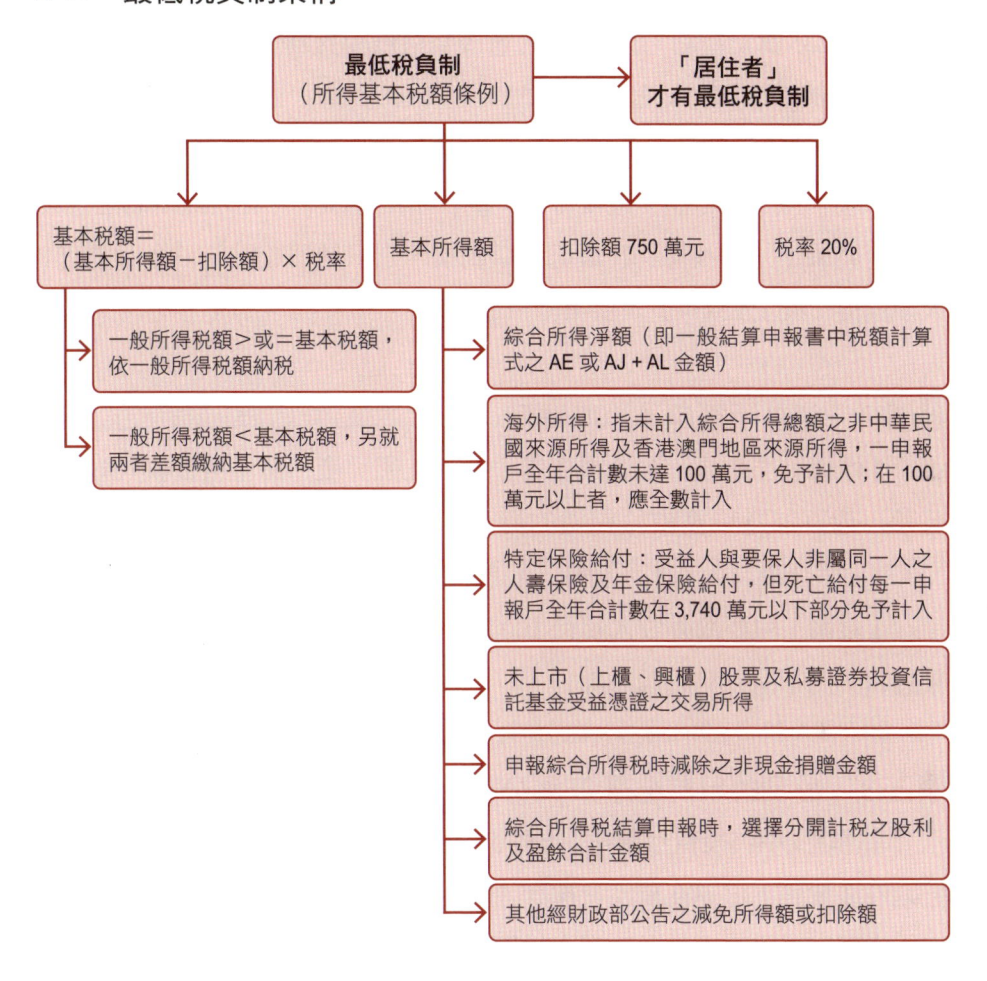

```
                    最低稅負制              「居住者」
                 （所得基本稅額條例）      才有最低稅負制
```

- 基本稅額＝
  （基本所得額－扣除額）× 稅率
- 基本所得額
- 扣除額 750 萬元
- 稅率 20%

基本稅額分支：
- 一般所得稅額＞或＝基本稅額，依一般所得稅額納稅
- 一般所得稅額＜基本稅額，另就兩者差額繳納基本稅額

基本所得額分支：
- 綜合所得淨額（即一般結算申報書中稅額計算式之 AE 或 AJ＋AL 金額）
- 海外所得：指未計入綜合所得總額之非中華民國來源所得及香港澳門地區來源所得，一申報戶全年合計數未達 100 萬元，免予計入；在 100 萬元以上者，應全數計入
- 特定保險給付：受益人與要保人非屬同一人之人壽保險及年金保險給付，但死亡給付每一申報戶全年合計數在 3,740 萬元以下部分免予計入
- 未上市（上櫃、興櫃）股票及私募證券投資信託基金受益憑證之交易所得
- 申報綜合所得稅時減除之非現金捐贈金額
- 綜合所得稅結算申報時，選擇分開計稅之股利及盈餘合計金額
- 其他經財政部公告之減免所得額或扣除額

資料來源：財政部資料，種子講師團隊余家傑

## 誤區 1｜你以為已經扣掉的綜合所得淨額，還沒完

【情境】阿杜是一位上班族，年薪是 200 萬元，另外還有 50 萬元的股利和 30 萬元的租金收入。表面上，他的總所得是 280 萬元，但經過扣

細說個人所得　　131

除免稅額、標準扣除額、特別扣除額中的薪資扣除額後,最終的綜合所得淨額只有235萬元左右。這235萬元會成為最低稅負制計算的第一個數字,而後續還會有更多收入陸續加上去。

【規則】報稅時,我們都會計算「綜合所得」,然後扣掉免稅額、標準扣除額、特別扣除額,最後得到「綜合所得淨額」。你可能以為這已經是最終結果了,卻沒想到在最低稅負制裡,它只是個起點——後面還有8大類所得(如上表4-4),要再一一加進來。

### 誤區 2 ｜海外所得超過 100 萬元

【情境】小張是一名企業主管,擁有美國房產,每年租金收入約120萬元。他原以為只需申報超過的海外所得20萬元即可,但事實上,這120萬元需全額計入基本所得額,可能導致他需繳更多稅款。

【規則】只要海外收入超過100萬元,則整筆金額都會納入基本所得額計算,而不是只有超過的部分。

### 誤區 3 ｜股利的稅制選擇 28% 分離課稅

【情境】小美投資台積電,獲得500萬元股利,並選擇28%分離課稅。但她沒注意到,這500萬元會被計入基本所得額,導致她的基本所得額超過750萬,最終須額外繳納基本稅額稅負。

【規則】股利的稅制有兩種選擇,一是合併計稅,可扣抵部分稅額,不影響最低稅負。二是分離課稅28%,但還是會被計入基本所得額。如果選擇28%分離課稅,即使你已經在領股利時繳了28%的稅,這筆股利還是會被納入最低稅負計算,可能讓你面臨額外稅負。

## 誤區 4 ｜保險滿期金的影響

【情境】阿強購買了一張 10 年期年金險，受益人是阿強兒子，滿期時領回 1,500 萬元。但他沒想到，由於受益人兒子與要保人阿強不同，導致這筆金額要全數納入阿強兒子的基本所得額計算中，致使最終稅負比預期高出許多。

【規則】生存保險給付如年金、滿期金，需全額計入基本所得額。另死亡理賠金 3,740 萬元以下免計入，超過部分計入基本所得額。

## 誤區 5 ｜未上市股票交易

【情境】小王投資了一家未上市的新創企業，幾年後賣出股票，獲利 3 千萬元。他以為這筆收益與台股股票交易一樣停徵，結果卻因基本所得額而需補繳稅款。

【規則】台股（上市櫃）交易所得停徵，但未上市公司股票交易所得需納入基本所得額計算。如果這家公司是政府認定的「高風險新創」，那麼這筆交易部分免稅，且投資高新租稅優惠有其上限。

## 誤區 6 ｜捐贈非現金資產

【情境】小張將一塊價值 2 千萬元的土地捐給慈善機構，他原以為可享有免稅優惠，但由於捐贈的物件並非現金，以致這筆 2 千萬元仍被計入基本所得額計算。

【規則】捐贈現金可減稅，捐贈房地產、股票、藝術品等則需納入基本所得額計算。

### 誤區 7 ｜購買私募基金

【情境】小明投資了一檔私募基金，幾年後獲得 5 千萬元報酬，這筆收益會直接進入基本所得額，可能因此跨過 750 萬元門檻，進而產生額外稅負。

【規則】如果你投資的是一般共同基金、ETF，這些收益不會影響最低稅負制，但如果你投資的是私募基金，例如避險基金、私募股權基金，那就得小心，這類收益會計入最低稅負制。

### 誤區 8 ｜其他新增減免所得稅

【情境】老王是一位年收入 500 萬元的高階主管，2024 年期間，他投資了 350 萬元於經中央目的事業主管機關認定的「國內高風險新創事業」，並打算在綜合所得稅中申報時，將此金額列為可減除項目，以達到節稅目的。

【規則】雖然這類投資的確享有綜所稅的減除優惠，但須注意的是，該減除金額必須計入最低稅負制的基本所得額。且每年可減除的上限為 300 萬元，因此老王最多只能減除 300 萬元，而非 350 萬元。

## 為何錢在海外，稅務仍在台灣？

在全球化的投資環境下，許多人開始投資海外市場、持有海外房產，甚至在國外工作。然而，無論你的收入來源在哪裡，台灣的稅務規則仍然會影響你的所得申報。許多投資人以為「錢賺在國外，台灣政府管不到」，但事實上，台灣採取全球所得制，**只要你是台灣稅務居民，所有海外所得都必須申報**，並且在某些情況下還可能影響最低稅負制，只要你有以下這些收入，就要特別留意。

## 1. 海外投資如股票、基金、債券之獲利。

在台灣，上市櫃股票的交易所得停徵，但若投資海外市場（如美股、港股、日股），情況則不同。海外股票的股利與資本利得，以及投資海外基金的收益，都須視情況納入海外所得之計算。此部分將於第七章詳細說明之。

## 2. 海外房地產收的租金。

許多投資人選擇在海外置產，以收取房租或是賺取投資房價上漲的收益。這些租金與交易獲利同樣必須納入海外所得計算。

假設小明在東京買了一間公寓，一年下來租金總計折合台幣約 25 萬元，則 25 萬元屬於海外所得，須納入申報。又或小華在美國買了一棟房子，持有 5 年後以獲利 500 萬元賣出，這筆所得也須在台灣申報，並可能影響基本稅額之計算。

## 3. 外國企業發放的薪水、顧問費。

許多人以為在海外工作，薪資已經在當地繳稅，回台灣就不需要再申報，這是錯誤的觀念。基本上，海外工作薪資仍屬於海外所得。

工程師小張受聘於新加坡公司，工作地點在新加坡，每年薪資 180 萬元，若小張為台灣稅務居民，這筆薪水仍屬於海外所得，需在台灣申報。小美為美國公司提供諮詢服務，收取 10 萬元顧問費，這筆收入也應納入海外所得。

不過，若這筆費用已於當地繳稅，在台灣可適用「外國稅額扣抵」，避免被重複課稅。

### 4. 外國銀行的存款利息。

許多投資人忽略海外銀行存款的利息，事實上，這也是海外所得的一部分。例如：你在美國銀行存有 10 萬美元，年利息收入 2 千美元，這筆收入也需計入海外所得。雖然單筆金額可能不大，但當多筆海外投資累積起來，就有可能會超過 100 萬元門檻，並可能影響基本所得額計算。

### 5. 海外專利、版權、商標的權利金。
### 6. 海外公司股利、盈餘分配。
### 7. 海外比賽獎金、抽獎獎金。

最低稅負制並非針對所有人，主要影響高收入者及特定所得類別，且非居住者不受最低稅負制管轄。居住者無論是投資美股、購買海外房產，還是在國外工作，這些所得都必須如實申報，並且留意最低稅負制的影響。了解最低稅負制規則，才能避免意外的補稅風險，以確保財務規劃順利進行。

## 4-4 分離課稅

當我們報稅時，最常遇到的問題之一就是累進稅率——收入愈高，適用的稅率也愈高，若不加以規劃，可能要繳納比想像中更多的稅。這時候，「分離課稅」就是一個重要的稅務工具，能幫助我們降低稅負並簡化報稅流程。

## 分離課稅的概念與適用所得

通常，我們的收入會被合併計入「綜合所得稅」，並適用 5%至 40%的累進稅率。但對於某些類型的所得，政府提供了「分離課稅」機制，讓

這些所得適用固定稅率,獨立計算,且不併入綜合所得。

對高所得族群來說,這是一種有效節稅的方法,因為這些收入不會推高你的所得稅級距,也不會影響其他適用的扣除額。

舉例來說:如果你的綜合所得適用30%或40%的高稅率,但某些收入可選擇適用10%或20%的分離課稅,那麼你就能有效降低整體稅負。反之,如果你的綜合所得稅率為5%或12%,分離課稅的固定稅率反而可能會讓你繳更多的稅。

政府針對特定類型的收入設立分離課稅機制,並對應不同的稅率,如表4-5所示。

表4-5 **適用分離課稅之特定類型的收入**

| 所得類型 | 適用稅率 | 範例 |
| --- | --- | --- |
| 股利所得 | 28% | 股利所得可選擇分離課稅或合併申報,選擇合併申報可扣抵8.5%的稅額,上限8萬元。若計算結果大於8萬則以8萬做扣抵;若小於8萬,則以計算結果做扣抵。 |
| 利息所得 | 10% | 國內公債、公司債、金融債券、短期票券、REITs、可轉讓定存單等所得。 |
| 結構型金融商品交易所得 | 10% | 國內匯率、利率波動掛鉤的金融商品收益。 |
| 房地產交易所得 | 依房地合一稅計算 | 2016年1月1日後取得之房地產交易所得。 |
| 中獎所得 | 20% | 統一發票、公益彩券、運動彩券之所得。 |
| 文物或藝術品交易所得 | 20% × 成交價 ×6% | 如古董、名畫交易之所得。 |

資料來源:財政部資料,種子講師團隊杜志遠

細說個人所得 137

### 類型 1：投資債券、短期票券的利息

若購買政府公債、公司債、REITs，獲得的利息會直接適用 10%的分離課稅，政府預先扣除後不須再報稅，也不影響所得稅級距。

### 類型 2：投資股利收入

股利所得可選擇合併申報（綜合所得稅），可享 8.5%稅額扣抵（上限 8 萬元），但加入股利也同時可能影響綜合所得級距。也可採分離課稅 28%之固定稅率，此方式較適合高所得者，可避免級距上升。

申報股利所得時，需決定採合併計稅或分離課稅，一旦選擇了就不能更改。

### 類型 3：中獎所得

只要中了統一發票、公益彩券、運動彩券等，政府會直接扣除 20%的稅款，讓你「拿到手就是淨額」，省去申報麻煩。

### 類型 4：房地合一稅

自 2016 年起，房地產交易適用房地合一稅，不同持有期間適用不同稅率，若無妥善規劃，可能會影響獲利。持有 2 年內出售之稅率 45%，持有 2 至 5 年之稅率 35%，持有 5 年至 10 年之稅率 20%。這些交易所得不併入綜合所得，而是分離課稅。

### 類型 5：結構型商品的交易所得

投資結構型商品如連結股市、匯率、利率等結構型投資工具，如有獲利，這筆收入也屬於分離課稅。也就是說，如果你買了一檔與美元匯率掛

夠的投資產品，一年後獲利 200 萬元，這筆收益會直接扣稅，扣完後你拿到的就是最終金額，不影響你的其他綜合所得。

需注意的事，分離課稅中的利息所得、結構型金融商品交易所得、中獎所得等，採就源扣繳，無論是否為稅務居民皆會被扣稅。

## 分離課稅適用對象

分離課稅是否有利，取決於「稅率級距」。適合使用分離課稅者包括：①稅率 30％或 40％的高所得族群，②覺得報稅麻煩，想省去額外的計算與申報者，③收入來源多元，擔心某一筆收入會影響整體稅負者。

不適合使用分離課稅者包括：①適用級距 5％或 12％年收入較低的族群，②能利用扣除額降低應納稅額者，如薪資扣除額、股利扣抵等。

若想利用分離課稅做好財務規劃，可思考以下方向：

1. 比較邊際稅率與分離課稅稅率，選擇最節稅的方法。

2. 若稅率較低（5％～12％），可考慮將股利等所得合併申報，以利用扣除額減少稅負。

3. 若稅率較高（30％～40％），選擇分離課稅可降低稅負，並保持其他所得的低稅率。

4. 投資前先考量稅務影響並試算，選擇適合的投資工具與課稅方式。

分離課稅是一種靈活的稅務工具，但非萬靈丹，是否適合你，取決於你的稅務情況。了解自己的所得結構，計算適用稅率，才能做出最適合的財務決策。**節稅的關鍵，不是選擇繳交最少的稅，而是選擇最划算的繳稅方式！**關於投資商品的分離課稅，將於第七章有詳細說明。

## 重點精華

- 台灣個人所得稅採**屬地主義**，根據台灣稅務居民與非台灣稅務居民有不同的課稅標準。
- 台灣稅務居民如果有國內發行的債券、短期票券的利息，這些利息因為已經預扣，**不用再併入綜合所得，也不用儲蓄投資特別扣除額來減稅。**
- **最低稅負制**，是為了讓高所得者就算已經透過各種租稅優惠或扣除額來降低稅負後，還能對國家財政有基本貢獻。
- 8種納入基本所得額的收入為：**綜合所得淨額、海外所得、28%分離課稅股利、特定保險給付、未上市股票交易所得、私募基金交易所得、非現金捐贈**以及**特殊稅務優惠扣除額**。
- 完整的個人所得稅制為：綜合所得稅額＋基本稅額（最低稅負制）＋分離課稅。
- 由於分離課稅，不用計入綜合所得稅額之內，讓高所得族群能夠有多一種節稅的選擇。

CHAPTER 5

# 個人所得節稅攻略

當我們清楚自己的收入來源後,接著就是進行稅務規劃。稅務規劃的目的並不是要逃避納稅義務,而是在合法範圍內,透過聰明的策略減輕稅負,讓資金運用更有效率。正如節稅藝術需要平衡與取捨,關鍵就在掌握可用的扣除額與免稅額,透過合理規劃來降低稅務負擔。

## 5-1 綜合所得稅之 4 項扣除額

對於報稅,大家最重視的不外乎「如何少繳一點稅?」事實上,台灣的綜合所得稅制度已經設計了各種減稅機制,但許多納稅人對這些規則一知半解,以致白白多繳了許多稅。圖 5-1 有助於快速掌握報稅最重要的 4 項扣除額(淺紅區塊),包括:①**免稅額**、②**扣除額**、③**特別扣除額**與④**基本生活費差額**,幫助你減少不必要的稅負支出。

圖 5-1　綜合所得淨額總圖

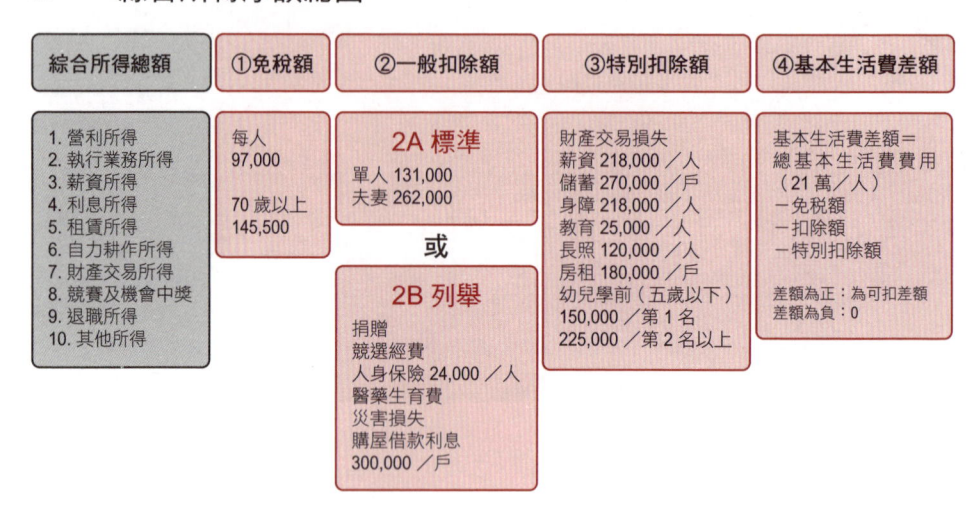

| 綜合所得總額 | ①免稅額 | ②一般扣除額 | ③特別扣除額 | ④基本生活費差額 |
|---|---|---|---|---|
| 1. 營利所得<br>2. 執行業務所得<br>3. 薪資所得<br>4. 利息所得<br>5. 租賃所得<br>6. 自力耕作所得<br>7. 財產交易所得<br>8. 競賽及機會中獎<br>9. 退職所得<br>10. 其他所得 | 每人<br>97,000<br><br>70 歲以上<br>145,500 | **2A 標準**<br>單人 131,000<br>夫妻 262,000<br><br>或<br><br>**2B 列舉**<br>捐贈<br>競選經費<br>人身保險 24,000／人<br>醫藥生育費<br>災害損失<br>購屋借款利息<br>300,000／戶 | 財產交易損失<br>薪資 218,000／人<br>儲蓄 270,000／戶<br>身障 218,000／人<br>教育 25,000／人<br>長照 120,000／人<br>房租 180,000／戶<br>幼兒學前（五歲以下）<br>150,000／第 1 名<br>225,000／第 2 名以上 | 基本生活費差額＝<br>總基本生活費費用<br>（21 萬／人）<br>－免稅額<br>－扣除額<br>－特別扣除額<br><br>差額為正：為可扣差額<br>差額為負：0 |

資料來源：財政部資料，種子講師團隊杜志遠

### 第一項扣除額：免稅額

免稅額是政府提供最基礎的稅務減免，它的概念就像是報稅時的「基本折扣」，讓你有一部分的收入不用繳稅。根據 2025 年最新規定，免稅額如下：①每人免稅額：97,000 元；②年滿 70 歲的直系親屬（父母、祖父母）：145,500 元。

如果有扶養直系尊親屬（如父母、祖父母）且年滿 70 歲，則每人 9.7 萬元免稅額還能額外提高 50％，即 14.55 萬元，進一步減少應稅所得。但如果扶養的對象是小孩，則只能適用一般免稅額，即 9.7 萬元。

屆時這筆金額將會從你的應稅所得中扣除，可減少稅負。

【試算】假設有一對夫妻，扶養兩個小孩與一位 70 歲的母親，那麼免稅額的算法是：

**夫妻二人＋兩名小孩＋70歲母親＝總免稅額**

（9.7萬×2）＋（9.7萬×2）＋14.55萬＝53.35萬（元）

### 第二項扣除額：標準扣除額（2A）v.s. 列舉扣除額（2B）

一般扣除額有兩種選擇：「標準扣除額」與「列舉扣除額」，**申報時擇一採用。**

標準扣除額是定額扣減，不需提供憑證。標準扣除額適合大多數人，現今單身的扣除額是 131,000 元，夫妻合併申報是 262,000 元

列舉扣除額則是根據實際開銷來申報。如果列舉扣除額的金額高於標準扣除額，那麼就該選擇列舉扣除，以獲得最大節稅效果。

## 一般扣除額之「列舉扣除額」

如果你的支出較多，例如捐款、保險費、醫療費、房貸利息等（如圖5-2所示），可以選擇列舉扣除額。列舉扣除額通常必須檢附相關單據，以下為各個列舉扣除額所需要的憑證或單據等相關規定。

圖 5-2　**扣除額類別**

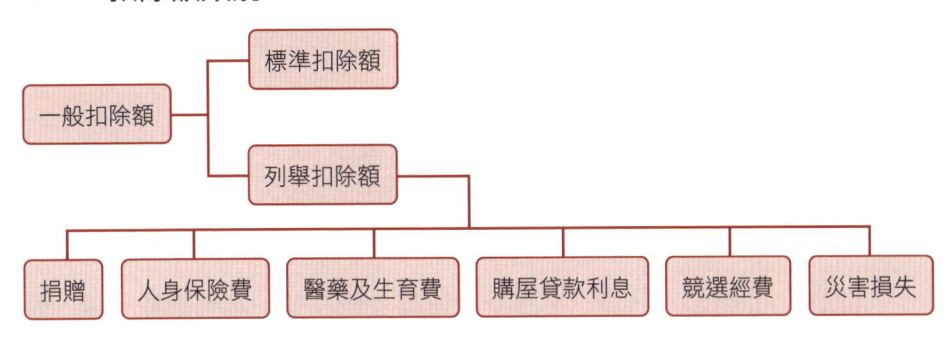

```
一般扣除額 ─┬─ 標準扣除額
            │
            └─ 列舉扣除額 ─┬─ 捐贈
                          ├─ 人身保險費
                          ├─ 醫藥及生育費
                          ├─ 購屋貸款利息
                          ├─ 競選經費
                          └─ 災害損失
```

資料來源：財政部資料，種子講師團隊梁力芳

① **捐贈**：若為捐款收據，需載明捐款人姓名、金額、日期、受捐單位，不得超過綜合所得總額的 20%。若捐給政府用於國防、救災等則無限制，受捐單位須為政府機關、學校、公益團體等符合規定的機構。

② **人身保險費**：每人上限 24,000 元。需檢附保險公司提供之保險費繳費證明，且保單應為納稅人本人、配偶或受扶養親屬投保之人壽、健康或傷害保險。

③ **醫藥及生育費**：在符合規定的醫療院所支付的醫療費用，且保險未理賠者。

須留意的是，核定的標準主要是以「醫療目的」為出發點，非屬醫療行為不可認列為醫療支出，常見的健康檢查、美容醫學、民俗療法（針灸除外）皆不可扣抵。比如：以美容目的而去醫美、或進行牙齒矯正是無法申報的。但若因牙齒疾病而做植牙、假牙、齒列矯正等治療，只要有出具醫師診斷證明，則收據即可提出申報。

④ **購屋貸款利息**：房屋須為自用住宅且符合規定，且須檢附房貸利息支付證明（銀行提供的房貸利息單），每戶上限 30 萬元。

⑤ **競選經費**：須提供競選經費收據或發票，包含宣傳費、印刷費、場地租借費等。所提供之選舉支出明細需符合政府規定的競選費用範圍；選舉經費核定文件由選舉主管機關提供；若有以銀行帳戶支付相關費用，須提供銀行交易紀錄。

⑥ **災害損失**：需有政府機關開立的災害證明，以及財產損失清單（可能需要估價報告），須於災害發生後的 30 天內申報。

【試算 1】假設阿杜是一名單身上班族，他在前一年有捐款 5 萬、醫療費 2 萬元、保險費 2.4 萬元，試算如下：

阿杜的 2024 年度標準扣除額是 13.1 萬元,但前一年的總列舉扣除額是 9.4 萬元(捐款 5 萬＋醫療費 2 萬元＋保險費 2.4 萬元)。

標準扣除額 13.1 萬元＞總列舉扣除額 9.4 萬元,則選擇標準扣除額較為有利。

【試算 2】小明與小花是聰明理財又樂善好施的好公民夫妻,去年小花剛生下第二個寶寶,也換了新房子,以下是他們家今年可申報列舉扣除額項目。假設全年捐贈 6 萬、一家四口人身保險皆滿 2.4 萬、醫療及生育費用 15 萬、房貸利息 20 萬,試算如下:

全年捐贈＋全年人身保險費＋醫藥及生育費＋購屋貸款利息支出
＝ 6 萬＋(2.4 萬 ×4)＋ 15 萬＋ 20 萬
＝ 50.6 萬元

使用列舉扣除額為 50.6 萬元,比標準扣除額的 26.2 萬元多出 24.4 萬的扣除額,如果稅率 12%,一年可節稅 29,280 元。

### 第三項扣除額:特別扣除額

特別扣除額是政府提供的額外減免,適用於上班族、租屋族、育兒家庭等特定對象,如表 5-1 所示。

**1. 房屋租金支出特別扣除額(排富條款)**

過去房屋租金支出是列舉扣除額,租屋族如使用標準扣除額,即無法列舉房屋支出扣除額。但自 2024 年 1 月 1 日後,政府將房屋租金支出改列為特別扣除額,等同租金支出可額外扣除,對租屋族而言是節稅大福

表 5-1　特別扣除額之類別與金額

| 扣除類別 | 扣除金額 | 適用對象 |
| --- | --- | --- |
| 薪資所得特別扣除額 | 218,000 元 | 上班族 |
| 儲蓄投資特別扣除額 | 270,000 元 | 小額儲蓄族群 |
| 房屋租金支出特別扣除額（排富條款） | 180,000 元 | 租屋族（無房者） |
| 教育學費特別扣除額 | 25,000 元 | 扶養大專生的父母 |
| 幼兒學前特別扣除額 | 150,000 元（第二名起 225,000 元） | 5 歲以下育兒家庭 |
| 財產交易損失扣除額 | 不超過當年度財產交易所得（當年無財產所得可扣除，可於往後 3 年度扣除）。 | 有財產交易損失者 |
| 長期照顧特別扣除額（排富條款） | 120,000 元 | 照顧失能家人者 |
| 身心障礙特別扣除額 | 218,000 元 | 身心障礙手冊或身心障礙證明者 |

資料來源：財政部資料，種子講師團隊杜志遠

利。但特別扣除額需準備證明文件，租屋族報稅記得準備以下三項文件：

- **自住切結書**：主要證明納稅人在去年某段期間承租於何處房屋，**且確實是自住而非營業或執行業務使用**。如遷移戶籍到租屋處且附戶籍登記證明，證明承租目的為自住而非營業用則不需提供。
- **租賃契約書**。
- **付款證明**：如繳納房租的簽收收據、匯款明細等證明。

此項政策主要照顧小資的租屋族，故而設有相關排富條款，符合以下條件則不可申請房屋租金支出特別扣除額。

①納稅義務人、配偶或受扶養直系親屬在中華民國境內有房屋者。②綜所稅稅率20％以上者。③納稅人選擇就其申報戶股利及盈餘合計金額，按28％稅率分開計稅者。④納稅義務人、配偶或受扶養直系親屬合計的基本所得額，超過最低稅負制免稅額，如2024年免稅額為750萬元，其餘額按20％稅率課徵基本稅額的對象。

### 2. 長期照顧特別扣除額（排富條款）

為減輕身心失能家庭的租稅負擔，財政部特別增訂長期照顧特別扣除額，但設有以下三項排富條款。①綜所稅率在20％以上。②納稅人選擇就其申報戶股利及盈餘合計金額按28％稅率分開計稅。③納稅義務人、配偶或受扶養直系親屬合計的基本所得額，超過最低稅負制免稅額，如2024年免稅額為750萬元，其餘額按20％稅率課徵基本稅額的對象。

【試算】小張與小麗結婚剛滿一年，育有一子，小孩6個月大，小夫妻在台北租房每月租金2.5萬元。另小張扶養71歲父親，又因中風而請外籍看護照顧。兩人所得總額180萬，使用標準扣除額，請問小張夫妻今年所得稅金必須繳納多少？

**綜合所得淨額**
**＝綜合所得總額－免稅額－一般扣除額－特別扣除額－基本生活費差額**

＝ 180萬－（免稅額9.7萬 × 3 ＋ 14.55萬）－（標準扣除額26.2萬）－
　（薪資所得特別扣除額21.8萬 × 2 ＋房屋租金支出特別扣除額上限18萬＋幼兒學前特別扣除額15萬＋長期照顧特別扣除費12萬）
＝ 180萬－43.65萬－26.2萬－（43.6萬＋18萬＋15萬＋12萬）
＝ 21.55萬

所得稅＝ 21.55萬（所得淨額）× 5％（稅率）＝ 10,775元

個人所得節稅攻略　　147

從上例可看出，光是房屋租金支出特別扣除額 18 萬，以 5％的稅率計算，今年就幫小張一家省了 9,000 元的所得稅金。

### 第四項扣除額：基本生活費「差額」

政府擔心你的扣除額太少，繳太多稅，影響基本生活保障。如果「免稅額＋一般扣除額＋特別扣除額」低於政府公告的基本生活費標準，即可額外扣除差額以減少稅負。不過需特別留意，特別扣除額中的薪資所得與財產交易損失特別扣除額並不能列入計算。趕緊再多看一眼，能否再多扣點稅。2025 年每人基本生活費標準：21 萬元。計算方式如下：

① 計算「家庭基本生活費總額」：21 萬元 × 家庭人口數

② 計算「已減除金額」：免稅額＋一般扣除額＋特別扣除額（薪資所得、財產交易損失除外）

③ 如果「已減除金額」低於「基本生活費總額」，即可扣除差額。

**【試算】小美一家四口，包含夫妻與兩個五歲以下的孩子，其基本生活費為何？**

- 家庭基本生活費總額＝ 21 萬 × 4 ＝ 84 萬
- 已扣除額＝免稅額＋標準扣除額＋特別扣除額（幼兒學前兩名）
  ＝ 9.7 萬 × 4 ＋ 26.2 萬＋（15 萬＋ 22.5 萬）
  ＝ 102.5 萬

由於扣除額 102.5 萬已超過基本生活費標準 84 萬，無須額外扣除。假設小美一家的已扣除額只有 70 萬，那麼基本生活費差額＝ 84 萬－ 70 萬＝ 14 萬，小美一家可以扣除 14 萬元降低稅負，這個 14 萬的缺口就是基本生活費差額。

由上述扣除額介紹可知，節稅不是逃稅，不需鑽漏洞，而是了解政府提供的合法減免工具，並根據自身的財務狀況嚴謹規劃。在基本節稅的路上，只要學會如何利用這些扣除項目，就能減輕稅負，讓辛苦賺來的錢真正留在自己的口袋。

# 5-2 個人所得 3 大節稅重點打擊

有了基礎節稅觀念，接下來進一步探索如何用策略性的規劃，達到更理想的節稅效果。以下用 3 個重點打擊並以小故事的方式，來說明如何進階優化所得稅之節稅。

## 重點打擊 1：善用租金補助款創造雙贏

租屋族和房東的「報稅大戰諜對諜」總是天天上映。房客想申報「房租特別扣除額」，好減輕一點稅負，但房東一聽直覺會增加租賃所得，馬上眉頭一皺：「這樣我不是要多繳一堆稅？」於是房東乾脆調漲租金，把稅負轉嫁回來。最後，房客覺得不公平，房東也覺得吃虧。但真的是「報稅＝房東吃虧、房客受益」的零和遊戲嗎？

以下用個小故事來說明。

小蔡是社會新鮮人，在小公司當助理，每月只有薪水 35,000 元，獨自在台北租屋生活，每月租金就要 16,000 元，生活壓力很大，聰明的房東太太發現了便提醒小蔡：「年輕人，現在租房有補助，趕快去申請。」

小蔡聽了便立刻去申請「2025 年 300 億元中央擴大租金補貼專案計畫」，每月收到補助 3,600 元，而且在申報所得稅時，還可用房屋租金支出特別扣除。

那麼，房東太太有因為如此而多繳稅嗎？事實上，她反而因為小蔡是租金補貼戶，自身的稅負也得到大大的優惠。此例設定的條件有二：

① 房屋評定現值 40 萬元、土地公告現值 25 萬元、房東所得稅率 20%。

② 租金所得可列成本費用 43%，所以租金每月收入 16,000 元，申報所得為（16,000 － 免稅額 15,000）元 × 12 月 ×（1 － 43%）× 20% ＝ 1,368 元。試算如表 5-2 所示。

在本例中，房東太太成為公益出租人之全年租金收入共 19.2 萬，且綜合所得稅只要繳 1,368 元、房屋稅繳 4,800 元、地價稅繳 500 元。相較於一般房東一年三項稅負支出共 33,988 元，公益出租人的稅負支出只要 6,668 元，足足節稅 27,320 元。

對房客小蔡來說，全年得到房租補貼 43,200 元，且全年房租支出 148,800 元可全數列舉房屋租金支出特別扣除額。

政府給予這麼多的補助與稅負優惠，無論你是想賺補助的租屋族還是想節稅的房東，可上「內政部不動產資訊平台－2025 年 300 億中央擴大租金補貼專區」（如 QR code 所示），詳閱相關內容，把握自己的權利。

房客申請租金補貼通過後，由地方政府認定後將「自動成為公益出租人」，房東不須額外申請。

然而，如果房東不能成為公益出租人，其實還有雙方都能接受的折衷方案，讓房客照樣能申報扣除，房東也不用為高額租賃所得稅煩惱。稅制不改變，市場就會自己找到出路。這不只是「怎麼租比較省」的問題，而是「怎麼讓彼此都好過」的雙贏思維。

表 5-2　一般出租市場與租金補貼市場支出比較表

| | 一般出租市場 | 租金補貼市場 |
|---|---|---|
| 政府釋利多 | 無優惠或補貼 | 【房東享優惠】<br>• 綜合所得稅：每屋每月租金收入免稅額最高 15,000 元<br>• 房屋稅：稅率 1.2%<br>• 地價稅：稅率 2‰<br><br>【房客省房租】（以 2024 年為例）<br>3,600 元／月 |
| 房東享優惠 | 【綜合所得稅】<br>每屋每月 16,000 元×12 月×（1－43%）×20%＝21,888 元／年<br><br>【房屋稅】<br>40 萬元×2.4%＝9,600 元／年<br><br>【地價稅】<br>25 萬元×10‰＝2,500 元／年 | 【綜合所得稅】（以 2025 年申報 2024 年所得為例）<br>（〔16,000－15,000〕元×12 月）×（1－43%）×20%＝1,368 元／年<br>（僅一般出租之 1/16）<br><br>【房屋稅】<br>40 萬元×1.2%＝4,800 元／年<br>（僅一般出租之 1/2）<br><br>【地價稅】<br>25 萬元×2‰＝500 元／年<br>（僅一般出租之 1/5） |
| 房客省房租 | • 政府補貼 0 元<br>• 自己負擔 16,000 元／月 | • 政府補貼 3,600 元／月<br>• 自己負擔 12,400 元／月，每月省 3,600 元 |

資料來源：參考內政部不動產資訊平台公益出租人專區，種子講師團隊梁力芳

## 一次繳清租金模式

　　以下範例說明如何解決這個困境——房客 A 和房東 B 只要用「一次繳清租金模式」，就能成功避開稅務地雷，降低租賃所得稅。

　　房客 A 是一名 30 歲的上班族，年收入 50 萬元，適用 5％所得稅稅率。房東 B 是一名 50 歲的投資客，擁有多間出租套房，適用 20％所得稅稅率。

房客 A 在台北租了一間月租 15,000 元的公寓，想要使用「房租特別扣除額」，但房東 B 擔心報稅後租賃所得稅負擔增加，一開始不願意配合。某天，兩人坐下來討論這個問題。

房客 A：「大哥，我這次報稅想要申請房租特別扣除額，這樣一年可以少繳 9,000 元的稅。你可以提供正式租約給我嗎？」

房東 B：「這樣啊……但如果你報租金特別扣除，我就得申報租賃所得，這樣我一年可能要多繳 36,000 多元的稅，對我來說實在不划算啊。」

房客 A：「但我真的很想省這筆錢……如果有辦法可以讓我申報租金扣除，你也能減少稅負，你願意考慮嗎？」

房東 B 想了一下，突然靈光一閃，想到了一個既能幫助房客省稅，又能讓自己減少稅務壓力的辦法，那就是：一次繳清租金方案。

「這樣好了，如果你一次繳清 12 個月的租金，我可以給你 5% 折扣，這樣你原先要付 18 萬，現在只需要 17.1 萬。只不過租約還是打一個月 15,000 元，你一樣可以申報 18 萬元的房租特別扣除額，節稅效果一樣不會變少。」

房客 A 眼睛一亮：「哇！一次繳清租金就能拿到 5% 折扣！但你怎麼受惠呢？」

房東 B 笑說：「我一次拿到整年的租金，可以拿去投資其他市場，比每個月等你付房租划算。況且如果未來租屋政策再有變動，我已經提前收到租金，就不必擔心未來的報稅問題了！」

**【分析】一次繳清租金方案，究竟對他們二人分別有什麼好處呢？**

對房客 A 而言：他享有 5% 折扣，實際節省的租金與稅額共計 18,000 元（折扣 9,000 元＋節稅 9,000 元），而且仍然可以申報租金特別扣除額

18 萬元，完全不影響報稅。雖然短期內有壓力，但長期下來，省下的錢比想像的還要多！

對房東 B 而言：雖然沒有直接節省所得稅，但他提前收到租金 17.1 萬元，不怕租客延遲繳租，還可以靈活運用這筆租金進行投資，獲取額外收益；也可以降低未來因租屋政策變動（如稅率上升）而導致的財務風險。

總結來說：房客若有資金，「一次繳清」是個好方案。房東若偏好穩定現金流，此方案提前收款的策略更有利，還能有效降低未來風險。

## 重點打擊 2：增加扶養人合法節稅

儘管扶養親屬愈多，能省下的稅金就愈多，但如果民眾為了省稅，而出現兄弟姊妹重複列報父母免稅額，或申報不符合規定的扶養親屬，則會收到國稅局的補稅單。過去曾有位民眾就因「重複列報免稅額」收到補稅單，原來過去他每年都會申報扶養母親，且都沒有問題，但有年突然收到補稅單，調查後才發現，原來是他的姪子剛出社會，在報稅時將祖母列報為扶養親屬，造成重複列報所致。

依據《民法》第 1124 條、第 1123 條、第 1115 條、第 1118 條，以下 5 種類型的親屬可被申請為被扶養人：①直系血親尊親屬（如父母、祖父母），②直系血親卑親屬（如子女、孫子），③兄弟姊妹（具法定互相扶養義務），④家長與家屬共同生活且有扶養關係），⑤配偶之父母（如與公婆同住者）。

但也有特殊規定，若非親屬但長期共同生活者，也可能視為家屬，適用扶養義務。或是若因扶養導致無法維持自身生活，可申請免除，但對直系血親尊親屬（如父母）或配偶只能減輕義務，不能完全免除。如表 5-3 所示。

表 5-3　扶養責任的關係表

| 項目 | 受扶養的親屬 | 條件 | 是否要同戶籍或同居 |
|---|---|---|---|
| 1 | 其他親屬或家屬〔註1〕〔註2〕 | 合於下列規定——<br>《民法》第1124條第4款：家長家屬相互間（例如：扶養兄弟姊妹的小孩）（較容易認定）<br><br>或第1123條第3項：雖非親屬而以永久共同生活為目的同居一家者，視為家屬（實務上較難認定）<br><br>並同時符合——<br>1. 未成年（未滿18歲）；或<br>2. 已成年而因在校就學；或<br>3. 身心障礙；或<br>4. 無謀生能力 | 要同戶籍<br>要同居<br>（要有扶養事實） |
| 2 | 本人和配偶的直系尊親屬 | 1. 年滿60歲；或<br>2. 未滿60歲但無謀生能力 | 不必同戶籍<br>不必同居<br>（要有扶養事實） |
| 3 | 子女 | 1. 子女未成年（未滿18歲）；或<br>2. 已成年而因在校就學；或<br>3. 身心障礙；或<br>4. 無謀生能力 | |
| 4 | 兄弟姊妹 | 1. 未成年（未滿18歲）；或<br>2. 已成年而因在校就學；或<br>3. 身心障礙；或<br>4. 無謀生能力 | |

資料來源：財政部資料，種子講師團隊余家傑

註1：此處提醒讀者有此項目可以使用，故放在項目1，和扶養資格順序無關。
註2：國稅局列出三個基本的審核標準。1.所得低和名下沒有其他財產（所得低於基本生活費家庭人數）。2.扶養子女的相關費用支出證明。3.同居事實。其餘依據各地國稅局之認定標準。

【情境題】

哥哥 A 年薪 50 萬，家庭成員有太太與兩個小孩，太太是家庭主婦，兩個孩子也還在求學中。弟弟 B 年薪 150 萬，單身，每年要繳 8 萬多的稅。兩兄弟扶養 70 歲的父母親，一家七口共同生活在同個屋簷下。

在家裡的開銷上，弟弟 B 賺得多，因此家庭開銷也分擔較多，某年報稅時，兩兄弟坐下來認真討論，如何讓生活更輕鬆。

哥哥 A 對弟弟 B 說：「弟，我剛剛研究了一下，其實你可以把爸媽列為扶養對象，這樣你就可以合法省下一筆稅金。」

弟弟 B 愣了一下：「真的嗎？能省多少？」

哥哥 A 說：「爸媽的免稅額是每人 14.55 萬，加起來就是 29.1 萬。你現在應稅所得是 105.4 萬，扣掉這些後變成 76.3 萬，稅額會從 81,180 元降到 50,260 元，一年可省下 34,920 元！」

弟弟 B 聽了開心不已：「哇！這筆錢真不少。能拿來添購一些生活用品，還能給爸媽包個大紅包呢！」

這一年，哥哥 A 只扶養妻子與兩個孩子，免稅額變為 38.8 萬，依然不用繳稅。而弟弟 B 扶養父母，稅額大幅減少，**該年省下 34,920 元**！

又到了下一年的報稅日，弟弟 B 主動提出：「哥，你現在開銷這麼大，乾脆連孩子也讓我來報扶養吧？這樣我可以再多省點稅，幫你減輕負擔。」

哥哥 A 有些遲疑：「我的孩子符合你的申報對象條件嗎？而且這樣的報稅方式，是合法的嗎？」

弟弟 B 笑道：「當然啊！扶養姪子也能增加免稅額，這可是合法節稅的方法。」

弟弟 B 的提議，真的對兩人都有利嗎？

個人所得節稅攻略　　155

【分析】以下針對三個情境來分析，弟弟 B 究竟可以省下多少稅。

情境 1：哥哥 A 扶養妻子＋2 子女＋父、母親，弟弟 B 無。

情境 2：哥哥 A 扶養妻子＋2 子女，弟弟 B 扶養父、母親。

情境 3：哥哥 A 扶養妻子，弟弟 B 扶養父母親＋哥哥 A 的 2 子女。

從表 5-4 可看到，當弟弟 B 扶養哥哥 A 的兩個孩子後，只扶養妻子的哥哥 A，免稅額變為 19.4 萬，依然不需繳稅。但弟弟 B 不僅扶養父母，還幫哥哥 A 扶養兩個孩子，免稅額提高到 58.2 萬，應稅所得降至 56.9 萬，最終只需繳 28,450 元，比情境 1 **少繳了 56,730 元**。

不過看似皆大歡喜，但此種扶養方式，真的沒有任何風險嗎？

【疑問】弟弟 B 可以報扶養哥哥 A 的子女嗎？適用哪一個條件？

**條件 1：直系血親卑親屬**

子女應由父母直接扶養，這是第一優先順序。只有當父母無力扶養，如失業、重病、死亡時，才會由其他親屬負責。

表 5-4　試算 3 種扶養親屬之應繳所得稅

| 項目 | 情境 1 | |
|---|---|---|
| | 哥哥 A 扶養妻子＋2 子女＋父母 | 弟弟 B |
| 年薪 | 50 萬 | 150 萬 |
| 標準扣除額 | 26.2 萬 | 13.1 萬 |
| 薪資所得特別扣除額 | 21.8 萬 | 21.8 萬 |
| 免稅額 | 67.9 萬（自己＋配偶＋2 子女＋2 父母） | 9.7 萬（僅自己） |
| 應稅所得 | -65.9 萬（不課稅） | 105.4 萬 |
| 稅率級距 | 5% | 12% |
| 應繳所得稅 | 0 元 | 85,180 元 |

156　阿甘節稅法

| 項目 | 情境2 ||
|---|---|---|
| | 哥哥A扶養妻子＋2子女 | 弟弟B扶養父母 |
| 年薪 | 50萬 | 150萬 |
| 標準扣除額 | 26.2萬 | 13.1萬 |
| 薪資所得特別扣除額 | 21.8萬 | 21.8萬 |
| 免稅額 | 38.8萬（自己＋配偶＋2子女） | 38.8萬（自己＋2父母） |
| 應稅所得 | -36.8萬（不課稅） | 76.3萬 |
| 稅率級距 | 5% | 12% |
| 應繳所得稅 | 0元 | 50,260元（**省34,920元**） |

| 項目 | 情境3 ||
|---|---|---|
| | 哥哥A扶養妻子 | 弟弟B扶養2父母＋2子女 |
| 年薪 | 50萬 | 150萬 |
| 標準扣除額 | 26.2萬 | 13.1萬 |
| 薪資所得特別扣除額 | 21.8萬 | 21.8萬 |
| 免稅額 | 19.4萬（自己＋配偶） | 58.2萬（自己＋2父母＋2子女） |
| 應稅所得 | -17.4萬（不課稅） | 56.9萬 |
| 稅率級距 | 5% | 5% |
| 應繳所得稅 | 0元 | 28,450元（**省56,730元**） |

資料來源：財政部資料，種子講師團隊杜志遠、余家傑

### 條件2：兄弟姊妹是否有扶養義務？

《民法》第1114條規定兄弟姊妹之間有互相扶養的義務，但不直接適用到此情境中的「叔叔對侄子」。

根據《民法》第1115條與第1118條，**扶養義務具有優先順序**。若後順位者（如弟弟B）欲主張扶養，則優先順位者（哥哥A）需提供無法履

行扶養義務的合理說明，如財務困難、健康因素等。

同時，弟弟 B 須證明其長期、穩定地提供其子女的主要生活資助，如居住、醫療、食宿，若只是單純支付教育費，是不足以構成完整的扶養義務。

根據《民法》第 1123 條，如果叔叔（弟弟 B）與哥哥 A 的子女長期同住，且共同生活，則叔叔 B 可被視為家屬，進而有一定的扶養義務。

在情境 1 和情境 2 中，哥哥的子女仍由父母（哥哥 A）扶養，弟弟 B 沒有法律義務扶養侄子。在情境 3 中，弟弟 B 計劃將哥哥的子女列為被扶養人以申請稅務優惠，儘管這屬於家庭內部的財務安排，但在法律上，弟弟必須提出符合國稅局對扶養關係的認定標準。假設弟弟 B 表示負擔哥哥 A 子女的部分教育支出來參與扶養，此部分在國稅局的認定標準中，單獨支付教育費不一定等同於全面扶養，弟弟 B 仍需證明其對該子女有持續性的生活費、醫療費負擔，以符合申報條件。如未能提供充分證明，可能不被接受。

又或哪天哥哥 A 突然反悔，不讓弟弟 B 繼續扶養孩子來享受節稅優

---

**節稅解析 ■ 扶養親屬的認定標準**

國稅局對於扶養親屬的認定標準，主要考量下列因素：
1. 是否提供長期且穩定的經濟支持，如食宿、醫療費。
2. 是否與被扶養人共同生活，或有具體的生活負擔證明。
3. 否為主要的經濟來源，而非偶爾的金錢資助。
4. 是否有官方收據或銀行紀錄，證明其負擔具體開銷。

若無法提供足夠證據，即使家庭內部協議或教育費支付，也可能無法成功申報扶養免稅額。

惠，弟弟 B 又沒有法律依據要求哥哥繼續讓他申報扶養。

此外，在《民法》的相關條文中，確立了家庭內的扶養責任，並提供公平合理的分擔機制，確保經濟能力較強者能夠多承擔，而經濟困難者則可適當減輕負擔。其中也有特別規則：一、若多個人同時有扶養義務，應依經濟能力分擔，不由單一人全負擔。二、若親等相同，則親近者優先（如長子優先於次子）。三、若負擔扶養導致自己無法維持生活，可向法院申請減輕或免除義務。以下整理如表 5-5。

總結來說，法律上，哥哥 A 的子女優先由父母扶養，叔叔（弟弟 B）並沒有直接的扶養義務。根據《民法》第 1123 條，若叔叔長期與哥哥的子女共同生活，並實際負擔其主要生活費用如食宿、醫療、教育等，則可能被視為「家庭成員」，進而可能具有一定的扶養義務。然而，家庭內部的協議並不直接等同於法律上的扶養責任，仍須視具體情況而定。

最後，若弟弟 B 希望享有扶養免稅優惠，應與哥哥事先協議好扶養責任，透過財務協議來確保公平性，以避免未來產生爭議。

表 5-5　民法條文定義之扶養資格與責任

| 誰有扶養資格？ | 誰優先負擔？ |
|---|---|
| • **直系血親**：父母、子女、祖父母、孫子。<br>• **兄弟姊妹、家屬、長期同住者**：有扶養義務。<br>• **夫妻對對方父母**：如同住或有經濟依附關係。 | • **子女**：最優先，父母無法自理時負責。<br>• **父母**：如子女無力時，父母需扶養未成年子女。<br>• **祖父母、兄弟姊妹**：若子女無力扶養，祖父母或兄弟姊妹需承擔。<br>• **其他家屬與同住者**：如符合條件，也須分擔。 |

資料來源：財政部資料，種子講師團隊杜志遠

**節稅考量依據**

從以上案例可知，不同的報稅條件將產生不同的稅額，以下提供稅務計算思維，讀者可一步步跟著以下順序來思考節稅方式。

【**順序1**】首先計算以「夫為主、妻為輔」的稅額，再計算以「妻為主、夫為輔」的稅額，比較兩者的稅額後，以較低的方式來申報。

【**順序2**】接著依據前者報稅的結果，分別計算有否扶養父母／岳父母的稅額，比較兩者的稅額後，以較低的方式來申報。

須留意的是，父母親或岳父母如果還有在工作，通常要自己申報。

父母親或岳父母如果已經退休，但有很多的股利／息或利息收入，報扶養未必划算。

【**順序3**】若要考慮兄弟姊妹由誰來當扶養父母申報人？首先兄弟姊妹各自算出扶養父母的稅額，比較給哪位扶養可以節省最多稅，節省的稅額兄弟姊妹可以平分。父母親戶籍不一定要與子女在同一戶。

## 重點打擊3：將收入合法轉換成較高抵減的類別

在這個變化迅速的時代，單一收入已經不再是王道，「斜槓人生」成為許多人的新選擇。如果你是上班族，在下班後接案寫稿、開課演講，擁有多元收入的同時，你會發現賺得愈多，繳的稅也愈多。

而這些「斜槓事業」如：稿費、演講費、版稅、論文指導費等收入，就是所謂的執行業務所得。

### 薪資所得 v.s. 執行業務所得

小美在律師事務所上班擔任助理,某天她與會計師朋友小張討論如何報稅時,發現小張可以將事務所的租金當作費用扣除所得,但自己卻只能按定額扣除 21.8 萬元。究竟小美與小張所適用的稅法規定有何不同?

其實小美與小張的收入來源,就是薪資所得與執行業務所得的差別。以下說明如何運用薪資所得(50)、執行業務所得(9A、9B),以及掌握二代健保補充保費的規則,避免白白多繳稅,讓你的辛苦錢真正留在自己口袋。

① **薪資所得(50)——小資族的薪水**:就是一般上班族的薪水,包括基本工資、津貼、年終獎金等。稅制上,2024 年的薪資所得特別扣除額每人 21.8 萬,等於這些薪水是免稅的。

② **執行業務所得(9A)——專家的收入**:這類收入比較偏向專業工作者,像是律師、會計師、建築師、醫生等專業人士,以專業性勞務或技藝自力營生者、但又不是固定的上班收入。報稅時可按國稅局規定的費用率扣除一部分成本,剩下的才算應稅所得。

③ **執行業務所得(9B)——斜槓的來源**:主要是指稿費、演講費、版稅、論文指導費、審查費、編劇費等類的收入。此類所得的好處在於**每年有 18 萬元的免稅額**,超過的部分可以自己提供證明來扣除,或者直接用 30%費用扣除率來計算。

### 薪資所得與執行業務所得之轉換

原則上,如果執行業務所得金額大到個人綜合所得稅級距高於 20%,或是執行業務收入中有許多成本可抵收入,即可考慮成立公司來節稅。以下是常見從薪資所得轉換為執行業務所得的職業。

> **節稅解析** ─ **二代健保補充保費**
>
> 9A 或 9B 的收入只要單筆超過 2 萬元,就會被收取 2.11％的二代健保補充保費。建議盡量把款項拆開來領取,最好單筆壓在 2 萬元以下,如此就不會被扣取額外的稅金。比如你可以一次領 19,999 元的稿費,這筆錢就不會被扣 2.11％的補充保費。
>
> 但如果收入超過門檻,領錢時就會直接從該筆金額中扣掉 2.11％給政府。比如領取 50,000 元的股利時,就會被扣 50,000×2.11％＝ 1,055 元的補充保費。

① **醫師、律師等專業人士**:這類職業在結束受僱關係後可自行開業,以獨立執業或合夥方式提供服務,即可將所得轉為執行業務所得(9A)。比如受僱醫師可自行開診所;律師事務所員工可開設律師事務所或轉為合夥制;會計師、建築師、技師等可自行成立事務所,獨立承攬案件。

② **演藝人員、設計師、創作者**:如果與公司簽約領固定薪資,則屬薪資所得,但若改為個人接案、獨立演出或授權作品,則可轉為執行業務所得(9B)。比如演員、歌手可成立個人工作室,自行接案;設計師、攝影師可改為接案模式,而非正式員工。作家、編劇的版稅收入屬於稿費(9B),可享有 18 萬免稅額。

③ **企業顧問、講師、自由工作者**:內部講師、顧問、專業技術人員若能改變合作模式,可將收入轉為執行業務所得(9A／9B)。比如企業內訓講師可以短期講座合約收取講演費(9B);IT 顧問、專案管理師可獨立接案,改為承包專案;財務、商業顧問可成立顧問公司,以顧問費方式收款。

### 一般員工為何難轉換為執行業務所得？

主要在於受僱關係明確,薪水固定,由公司發放並代扣稅款,法規便認定為薪資所得。再者,大多公司不願更改支付方式,畢竟合作關係轉為顧問合約,需負擔營業稅與承擔法規等風險,以致意願不高。最後,節稅效果有限,若沒有實際成本支出如租金、設備、行銷費,對受薪族而言,轉換為執行業務所得未必省稅。

即使一般員工難以轉換所得類別,但仍有幾種合法節稅方式:

① **拆分收入:薪資／版稅／稿費**。講師、作家、顧問可請求部分收入轉為稿費,享18萬免稅額;若有提供教材、簡報,可申請版稅,降低應稅所得。

② **成立公司或個人工作室**。接案者可成立公司,將收入歸為營業所得,靈活報稅;並可列房租、設備、交通費等支出,降低應稅金額。

③ **與公司協商改為「顧問合約」**。若職位允許,可與公司改簽外部顧問合約,但需自行承擔勞健保、勞退,適用於有議價能力者。

薪資轉執行業務所得並不適用於所有人,需考量職業性質、成本報支與法規風險,並留意二代健保補充保費,選擇最適合自己的節稅策略!

【情境題】

阿傑是一名專業講師,長年受邀到各大企業與學校授課,每年鐘點費收入約90萬元。過去,他一直都是把這筆收入當作薪資所得(50)來報稅,直到某天,他發現了一個合法節稅的方法,竟能讓他一年少繳4,464元的稅,看似金額不大,但也不無小補。

表 5-6　兩種所得報稅方式之稅額分析

| 報稅方式 | 所得稅 | 補充保費 | 總繳稅額 | 稅額節省 |
|---|---|---|---|---|
| 90 萬全算薪資 | 22,700 | 0 | 22,700 | |
| 薪資 60 萬＋稿費 30 萬 | 11,900 | 6,336 | 18,236 | 4,464 |

資料來源：財政部資料，種子講師團隊余家傑

【分析】來看看這兩種所得方式，對阿傑的稅金產生哪些影響。（如表 5-6 所示）

### 方案 1：90 萬全部當薪資所得

阿傑一開始按照傳統方式，直接把 90 萬當成薪資所得（50）來報稅。

各項扣除額＝免稅額＋標準扣除額（單身）＋薪資所得特別扣除額
　　　　　＝ 9.7 萬＋ 13.1 萬＋ 21.8 萬 ＝44.6 萬

應稅所得計算＝ 90 萬－ 44.6 萬＝ 45.4 萬

適用 5%稅率＝ 45.4 萬 ×5%＝ 22,700 元（阿傑需繳的稅）

### 方案 2：薪資、稿費拆分

有天朋友提醒阿傑：「如果你的課程有提供講義或簡報（PowerPoint 或 PDF 教材），你的鐘點費其實可以拆分成 2/3 薪資＋ 1/3 稿費，這樣就能合法減少應稅所得。」

聞言，阿傑立刻檢查自己的教學內容，發現自己每堂課都會提供電子簡報給學生，有符合稿費／版稅（9B）的條件！

① 薪資部分 60 萬元

應稅所得計算＝ 60 萬－ 44.6 萬＝ 15.4 萬

② 稿費部分 30 萬元

可扣除成本＝（稿費－免稅額）× 30％（費用扣除率）

＝（30 萬－18 萬）×30％＝ 3.6 萬元

真正應稅的稿費＝ 12 萬（需課稅）－ 3.6 萬（成本）＝ 8.4 萬元

合計應稅所得＝ 15.4 萬＋ 8.4 萬＝ 23.8 萬元

計算應繳稅額（5％）＝ 23.8 萬 ×5％＝ 11,900 元

再依二代健保補充保費計算，若執行業務所得（如稿費）單筆超過 2 萬元時，需要額外繳 2.11％的補充保費。

阿傑的稿費為 30 萬元／ 12 個月＝ 2.5 萬元／月，因此阿傑需繳的補充保費計算：

2.5 萬 ×2.11％＝ 528（元／月）×12 月＝ 6,336 元。

方案 2 中，阿傑需繳：

11,900 元所得稅＋ 6,336 元補充保費＝ 18,236 元。

---

**節稅解析　條件限制：一定要提供講義或簡報**

如要採用阿傑的模式，有一個重要的條件是，一定要提供講義或 PowerPoint，因為稿費是根據版權收入來認定。如果只是手寫黑板而沒有任何教材，那麼鐘點費就只能全部以薪資報稅，無法拆分。

同時請機構開立兩張扣繳憑單，1/3 稿費、2/3 薪資，那麼，在 18 萬免稅額與 30％成本扣除的基礎下，即可有效省下一筆稅。

補充保費試算

個人所得節稅攻略

# 5-3 善用國稅局試算工具

報稅季一到，許多夫妻都會面臨一個大哉問：「我們應該合併申報，還是分開報稅比較划算？」傳統觀念認為夫妻合併申報比較簡單，但實際上，不同的報稅方式可能差距數萬元，選對方法，等於幫自己加薪。

其實，只要善用國稅局的線上報稅試算工具，幾分鐘內就能知道哪種方式最省稅，避免白繳冤枉錢。

## 網路繳稅 5 步驟

**步驟 1**：驗證身分。使用自然人憑證、健保卡、行動電話認證、電子憑證或金融憑證登入報稅系統。

**步驟 2**：系統自動帶入個人與家戶資料。系統會自動帶入本人、配偶、受扶養親屬的資料，也可以手動新增或刪除家戶成員。

**步驟 3**：確認應繳稅額。直接查看「應自行繳納稅額」，這就是你最後需要繳的金額。系統會優先選出繳稅金額最少的方式。如果想查看詳細計算過程，可點擊進入細節頁面，了解各項所得、扣除額、稅率計算方式。

**步驟 4**：選擇「繳稅」或「退稅」。若需要繳稅，可選擇線上繳款（信用卡、行動支付、ATM 轉帳等）或超商／金融機構繳納。若有退稅，則需確認退稅帳戶資訊，並提交退稅申請。

**步驟 5**：完成繳稅或退稅。繳稅完成後，系統會提供繳稅成功證明，可自行下載存檔。退稅確認後，可至國稅局網站查詢退稅進度。

## 臨櫃報稅 2 步驟

**步驟 1**：準備必要文件。①個人身分證件：身分證、健保卡；②所得

證明：薪資扣繳憑單、股利所得單、存款利息單等；③扣除額證明（如適用）：房貸利息、醫療費、保險費、捐贈收據等。

**步驟 2**：現場報稅流程。①取號報到，建議事先網路或電話預約，可享優先叫號。②選擇申報方式，可選擇二維條碼申報，在家填寫、現場繳交最快速！也可選擇人工申報，在現場領取申報書、填寫後提交。③確認與繳稅／退稅。查核資料以確認應繳或應退稅額，同網路報稅一樣，系統會優先選出繳稅金額最少的方式，如要其他詳細資料，可以向櫃台專員申請確認。④選擇繳稅方式（ATM、超商、信用卡等）或確認退稅帳戶。⑤完成報稅，索取繳款／申報收據。

手機報稅 2.0 教學

## 5 重點精華

- **綜合所得淨額 = 綜合所得總額 - 免稅額 - 扣除額 - 特別扣除額 - 基本生活費差額**。
- 列舉扣除額有：捐贈、競選經費、人身保險、醫藥生育費、災害損失、購屋借款利息。
- 房屋租金支出特別扣除額，雖然有排富條款，但 2024 年**由列舉扣除額改為特別扣除額**，應關注並好好利用！
- 親屬可被申請為被扶養人有其優先順序：子女→父母→祖父母、兄弟姊妹→其他家屬與同住者。
- **財政部網站有 10 種計算模式**，包括「股利所得合併計稅」與「股利所得分開計稅」各 5 種計算模式，系統會自動帶出「最佳式」。

個人所得節稅攻略　　167

CHAPTER

6

# 各式資產收益特性與稅收

　　當你走進一片鬱鬱蔥蔥的森林，眼前的景象令人驚嘆：高大的橡樹、結果豐碩的果樹、低矮但生命力旺盛的灌木，共同構成了一個豐富多樣的生態系統。這片森林就像投資市場，每一棵樹代表一種資產類別，有些穩定、有些高風險、有些提供穩定收益，有些則能快速成長。

　　然而，許多投資者剛進入市場時，往往「見樹不見林」——有人只看到股票的高報酬，卻忽略了它的風險；有人只想著定存的穩定，卻沒發現它無法抵抗通膨。當我們只專注於單一資產類別而忽略整體資產配置時，就像迷失在森林裡，看不清通往財富增長的路。

　　更值得注意的是，這片森林裡還有寄生動、植物——它們悄悄纏繞在樹木上，吸取養分，讓你在不知不覺中失去部分收穫。這些寄生動、植物就像投資中的稅收與隱藏成本，如果你沒有察覺，它們會默默侵蝕你的利潤。無論是股利所得稅、資本利得稅、交易稅，還是海外所得的預扣稅等，這些「無形的成本」都會影響你的最終報酬。

圖 6-1　投資森林的報酬與風險

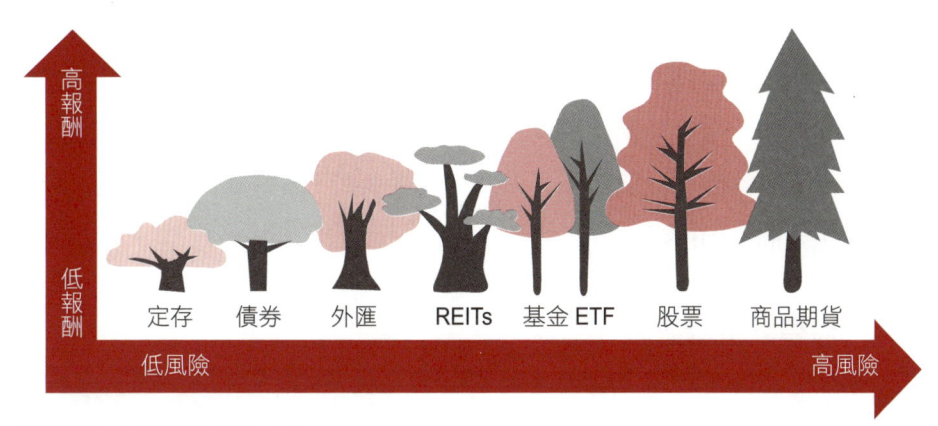

資料來源：種子講師團隊杜志遠

投資，不能只是選擇哪棵樹，而必須放眼整片森林。本章將帶你認識這片森林中的稅務規則，識別影響財富成長的寄生動、植物，確保自己的投資能真正茂盛生長。

我們將逐一解析各類資產的收益特性及稅收差異。不同資產的風險層級各異，透過一張簡單直觀的森林圖示（圖 6-1），你將更清楚掌握市場上的資產配置概況。

# 6-1 股票

輝達（NVIDIA）執行長黃仁勳釋出在台設立新海外總部的消息一出，即有立委建議證交所，邀請輝達來台掛 TDR，說不定台股就有機會上 3 萬點。究竟 TDR 為何？

事實上，TDR 只是股票種類的其中一種，股票的種類繁多，光是股

票代號後面的 ADR、KY、TDR 這些標記，就足以讓新手投資人感到困惑。例如，你可能還聽過鴻海（2317）、台積電 ADR（TSM）、NVIDIA（NVDA）、美食 -KY（2723），而這些股票種類的差異，可以從**「發行公司地點」**和**「掛牌地點」**兩個角度來區分。

股票種類會影響股票的交易方式、投資風險，甚至是稅務規則，表 6-1 為股票類型簡易對照表。

表 6-1　**股票類型對照表**

| 股票種類 | 釋例 | 發行公司地點 | 掛牌地點 |
| --- | --- | --- | --- |
| 國內股票 | 台積電（2330） | 台灣 | 台灣 |
| 國外股票 | NVIDIA（NVDA） | 美國 | 美國 |
| KY 股 | 美食 -KY | 海外 | 台灣 |
| 海外存託憑證 | 台積電 ADR（TSM） | 台灣 | 美國／海外 |
| 台灣存託憑證 | 康師傅 TDR | 中國／海外 | 台灣 |

資料來源：種子講師團隊杜志遠

## 種類 1：國內股票

在台灣，企業發行的股票根據交易市場的不同，可分為以下三種類型：

### 1. 上市股票（集中市場交易）

是指已公開發行，並在台灣證券交易所（TWSE）掛牌交易的公司股票，如台積電（2330）。企業要上市，必須符合成立年限、資本規模、獲利能力等標準才能申請。此類股票交易流動性高，市場規模最大，適合一般投資人參與。

## 2. 上櫃股票（櫃買市場交易）

是指已公開發行，但未達上市標準，因此選擇在櫃買中心（OTC）掛牌交易，如世界先進（5347）。相較於上市公司，上櫃公司的財務規模與上市條件較寬鬆，但仍具有一定的監管要求。

## 3. 興櫃股票（未上市、未上櫃的交易市場）

是指已公開發行，但尚未達到上市或上櫃標準的公司，可先透過櫃買中心審核後，在興櫃市場登錄交易。興櫃市場交易方式與風險較特殊，流動性較低，適合能承擔較高風險的投資人。

# 種類 2：國外股票

隨著投資環境的變化，許多投資人開始將目光從台股市場轉向海外，尋找更具成長性的標的，是投資全球一流企業的市場。例如，與其透過台股供應鏈間接投資蘋果公司（如台積電），有些人選擇直接投資美股的 Apple（AAPL），從企業本身的成長中獲利。

同時，近年來美國券商提供更多中文介面與專屬服務，降低了投資國外股票的難度，讓台灣投資人更容易進入國際市場。

# 種類 3：F 股／KY 股

在台灣證券市場中，除了本土企業發行的股票外，還有部分境外企業在其他國家註冊登記選擇來台上市／櫃，這些境外公司來台掛牌的股票最早被稱為 F 股，後來統一改為 KY 股。這些公司的註冊地，通常在開曼群島、BVI（英屬維京群島）等低稅負地區。

### 投資 KY 股的潛在風險

雖然 KY 股提供投資人參與境外企業成長的機會，但也伴隨以下三大風險，在投資 KY 股前，投資人應仔細研究企業的財務與管理狀況，並確保自己了解相關稅務規範，才能有效降低風險、提升投資勝率。

① **資訊透明度較低**：KY 股企業受境外法規約束，部分公司的財報揭露與內控標準較台股寬鬆，投資人可能較難獲取完整資訊。

② **稅務與法規風險**：KY 股的註冊地（如開曼群島、BVI）可能會因當地政府政策改變，而影響企業的稅負與經營成本。若企業未遵守當地法規，可能面臨財務與法律上的風險。

③ **公司治理問題**：部分 KY 股過去曾發生財務異常、內控問題，甚至下市風險，投資前應特別關注企業的經營狀況與股東權益保障。

## 種類 4：海外存託憑證

海外存託憑證（Depositary Receipts, DR）是一種金融衍生工具，它讓台灣上市公司能夠在海外市場掛牌交易，吸引國際投資人參與，是企業走向國際的投資工具。海外存託憑證的種類與適用地區如表 6-2 所示。

例如，台積電在美國發行的 ADR（American Depositary Receipts），

表 6-2　海外存託憑證的種類

| 海外存託憑證類型 | 適用地區 | 簡稱 |
| --- | --- | --- |
| 美國存託憑證 | 美國市場 | ADR（American Depositary Receipts） |
| 歐洲存託憑證 | 歐洲市場 | EDR（European Depositary Receipts） |
| 全球存託憑證 | 多國市場 | GDR（Global Depositary Receipts） |

資料來源：種子講師團隊杜志遠

就是讓美國投資人能夠像投資美股一樣買入台積電的股票，而不需要透過台灣證券交易所。

這類憑證的運作方式是企業將股票交由海外金融機構託管，再由這些機構發行代表公司股權的存託憑證，讓國際投資人能夠交易這些憑證，就像在本地市場投資一樣。

透過此類憑證的發行，不僅能讓企業透過不同市場進行國際資本募集，也讓投資人能夠更靈活地在全球市場進行資產配置。

## 種類 5：台灣存託憑證（TDR）

台灣存託憑證（Taiwan Depositary Receipts, TDR）又稱「第二上市」，指該公司已在國外上市；另外在台灣證券交易所申請上市，也是一種讓外國企業能在台灣市場籌資並交易的金融工具。透過這種機制，台灣投資人可以在本地證券市場買賣國外企業的股票，而無需直接投資海外市場。

TDR 的運作方式，就是外國企業將股票存放在國際保管機構，以確保股份安全。接著台灣的存託機構（如銀行或金融機構）與該企業及保管機構簽訂合約，確保交易規範合法。最後台灣存託機構發行 TDR，並在台灣證券交易所或櫃買市場掛牌，供投資人交易。

換句話說，TDR 是一種由台灣市場發行的「國內版存託憑證」，讓台灣投資人能夠透過台股市場投資海外企業。

企業選擇發行 TDR 的目的有三。一是吸引台灣資本，讓海外企業透過 TDR 在台灣市場籌集資金，可擴大資金來源。二是提升股票流動性，透過台灣市場交易，企業股票的流動性提升，有助於股價穩定。三是方便台灣投資人參與國際市場，投資人可直接在台股市場交易 TDR，無需額外開立海外證券帳戶。

然而，由於 TDR 所代表的公司來自境外，投資人應特別關注其財報透明度、公司治理以及海外市場風險，以確保投資安全，提升報酬率。

## 股票交易之各式稅收

股票是一種代表公司所有權的投資工具，當投資者持有某家公司的股票時，即成為該公司的股東，擁有部分的企業盈餘分配權（股息），並可能從股價增值中獲利。在投資股票時，投資者主要的收益來源有兩種：

① **股息收入**：公司將盈餘分配給股東，發放現金股利或股票股利。
② **資本利得**：投資者透過買低賣高賺取價差收益。

股票具有高度流動性，投資人可以在市場開盤時自由交易。然而，在買賣股票過程中會涉及到多種稅務，如證券交易所得、證券交易稅、綜合所得稅、最低稅負制等，雖然這些稅看似種類繁多，實際上並不複雜，以下逐一說明之。

### 1. 證券交易所得（資本利得）：目前停徵

證券交易所得是指投資人透過股票或 ETF 買賣所獲得的價差收入。

**證券交易所得＝賣出價－買入價**

在台灣，目前政府對「國內證券交易所得」停徵所得稅，這代表，股票賣出獲利不用繳稅，這項政策提升了台股投資的吸引力，讓投資人可以最大化資本利得，無須擔心稅負問題。

> **投資Tips：海外所得**
>
> 雖然國內證券交易所得停徵，但國外證券資本利得仍須納入「海外所得」，若當年度海外所得（含股利）加上其他基本所得額超過 750 萬元，可能需依最低稅負制課稅 20%。因此投資海外市場時，仍需考量稅務影響。

### 2. 證券交易稅：股票賣出時需繳納

證券交易稅（簡稱證交稅）是政府對股票、ETF 交易所徵收的固定稅金。只要發生賣出交易，不論交易結果是獲利還是虧損，都需繳納此稅，表 6-3 為不同證券類型之證交稅稅率。

除了證交稅，投資人在進行股票或 ETF 交易時，還需支付證券手續費，表 6-4 簡單整理證券手續費與證券交易稅的比較。由於證券手續費是券商收取，只要長期與券商合作都有機會談到不錯的手續費折扣，如最低手續費 1 元，或是每個月手續費 6 折等優惠，讀者可多加留意。

**表 6-3　不同證券類型之證交稅稅率**

| 資產類別 | 釋例 | 稅率 | 課稅方式 |
| --- | --- | --- | --- |
| 上市與上櫃公司股票 | 台積電（2330） | 0.3% | 售出成交時 |
| KY 股 | 美食-KY（2723） | 0.3% | 售出成交時 |
| ETF（股票型） | 元大台灣 50（0050） | 0.1% | 售出成交時 |
| ETF（債券型）〔註〕 | 元大美債 7-10（00697B） | 0% | 免稅 |
| ETF（槓桿型） | 元大台灣 50 正 2（00631L） | 0.3% | 售出成交時 |
| ETF（反向型） | 元大台灣 50 反 1（00632R） | 0.3% | 售出成交時 |

資料來源：種子講師團隊杜志遠

註：根據《證券交易稅條例》第 2 條之 1 第 2 項規定，國內發行的債券型 ETF 免徵證交稅。

表 6-4　證券手續費與證券交易稅比較表

|  | 證券手續費 | 證券交易稅 |
| --- | --- | --- |
| 時間點 | 買入、賣出時皆收取 | 僅賣出時扣稅 |
| 收費對象 | 券商 | 政府 |
| 收費標準 | 成交價 × 0.1425% | 股票：0.3%<br>股票 ETF：0.1%<br>債券 ETF：0% |

資料來源：財政部稅務入口網，種子講師團隊杜志遠

## 3. 綜合所得稅

　　股票代表公司所有權的一部分，擁有一張股票代表你參與一家公司的營運及成長。因此公司賺錢分紅給你，你拿到的股息收入就是營利所得。

　　先前提到，當你買入的股票是境內股票，其股息所得就屬於綜合所得稅的一部分。假設你在 2024 年有領現金股利，那麼 2025 年報稅時，你該用何種方式申報股利所得呢？

　　台灣對於股利所得有以下兩種課稅方式，皆會影響你的應納稅額，可以擇一使用。選擇對的方法，即可幫助你省稅。

① **股利抵減可扣抵稅額**（合併計算）

　　此種方式是將股利所得併入綜合所得稅，適用累進稅率，但可以享有 8.5％ 的可扣抵稅額（最高扣抵 8 萬），亦即最高股利 94 萬可折抵 8 萬。所得級距低於 20% 稅率的納稅人，建議可以使用 8.5% 的扣抵稅額來減稅。

例 1：假設股利所得為 10 萬元，8.5%可扣抵稅額＝ 100,000×8.5%＝ 8,500

如果你的所得級距適用 12%稅率：
（100,000× 12%）－ 8,500 ＝ 3,500 元（應納稅額）

② **股利分離課稅 28%**（分開計算，但會被計入最低稅負制）
此種方式不併入綜合所得稅，而是直接用 28%的固定稅率計算，然後分開繳稅，不受其他所得影響。適合所得級距超過 30%稅率，不想讓股利影響綜合所得稅 避免拉高適用的累進稅率的納稅人。

例 2：你的股利所得為 10 萬元直接課 28%，應納稅額＝ 10 萬 × 28%＝ 28,000 元。

國稅局軟體把兩種試算方式都列出來，整理為表 6-5，讀者可自行試算兩種方式，選擇最省稅的方法。

表6-5 **股利所得合併計稅與分離課稅比較表**

|  | 合併計稅（可折抵 8.5%） | 分離課稅（單一稅率 28%） |
| --- | --- | --- |
| 定義 | 股利所得併入綜合所得稅 | 股利所得分離課稅，固定 28%稅率計算 |
| 特色 | 8.5%扣抵稅額，最高 8 萬元 | 分開繳稅，不受綜合所得影響 |
| 稅別分類 | 綜合所得稅（營利所得） | 最低稅負制（分離課稅） |
| 適用對象 | 所得級距 20%以下／股利所得小於 94 萬 | 所得級距 30%以上 |

資料來源：財政部稅務入口網，種子講師團隊杜志遠

各式資產收益特性與稅收

> **投資解析** ▶ 投資 KY 股／TDR 前須考量主要收益
>
> 投資 KY 股／TDR，意味著參與「**境外註冊、台灣上市**」的企業，這類公司雖然在台灣證券市場交易，但因其註冊地在境外，涉及的稅務規則、股利課稅方式與一般台股自然有所不同。
>
> 雖然 KY 股／TDR 在台灣掛牌交易，但因註冊地為境外，股利所得仍屬「**海外來源所得**」，故根據《所得稅法》第 2 條的規定，其稅務歸屬如下：
> 1. 投資 KY 股／TDR 的股利不需併入綜合所得稅，但屬於海外所得，適用最低稅負制（超過 100 萬元需計稅）。若個人年度海外所得（包含 KY 股／TDR 股利＋其他海外所得）超過新台幣 100 萬元，則需全額納入最低稅負制計算，適用 20％稅率。此稅負可能影響高股息 KY 股／TDR 的投資吸引力，尤其對高資產族群而言。
> 2. 依台灣證券市場規範，KY 股／TDR 買賣價差仍適用「免徵證券交易所得稅」，與台股交易方式相同。
> 3. 不適用股利所得 8.5％稅額扣抵，也不能選擇 28％單一稅率。
>
> 投資 KY 股／TDR 時，若主要收益來自「股利」，需考量最低稅負制的影響；若主要收益來自「買賣價差」，則與一般台股投資沒有太大差異。

## 二代健保補充保費

在台灣，除了薪資所得需繳納一般健保費外，政府也針對特定收入額外課徵二代健保補充保費。這項制度主要是為了確保擁有額外高額收入者，也能為全民健保公平負擔費用。

二代健保補充保費適用於六類所得，當投資人或受薪者獲得這些收入時，給付單位（公司、銀行、租賃方等）需代扣 2.11％作為二代健保補充保費，並代繳給健保局，投資人無需自行申報繳納。表 6-6 是需繳納二代健保補充保費之 6 大所得。

表6-6　須繳交二代健保補充保費之 6 大所得類別

| 所得類別 | 定義說明 | 所得稅格式代號 |
| --- | --- | --- |
| 1. 獎金所得 | 公司發給員工的年終獎金、紅利、三節獎金，若獎金所得金額超過當月薪資 4 倍，超過部分需課 2.11%。 | 50、79A、79B |
| 2. 兼職所得 | 受僱於其他公司（非健保投保單位）的兼職收入，例如：兼職講師、外包工作薪資等。兼職薪資超過基本工資的部分需課稅。 | 50、79A、79B |
| 3. 執行業務所得 | 律師、會計師、作家、醫生等專業人士的業務收入，例如演講費、專案顧問費等。 | 9A、9B |
| 4. 利息所得 | 公債、公司債、金融債券、存款利息，如銀行存款利息、債券利息收入等。 | 5A、5B、5C、52、73G |
| 5. 股利所得 | 企業發給股東的股利總額，包括現金股利（股票股利不適用）。 | 54、71G |
| 6. 租金所得 | 個人出租房屋或不動產所得的租金收入，不扣除必要損耗費用前的總額。 | 51、74G |

資料來源：中央銀行網站，種子講師團隊杜志遠

## 二代健保補充保費扣繳門檻

　　不同類型的所得只有超過特定金額門檻，需課徵二代健保補充保費，投資人、受薪者在領取額外收入時，無論是股利、租金、利息、執行業務所得，只要單筆超過 2 萬元即課稅，稅率一律為 2.11％。表 6-7 是各類所得的起徵門檻與最高扣取金額。

表 6-7　各類所得起徵門檻與最高扣取金額

| 所得類型 | 最低扣取門檻<br>（單次或年度門檻） | 最高扣取範圍 |
| --- | --- | --- |
| 獎金所得（超過薪資 4 倍部分） | 無下限 | 單筆最高 1,000 萬元 |
| 兼職所得 | 單次收入超過基本工資（2025 年基本工資：28,590 元） | |
| 執行業務所得 | 單筆收入超過 2 萬元 | |
| 利息所得 | | |
| 股利所得 | | |
| 租金所得 | | |

資料來源：財政部稅務入口網，種子講師團隊杜志遠

　　二代健保補充保費的計算方式很簡單，只要符合條件，給付單位會在發放款項時，自動扣取 2.11％，其計算公式：

二代健保補充保費＝（適用所得金額）×2.11％

舉例試算如下：

試算 1：股利收入 100 萬元，適用 2.11％二代健保補充保費，則：

$$100 萬 \times 2.11\% = 21,100 元$$

　　企業發放股利時，會先扣除 21,100 元，剩餘 978,900 元才匯入投資人帳戶。

試算 2：租金收入 50 萬元，適用 2.11％二代健保補充保費，則：

$$50 萬 \times 2.11\% = 10,550 元 \rightarrow 出租人實際收到 489,450 元。$$

## 6-1 重點精華

- 股票根據不同發行地與掛牌地點，分為五種類型，包括：國內股票、國外股票、KY 股、海外存託憑證 DR、台灣存託憑證 TDR。
- KY 股／TDR 的股利收入屬**「海外所得」**。
- 台積電 ADR 的股利屬於**「國內所得」**，但資本利得屬於**「海外所得」**。
- 證券交易所得稅（資本利得稅）目前**停徵**。
- 不同產品的證券交易稅也不同，股票、槓桿型／反向型 ETF**「0.3%」**、股票型 ETF**「0.1%」**、債券型 ETF**「0%」**。
- 證券手續費**「買入賣出」**時皆收取、證券交易稅**「僅賣出」**時收取。
- 善用股利所得**合併計稅**與**分離課稅**。
- 獎金、執行業務、利息、股利、租賃所得，只要**超過 2 萬**都要扣除二代健保補充保費，費率皆為 2.11％。

表 6-8　五大類股票稅收一覽表

| 資產類別 | 風險 | 細項 | 舉例 | 發行公司地點 | 掛牌或投資地點 |
|---|---|---|---|---|---|
| 股票 | 高 | 國內股票 | 台積電（2330） | 台灣 | 台灣 |
| | | KY 股 | 美食-KY（2723） | 海外 | |
| | | 台灣存託憑證 | 康師傅 TDR | 海外 | |
| | | 海外存託憑證 | 台積電 ADR（TSM） | 台灣 | 海外 |
| | | 海外股票 | NVIDIA（NVDA） | 海外 | |

資料來源：財政部稅務入口網，種子講師團隊杜志遠

註1：針對複委託及海外券商比較，請詳閱 7-1 章節。
註2：海外所得股息發行在美國會先預扣 30%股息，在台灣發行則不會預扣。
註3：此例舉的是台積電 ADR 屬於國內公司，因此股利收入屬於營利所得，若是其他海外公司的 ADR 則屬海外所得。

# 小明的台積電 ADR 投資之旅
## 從投資美股到面對稅務挑戰

　　小明是一位熱愛投資的台灣工程師，他在科技業工作多年，深知台積電（TSMC,2330）的競爭優勢。因此，他決定投資台積電的 ADR（TSM），讓自己的資產跟著這家全球晶圓代工龍頭一起成長。

　　現在，小明面臨兩種選擇：

選擇 1：在台灣買進台積電（2330）

選擇 2：透過美國券商買入台積電 ADR（TSM）

| | 證券手續費<br>（買入&賣出） | 證券交易稅<br>（僅賣出） | 現金流<br>收入稅收 | 資本利得稅 |
|---|---|---|---|---|
| | 0.1425% | 0.3% | 營利所得，合併計稅或28%分離課稅 | 停徵 |
| | | | 海外所得〔註2〕 | 依當地法規 |
| | 複委託或<br>海外券商〔註1〕 | 依當地法規 | 營利所得，合併計稅或28%分離課稅〔註3〕 | 海外所得 |
| | | | 海外所得，預扣30% | |

他發現，台積電 ADR 在美股市場的交易流動性高，且可以直接用美元投資，不受台幣匯率波動影響。於是，他決定透過美國券商開戶，並在 2022 年以每股 85 美元的價格買進 100 股台積電 ADR。

然而，他沒有想到，這趟投資旅程，竟然牽扯出一連串的稅務問題？！

## 股息的問題

2023 年，台積電宣布配發股利，每股台幣 11 元（約 0.35 美元）。小明開心地計算：

100 股 × 0.35 美元 = 35 美元股息收入

但當股息進入他的美國券商帳戶時，他驚訝地發現，實際入帳金額遠比預期的少！

為何小明的股息金額變少了？是誰扣走小明的獲益？

**分析 1：台灣端預扣 21%（因為台積電是台灣公司）**

35 美元 × 21% = 7.35 美元（稅款）

實際入帳 27.65 美元

**分析 2：美國端不再課稅**

由於台積電不是美國公司，因此不再額外扣 30% 美國預扣稅。

台積電 ADR 股息已在台灣扣稅，因此美國不會再收取稅金。

最終小明拿到的股息：35 美元 − 7.35 美元 = 27.65 美元

## 股票賣出時的資本利得問題

2024 年，美股市場回暖，台積電 ADR 飆升到 120 美元，小明決定賣掉 100 股，獲利了結。

他計算了一下：

賣出價格：120 美元 × 100 股 = 12,000 美元

買入成本：85 美元 × 100 股 = 8,500 美元

資本利得：12,000 − 8,500 = 3,500 美元

小明的第一個反應是：「會不會被課美國資本利得稅？」

答案：不用！

**分析 1：**

美國對非美國稅務居民（NRA）免徵資本利得稅，所以小明不用繳美國的資本利得稅。

**分析 2：**

但這筆 3,500 美元（約 11 萬台幣）獲利，仍然屬於台灣的海外所得，如果他的年度海外所得超過 100 萬台幣，則必須納入最低稅負制計算。

小明這才發現，投資美股的資本利得在美國免稅，但可能影響台灣的海外所得稅，如果金額超過 750 萬台幣，仍可能被課 20% 的最低稅負制稅率。

## ADR v.s. 台股，哪個比較有利？

經過這次投資，小明總結了台積電 ADR 與台股（2330）的稅務差異如表 6-9。

表 6-9　**台積電 ADR 與台股（2330）的稅務差異**

| 投資標的 | 股息稅率 | 資本利得稅 | 是否計入海外所得 |
|---|---|---|---|
| 台股 2330 | 8.5% 抵減或 28% 分離課稅 | 停徵 | 不計入海外所得 |
| 台積電 ADR | 21% 預扣稅 | 美國免稅，但計入台灣海外所得 | 若海外所得 > 100 萬，可能影響最低稅負制 |

資料來源：財政部全球資訊網，種子講師團隊吳亮均

再以表 6-10 分析 ADR 的優、劣勢。

表6-10　**ADR 的優勢與劣勢**

| 優勢 | 劣勢 |
| --- | --- |
| • 美股流動性高，交易彈性大。<br>• 免美國資本利得稅。<br>• 以美元計價，避開台幣貶值風險。 | • 股息預扣 21%，需走額外流程證明自己是台灣稅務居民。<br>• 資本利得產生時，可能會影響最低稅負制。 |

資料來源：財政部全球資訊網，種子講師團隊吳亮均

最後，小明決定：

- 如果是長期領股息，他會直接買台股 2330，因為股息稅可扣抵，稅負較低。
- 如果是短線交易，他會買 ADR，因為流動性更高，而且資本利得稅停徵。

透過這次的經驗，小明學到了一課：投資美股不只是看報酬，還要考慮稅務影響。

# 6-2 債券

在投資市場上，除了股票之外，另一個備受注目的就是債券。債券是政府、企業或機構發行的借據，投資人透過購買債券，借錢給發行機構，並定期獲得利息（票面利率）的一種投資方式。

債券類別有三，政府發行的是國債，企業發行的是公司債，金融機構發行的則是金融債。以風險程度來看，通常國家的信用會比企業或機構好，因此國債風險相對來說也會低於企業債及金融債。

依據債券發行時間，發行 0～1 年／3 年內屬於短期債券，3～7 年或 7～10 年屬於中期債券，20 年以上的則屬於長期債券。以風險程度來看，借錢時間愈長，承擔的風險愈大，因此長期債券的風險大於短期債券。

債券發行地點分成**「境內發行」**與**「境外發行」**。以 7～10 年美債為例，境內發行的 7～10 年 ETF 如 00697B（元大美債 7～10 年）；境外發行的 7～10 年 ETF 如 IEF（iShare7-10year treasury Bond ETF）。

至於投資標的的選擇，在於你決定借錢給境內或者境外。以境內為例，如台灣中央政府公債為 10 年期國債，票面利率 1.6%；以境外為例，如 US10Y（US Government Bonds 10 YR Yield）美國財政部發行的 10 年期國債，殖利率 4.27%。

債券種類雖然多且複雜，但以稅收的角度卻非常單純。只要看債券在哪裡發行以及其投資標的，就能判斷是屬於哪一類的所得。

目前市面上的債券 ETF 都是境外債券 ETF，即便是利息也屬於海外收入的一環，因此稅收是走最低稅負制。除非以個人名義購買國內發行的台灣境內債券，此時收到的利息才適用於分離課稅 10%。

各式資產收益特性與稅收　187

## 台灣有債券嗎？

台灣確實有債券市場，債券 ETF 證券交易稅目前國內是 0% 免稅，而投資國內債券的利息所得採分離課稅，不計入綜合所得。看起來國內發行的境內債券 ETF 是個好投資標的吧？但很可惜，台灣目前還沒有相關的 ETF 做發行。

債券主要分為政府公債與公司債，通常以新台幣計價，但也有部分美元計價債券。投資管道包括債券基金、境外債券基金及直接購買債券。然而台灣債券市場規模相對較小，流動性較差，殖利率也低於國外債券市場。

而讓台灣債券殖利率低迷的原因有三：一是台灣央行長期採取低利率政策，影響債券殖利率。二是台灣政府債務水準低，導致公債供應量較少，需求大於供給，使得殖利率下降。三是大型企業發行大量公司債，搶走市場資金，壓低殖利率。

也因台灣利率的特別，進而影響投資人可能難以獲得較高收益，因此部分投資人轉向海外債券或者其他資產。

再者，台灣債券市場的交易門檻較高，主要為店頭交易，缺乏集中市場。一般散戶難以直接投資，因此多由銀行、保險公司、基金等機構投資者主導。近年台灣證券交易所推出「債券集中交易市場」，試圖降低門檻、提高流動性，但目前來看成效有限，較難吸引台灣投資人的注意。

## 美國債券市場更有看頭

事實上，美國債券市場才是全球投資人真正關心的地方。美國的債券市場不只規模大，選擇還超級多，從政府公債到高風險公司債應有盡有，

適合不同需求的投資人。而且殖利率更高、流動性更好，如果台灣債券市場是「工具人」，那麼美國債券市場就是「資本市場的王者」。

美國主要的債券種類有兩種，包括美國政府公債（U.S. Treasury Bonds）與企業債（Corporate Bonds），分別說明如下。

### 1. 美國政府公債

就是美國政府發行的債券，因為它的違約風險幾乎等於零，所以是全球最穩的資產之一。根據到期時間（Maturity）的長短，可以分成三種：

① **短期國庫券**（Treasury Bills，T-Bills）：存續期一年內，無固定利息，買入時折價發行，到期領回面額，中間不發息。

② **中期國庫券**（Treasury Notes，T-Notes）：存續期 2～10 年，固定支付利息，每半年發一次。

③ **長期國庫券**（Treasury Bonds，T-Bonds）：存續期 10～30 年，殖利率最高，每半年發一次利息。

如果投資目的要超低風險、穩穩領息，美國公債是最安全的選擇之一。殖利率雖然不是最高，但比台灣債券好很多，目前 10 年期公債殖利率約在 4% 左右。

### 2. 企業債

企業債是美國公司發行的債券，這類債券的殖利率一般比公債高，但風險相對較高一些。企業債主的風險高低，依據信用評級可分成兩種：

**投資級公司債**（Investment Grade Bonds）：信用評級 BBB 級以上（標普 & 穆迪），殖利率比美國公債高，且風險相對低。例如蘋果（Apple）、微軟（Microsoft）這些超大企業發行的債，違約風險低，適合想穩定領息又不想承擔太大風險的投資人。

**高收益債**（垃圾債，High-Yield Bonds / Junk Bonds）：信用評級 BB+ 以下，風險較高，殖利率可達 8～12％甚至更高。這類債券多是財務較弱或新創企業所發行，風險比股票還高，但如果發行公司沒有倒閉，投資回報率極為可觀。但本書不建議購買此類債券，原因請看《你沒有學到的資產配置》一書，內有詳細說明。

## 投資美債券最簡單的方法：債券 ETF

然而，畢竟購買美國債券單筆門檻不低，如果不想一張一張買，債券 ETF 是更靈活的選擇，因為它像買股票一樣簡單，可以直接在市場上交易，還能分散風險、省下個別購買債券的麻煩。以下兩檔是資產配置常用的美國債券 ETF：

### 1.BND（Vanguard Total Bond Market ETF）

BND 是由 Vanguard 發行的總體美國債券市場 ETF，它的組成幾乎涵蓋了美國所有的投資級債券，包括：美國政府公債、投資級公司債、市政債、MBS（房貸擔保證券）。這檔 ETF 的特色是極度分散，總共持有超過 10,000 檔債券，幾乎是美國整個債券市場的縮影，所以風險相對低，波動也小，適合分散投資整個美國債券市場的人。

**BND 主要數據：**
- 殖利率：約 4%（視市場利率而變動）
- 存續期（Duration）：約 6.5 年（屬於中期債）
- 費用率：0.03%（超低成本，幾乎沒有手續費）

## 2.IEF（iShares7-10Year Treasury Bond ETF）

IEF 是 iShares 發行的中期美國國債 ETF，投資美國 7～10 年期公債，這類公債的特色是由美國政府擔保，幾乎沒有違約風險、比短期公債殖利率稍高，但波動也略高、比長期公債穩定，較不容易受到利率變化影響。

**IEF 主要數據：**
- 殖利率：約 3.8%
- 存續期（Duration）：約 7.8 年（視市場利率而變動）
- 費用率：0.15%（比 BND 貴一點，但仍低於主動型基金）

總結來說這兩檔債券 ETF 都是很好的選擇，需注意的是，由於這兩檔債券 ETF 屬於海外投資標的，因此其所配發的利息屬於**「海外所得」**。且因為 ETF 在美國會被視為美國公司發股息，預扣 30% 股息稅。

若欲避免 30% 的預扣稅，可以選擇直接持有美國國債，因為國債支付的收益屬於利息收入，適用 Portfolio Interest Exemption（PIE），而不會被預扣任何稅款，稅率為 0%。

## US10Y（US Government Bonds 10 YR Yield）

US10Y 是美國財政部發行的 10 年期國債，被視為全球最重要的基準利率，用來衡量市場對未來經濟成長、通膨與利率政策的預期。由於美國政府擔保，違約風險極低，因此 US10Y 是無風險資產（Risk-Free Asset），並且廣泛應用於投資組合管理與金融市場分析。

US10Y 的特點在於流動性極高，投資人可以透過美國券商直接購買，或在二級市場交易。相較於短期國債，US10Y 提供較高的殖利率；但相較於長期國債（如 30 年期公債），其波動性較低，適合尋求穩定收益、對抗通膨的投資者。

### US10Y 主要數據：

- 殖利率：約 4.27%
- 存續期（Duration）：約 8 年（波動比 IEF 略大）
- 費用率：透過美國券商購買幾乎零費用

表 6-11　**債券類型與稅收整理一覽表**

| 資產類別 | 風險 | 細項 | 舉例 | 發行公司地點 | 掛牌或投資地點 |
|---|---|---|---|---|---|
| 債券 | 低 | 國內債券 | 台債 10 年期 | 台灣 | 台灣 |
|  |  | 海外債券 | 美債 ETF | 海外 | 海外 |
|  |  |  | 美國公債 |  |  |

資料來源：種子講師團隊杜志遠

註 1：針對複委託及海外券商比較，請詳閱 7-1 章節。
註 2：利息所得、營利所得超過 2 萬需額外繳納二代健保補充保費 2.11%。

## 6-2 重點精華

- 無論國內或國外發行，債券投入標的只要是國內標的，收取的利息皆為**國內利息所得**且採分離課稅制 10%，國外標的則歸屬為**海外所得**。
- 台債票面利率低、流動性差、低消門檻較高、平均績效低於美債，且利息為國內所得採分離課稅制 10%。
- 美債 ETF 如 BND、IEF，規模大、平均利率高於台債、ETF 流動性好、購買成本低、年度績效好、費用率低，善用海外所得節稅的好標的。表 6-11 為本節之重點整理。

| 證券手續費<br>（買入 & 賣出） | 證券交易稅<br>（僅賣出） | 現金流<br>收入稅收 | 資本利得稅 |
|---|---|---|---|
| 依中央銀行規定<br>（轉入／轉出費） | 0%（免稅） | 利息所得，採 10%分離課稅〔註2〕 | 停徵 |
| 複委託或<br>海外券商〔註1〕 | 依當地法規 | 海外所得，預扣 30%股息稅 | 免徵 |
|  |  | 海外所得，預扣 0% | 免徵 |

各式資產收益特性與稅收

# 6-3 全方位解析 ETF 與共同基金

投資市場的金融工具日趨多樣化，投資人必須理解不同投資工具的特性，才能根據自身需求與風險承受能力做出最佳選擇。其中，又最受投資人青睞的兩大投資方式為**指數股票型基金**（exchange-traded funds，簡稱 ETF）與共同基金（Mutual Fund，簡稱基金）莫屬。

ETF 與共同基金的最大區別是 ETF 在交易所買賣，而共同基金可透過多元通路進行投資，如銀行、基金平台、股票券商、投顧、保險公司等，因透過不同通路投資，其申購手續費用差異甚大，通常共同基金的手續費比 ETF 高出許多，投資前需了解詳情。本文從財務規劃角度，全面解析 ETF 與共同基金的特性與優劣，幫助投資人選擇最適合自己的投資工具。

## 共同基金的種類與特性

共同基金是一種集合投資工具，投資人將資金交給專業機構管理，基金經理人負責挑選股票、債券或其他資產，投資人無法直接影響投資決策，以達成特定投資目標。共同基金的種類主要包括：

① **指數型共同基金**（Index Fund）：簡稱**指數型基金**是一種被動式管理基金，目標是追蹤特定市場指數（如 S&P500、台灣加權指數等），其投資本質與被動型 ETF 相近，其主要差異在於共同基金的銷售通路與手續費用。

② **主動式管理共同基金**（Actively Managed Fund）：簡稱**主動管理基金**由基金經理人主動調整投資組合，並涵蓋不同策略，如多空策略、成長股策略等。

此兩類共同基金（簡稱基金）的主要特性如表 6-12 所示。

表 6-12　指數型基金、主動式管理基金之主要特性

| 主要特性 | 指數型基金 | 主動式管理基金 |
| --- | --- | --- |
| 管理方式 | 被動管理，追蹤指數成分股。 | 主動管理，目標是超越市場平均績效，尋求超額回報。 |
| 交易方式 | 以每日收盤淨值（NAV）計價，投資人只能在交易日結束後買賣。 | 以每日收盤淨值（NAV）計價，投資人只能在交易日結束後買賣。 |
| 費用 | 管理費較低，無需支付高額研究成本。 | 管理費較高，需支付高額研究成本。 |
| 透明度 | 通常每季公布一次持股資訊。 | 持股資訊通常每月或每季公布一次。 |
| 風險與報酬 | 報酬率與指數表現接近，長期投資報酬較穩定。 | 表現取決於基金經理的選股能力，可能高於或低於市場平均。 |

資料來源：種子講師團隊杜志遠

## 基金配息與課稅

基金依登記地區可分為**「境內基金」**與**「境外基金」**，而其課稅方式也會因登記地的不同而有所差異。所謂境內基金，是指在台灣登記並發行的基金。這類基金的投資範圍不受限於台灣市場，既可以投資國內的股票與債券，也可以配置於海外市場的各類資產。

投資基金或 ETF 過程中會產生各類所得，而不同的所得來源對應不同的課稅方式。一般而言，稅務規定可依照**「投資範圍」**區分為以下兩類：

① **國內投資**：投資區域屬於國內資產。股票股利屬於營利所得，需併入綜合所得稅申報（詳細稅制已於「6-1 股票篇」說明）。國內債券利息收入採分離課稅 10%，不納入綜合所得。目前台灣證券交易所得稅已停徵，因此資本利得免稅。

② **海外投資**：投資區域為海外資產。不論為股票配息或債券利息，皆屬海外所得。一律採**「最低稅負制」**中的海外所得。唯一例外是基金註冊地在境內且投資海外的基金，其資本利得是停徵。

無論是基金或 ETF，只要投資標的為國內或海外，其課稅方式皆依所得來源有所不同，詳細對照如表 6-13 所示。

表 6-13　自然人投資基金配息、資本利得課稅方式比較

| 基金登記地點 | 投資範圍 | 收益類別 | 稅務規定 |
| --- | --- | --- | --- |
| 境內基金 | 國內投資 | 資本利得 | 停徵。 |
| | | 債券利息 | 1. 採取 10% 分離課稅。<br>2. 若單筆收益超過 2 萬元，需額外繳納 2.11% 的補充保費（已預扣）。 |
| | | 股利收入 | 投資人可選擇以下兩種課稅方式：<br>1. 納入個人綜合所得稅計算，並享有最高 8.5% 的稅額扣抵（上限為 8 萬元）。<br>2. 直接以 28% 的分離課稅計算。<br><br>單筆超過 2 萬元者，需補充保費 2.11%（已預扣）。 |
| 境內基金 | 海外投資 | 資本利得 | 停徵。 |
| | | 海外配息 | 1. 若年度累計達 100 萬元，需納入基本所得額計算。<br>2. 若總額達 750 萬元，須依海外所得稅率 20% 課稅。 |
| 境外基金 | | 資本利得 | 1. 若收益達 100 萬元，須納入基本所得額計算。 |
| | | 海外配息 | 2. 年度總額若達 750 萬元，則適用 20% 的海外所得稅。 |

資料來源：財政部稅務入口網，種子講師團隊杜志遠

# ETF 的種類與特性

ETF（交易所買賣基金）是一種在證券交易所上市交易的開放式基金，

結合了股票的靈活交易特性與基金的分散風險。包含以下兩種類型，其特性如表 6-14 所示。

表6-14 被動型 ETF 與主動型 ETF 的特性

| 主要特性 | 被動型 ETF | 主動型 ETF |
| --- | --- | --- |
| 管理方式 | 被動管理，投資標的與追蹤指數相同。 | 主動管理，投資組合由經理人決定。 |
| 交易方式 | 可像股票一樣，隨時在市場上交易。 | 可隨時在交易所買賣。 |
| 費用 | 管理費較低，且無需申購或贖回費。 | 較被動 ETF 高，但可能低於傳統主動基金。 |
| 透明度 | 每日公布持股資訊。 | 大多數每日公布持股資訊。 |
| 風險與報酬 | 表現與指數趨勢相似，長期投資報酬穩定。 | 表現取決於經理人的投資決策。 |

資料來源：種子講師團隊杜志遠

① **被動型 ETF（Passive ETF）**：被動型 ETF 的目標是複製指數表現，又稱指數型 ETF 或市值型 ETF，例如追蹤 S&P500 或台灣 50。

② **主動型 ETF（Active ETF）**：主動型 ETF 結合被動型 ETF 的靈活交易特性與主動管理策略，由專業經理人依投資目標與策略，根據市場變化主動建構、調整投資組合，追求超越被動型 ETF 的績效表現。主動型 ETF 在美國市場早已行之有年，而台灣也預計在 2025 年推出首檔主動型 ETF，未來台灣的 ETF 市場可能會多到讓你眼花撩亂阿！

## 主動式管理基金、指數型基金與被動型 ETF 的差異

主動式管理基金與指數型基金在投資上最大的差別是，主動式管理基金是人為操作，而指數型基金與被動型 ETF 最大差異在於銷售通路與手

表 6-15　主動式管理基金、指數型基金與被動型 ETF 的差別

| 交易特點 | 主動式管理基金 | 指數型基金 | 被動型 ETF |
| --- | --- | --- | --- |
| 管理方式 | 積極管理，目的是打敗大盤。 | 被動管理，追求與指數一致的報酬。 | 被動管理，追求與指數一致的報酬。 |
| 交易方式 | 以每日收盤淨值定價及交易。 | 以每日收盤淨值定價及交易。 | 交易時段內隨時交易。 |
| 信用交易 | 否 | 否 | 可 |
| 投資組合變動頻率 | 高，依照經理人判斷是否更改。 | 低，除非指數成分股變動或表現偏離指數太多，否則內容固定。 | 低，除非指數成分股變動或表現偏離指數太多，否則內容固定。 |
| 投組透明度 | 低 | 高 | 高 |
| 管理費用 | 高 | 低 | 低 |
| 手續費用 | 高 | 中 | 低 |

資料來源：種子講師團隊杜志遠

續費用。表 6-15 比較主動式管理基金、指數型基金與被動型 ETF 的差別。

# ETF 股息配息來源與稅務規劃

　　ETF 能夠分散風險，特別是高股息 ETF 近年來受到投資人青睞，主要因為台灣上市企業具備高獲利與高股息特性，使投資人透過這類 ETF 獲取穩定的配息。然而，投資人在享受穩定收益的同時，也應該充分了解配息的不同來源及其稅務影響，以便進行有效的財務規劃。

# ETF 配息來源與稅務負擔

　　ETF 的配息來源多樣，課稅方式也有所不同，以下是常見的幾種配息類型與相關稅務規定，其稅務負擔整理如表 6-16。

表 6-16　ETF 所得類別與相關稅務規定

| 所得類別 | 配息來源 | 稅務規定 |
| --- | --- | --- |
| 股利或盈餘所得（54C） | 來自 ETF 所持有的境內企業股利 | 投資人可選擇以下兩種課稅方式：<br>1. 納入個人綜合所得稅計算，並享有最高 8.5% 的稅額扣抵（上限為 8 萬元）。<br>2. 直接以 28% 的分離課稅計算。<br><br>單筆超過 2 萬元者，皆需繳納二代健保補充保費 2.11%（已預扣）。 |
| 財產交易所得（76W） | 來自 ETF 成分股的買賣價差 | 免稅 |
| 收益平準金 | 來自新進投資者投入資金的分配機制 | 不應稅（非所得） |
| 境內金融機構利息所得（5A） | 來自 ETF 資金存放金融機構的利息 | 採取 10% 分離課稅。<br>若單筆收益超過 2 萬元，需額外繳納 2.11% 的二代健保補充保費（已預扣）。 |
| 大陸地區營利所得（71） | 來自 ETF 持有的大陸地區企業股利 | 投資人可選擇以下兩種課稅方式：<br>1. 納入個人綜合所得稅計算，並享有最高 8.5% 的稅額扣抵（上限為 8 萬元）。<br>2. 直接以 28% 的分離課稅計算。<br><br>單筆超過 2 萬元者，需繳納二代健保補充保費 2.11%（已預扣）。 |
| 海外營利所得 | 來自非大陸地區的海外企業股利 | 若總額超過 100 萬元，納入最低稅負制。 |

資料來源：財政部稅務入口網，種子講師團隊杜志遠

## 1. 股利或盈餘所得（54C）

　　ETF 的主要配息來源之一是境內企業所發放的股利或盈餘分配，此類收入與一般股票投資人獲得的股利課稅方式相同，適用「二擇一制」：

選項一：併入綜合所得稅，並可享有 8.5％稅額扣抵（上限 8 萬元）
選項二：採用 28％分離課稅。

此外，若單次配息金額達 2 萬元（含）以上，二者皆須額外繳納 2.11％二代健保補充保費，且扣繳上限為 1 千萬元。

## 2. 財產交易所得（76W）

當 ETF 因成分股買賣產生價差時，此部分屬於財產交易所得，但根據證券交易所得停徵規定，目前無需繳納所得稅，且不適用二代健保補充保費。因此，投資人若希望減少稅負，可以考慮以資本利得（買賣 ETF 價差）作為收益來源，而非單純仰賴股利配息。

## 3. 收益平準金

許多高股息 ETF 採用收益平準金制度，目的是避免因新進投資人的加入，影響既有投資人的配息權益。簡單來說，收益平準金是一種來自投資人本金的調整機制，並非真正的收益，因此不屬於所得，無需繳納稅款或二代健保補充保費。

## 4. 境內金融機構利息所得（5A）

ETF 資金存放於金融機構時，可能會產生利息收益，特別是對於持有大量 ETF 單位數的投資人來說，這可能成為額外的收入來源。此類收益屬於利息所得，必須計入綜合所得總額，但享有 27 萬元的儲蓄投資特別扣除額。若單筆利息超過 2 萬元，仍需額外繳納 2.11％二代健保補充保費。

### 5. 大陸地區營利所得（71）

如果 ETF 持有來自大陸地區的企業股利，則這部分收益需納入綜合所得稅計算，與其他綜合所得合併課稅。由於台灣適用《兩岸人民關係條例》，此類所得不享有免稅優惠。

### 6. 海外營利所得

來自非大陸地區的海外股利，適用最低稅負制（即海外所得課稅）：

① 若當年度累積海外所得未達 100 萬元，則不需納入基本所得額課稅。

② 若海外所得超過 100 萬元，則需計入最低稅負制，並與綜合所得合併計算，適用 750 萬元的免稅額度，超過則課徵 20%的稅率。

基金與 ETF 的配息來源皆需納入綜合所得稅計算，投資人在規劃投資時應將此納入考量。基金的績效仍有可能超越大盤，這也是許多基金經理人努力追求的目標。然而，投資人應注意，若基金經理人更換或跳槽，該基金是否仍能維持原有績效，將是一項風險考量。

不可否認，市面上確實存在許多績效優異、甚至長期表現優於市場平均的基金，但如何挑選這類基金，則需要投資人自行研究與分析。投資人應根據自身的財務狀況、投資目標與風險承受能力，選擇適合的投資工具，並在做出決策前充分理解稅務影響，以提升投資效率並減少不必要的稅負壓力。

## 6-3 重點精華

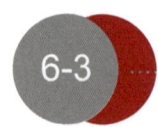

- 基金分成主動式管理基金與追蹤指數的指數型基金，少部分的基金能做到超越大盤的績效，投資前務必做好功課。
- 追蹤指數的 ETF 屬於被動 ETF，如 0050ETF 追蹤的是台灣前 50 企業的指數，跟著台灣前 50 大企業一同成長，屬於被動投資的一部分。但高股息屬於變異型指數 ETF，雖然也是追蹤指數的 ETF，但該指數已有大量的人為條件加入，很難界定是否屬於被動投資的一環。

表 6-17　ETF、境內基金與境外基金之綜合整理表

| 資產類別 | 風險 | 細項 | 舉例 | 發行公司地點 | 投資地點 | 掛牌地點 |
|---|---|---|---|---|---|---|
| 指數型ETF | 中 | 股票型 ETF | 元大 S&P500(00646) | 台灣 | 海外 | 台灣 |
| | | 股票型 ETF | 元大台灣 50（0050） | | 台灣 | |
| | | 債券型 ETF | 元大美債 7-10（00697B） | | 海外 | |
| | | 槓桿型 ETF | 元大台灣 50 正 2（00631L） | | 台灣 | |
| | | 反向型 ETF | 元大台灣 50 反 1（00632R） | | 台灣 | |
| 境內基金 | | 國內投資股票基金 | | 台灣 | 台灣 | 未掛牌 |
| | | 國內投資債券基金 | | | 台灣 | |
| | | 海外投資股票基金 | | | 海外 | |
| | | 海外投資債券基金 | | | 海外 | |
| 境外基金 | | 海外投資股票基金 | | 海外 | 海外 | |
| | | 海外投資債券基金 | | | | |

資料來源：財政部稅務入口網，種子講師團隊杜志遠

註 1：由於台灣的債券 ETF 多是美國公債標的，因此現金流收入為海外所得。

- 基金依登記地區可分為**「境內基金」**與**「境外基金」**，所謂境內基金，是指在台灣登記並發行的基金。
- 基金或 ETF 的投資區域為**國內資產**。**股票股利屬於營利所得，國內債券利息收入採分離課稅 10%**，不納入綜合所得。目前台灣證券交易所得稅已停徵，因此免資本利得稅。
- 基金或 ETF 的投資區域為**海外資產**，不論為股票配息或債券利息，皆屬**海外所得**。一律採**「最低稅負制」**中的海外所得。
- 境內基金投資海外標的的資本利得稅**「停徵」**。
- 股利或盈餘所得（54C）才會納入綜合所得稅的一部分，由於台灣證券交易市場資本利得稅停徵，因此財產交易所得（76W）免稅；收益平準金屬於本金的一部分，因此免課稅。

| | 證券手續費（買入&賣出） | 證券交易稅（僅賣出） | 現金流收入稅收 | 資本利得稅 |
|---|---|---|---|---|
| | 0.1425% | 0.1% | 海外所得 | 停徵 |
| | | | 營利所得，合併計稅或 28% 分離課稅 | |
| | | 0%（免稅） | 海外所得〔註1〕 | |
| | | 0.3% | 無 | |
| | 依基金公司規定（申購／贖回費） | 0%（免稅） | 營利所得，合併計稅或 28% 分離課稅 | 停徵 |
| | | | 利息所得，採 10% 分離課稅 | |
| | | | 海外所得 | 依當地法規 |
| | | 依當地法規 | 海外所得 | 依當地法規 |
| | | 依當地法規 | | |

各式資產收益特性與稅收

# 6-4 其他理財商品與稅務觀察

當投資人逐漸熟悉股票與基金等資產後，市場上還有許多具備特定功能的理財商品，也值得納入投資組合中進一步考量。以下整合說明三類常見的理財工具——定存與外匯定存、商品期貨，以及不動產投資信託（REITs），並從稅務角度切入，協助投資人評估其優劣與潛在成本。

## 1. 定存與外匯定存

台幣定存是最穩定的資產類型之一，外幣定存則可額外提供匯率差異可能帶來的報酬。

定存稅務概況：

① **利息所得**：現行稅制設有「儲蓄投資特別扣除額」每戶 27 萬元之規定，實際上並不會對個人稅負產生影響。超過 27 萬的部分需要併入綜合所得稅。（以台幣定存利率 1.5％ 為例，要定存金額超過 1,800 萬才會課稅）

② **外匯定存（在台灣的銀行）**：若在台灣銀行開設外幣定存帳戶，利息與台幣定存利息合併計算適用「儲蓄投資特別扣除額」每戶 27 萬元之規定。此外，匯率變動產生的匯差（尚未兌換前）屬未實現損益，不課稅；一旦兌換為台幣後，匯差則被視為財產交易所得或損失，須併入當年度申報。

## 2. 商品期貨

期貨是一種標準化的合約，允許買賣雙方在未來某個日期，以預先約定的價格交易某種標的資產。這些資產可以是商品，如黃金、原油、農產

品或是金融工具,如股價指數、貨幣、利率。

**商品期貨的本質:避險工具 vs. 投機商品**

最初設計時,商品期貨旨在幫助企業或投資人穩定未來的生產或採購成本,例如農民可透過小麥期貨鎖定售價,航空公司利用原油期貨對沖燃料成本。如此可避免市場價格劇烈波動。然而,商品期貨也因槓桿特性引來投機客,以小額資金博取高額報酬。投資人應明確界定自己是為了「避險」還是「投機」,並在操作前深入了解槓桿風險。

期貨稅務概況:

① 台灣目前期貨交易所得暫免課徵所得稅,但須繳納期貨交易稅,例如台指期貨、個股期貨每次交易時,買賣雙方都需繳納交易金額的 0.002%。

---

**投資解析 ● 房貸利息 vs. 存款利息之稅務關聯**

若同一申報戶內同時擁有房貸利息與存款利息收入,存款利息所得可能會影響房貸利息扣除額的適用範圍。依照規定,自用住宅購屋借款利息扣除額最高可達 30 萬元,但需先扣除儲蓄投資特別扣除額內的存款利息所得,再計算可扣抵金額。

舉例來說:假設某位納稅人的房貸利息支出為 32 萬元,但同時擁有銀行存款利息收入 10 萬元,則可扣除的房貸利息並非 32 萬元,是 22 萬元,計算方式如下:

| | |
|---|---|
| 自用住宅購屋借款利息支出 | 32 萬元 |
| －銀行存款利息收入 | 10 萬元 |
| ＝可申報房貸利息扣除額 | 22 萬元 |

也就是說,存款利息可能會壓縮房貸利息扣除額,進而影響最終的綜合所得稅負擔。權衡定存與活存,避免不必要的稅務成本。

② 海外商品期貨則可能面臨來源國稅與資本利得併入台灣的海外所得計算，應依交易所規則與當地法規規劃。

商品期貨的本質為避險工具，正確使用期貨來避免或者風險管理是可行的。但當作投機商品很容易受傷，須謹慎。期貨適合專業投資人操作，一般投資人參與前，需充分理解風險與可能的稅務影響。

## 3. 不動產投資信託（REITs）

在投資市場中，金融資產證券化是一種讓資產更具流動性的方式，其中又可細分為金融資產證券化與不動產證券化。不動產證券化進一步區分為不動產投資信託（Real Estate Investment Trusts，REITs）與不動產資產信託，兩者皆能將不動產轉化為可交易的投資工具。

而不動產投資信託（REITs）是讓一般投資人可以小額參與不動產投資的金融工具。投資人透過購買 REITs，取得商辦、飯店、倉儲等收益型不動產的間接持有權，並從中獲得租金收入與資產增值潛力。

REITs 稅務概況：

① **國內 REITs**：固定收益採 10% 分離課稅，證券交易稅免徵，資本利得亦停徵。

② **海外 REITs**：股利常遭來源國預扣（如美國 30%），在台灣視為海外所得，若超過 750 萬需納入最低稅負制課徵 20%。

總結來看，REITs 適合追求穩定現金流、但不願直接管理房地產的投資人，國內 REITs 在稅收上較有優勢，適用 10% 分離課稅，交易免證券交易稅與資本利得稅；而國外 REITs 成長性較高，但可能受到最低稅負制影響，加上來源國的預扣稅，需審慎評估整體稅負成本。

## 6-4 重點精華

REITs、定存、商品期貨、REITs、三者在性質和稅務上各有不同定位，也代表了穩健收益、安全保本與高風險槓桿等截然不同的投資風格。以下為簡要對比：

- 定存與外匯定存：資金安全性最高，波動最小，然而報酬率有限。若存款利息超過「儲蓄投資特別扣除額」，需面對較高稅負；外匯定存則帶來匯率風險與額外申報流程。
- 商品期貨：槓桿工具，可避險亦可投機，交易成本通常不高，但風險與波動巨大，需要具備較專業的市場判斷能力，且因為境內外交易所的稅務規範不同，需先確認實際稅負。
- REITs：透過證券化的不動產，取得租金收益，台灣市場對國內 REITs 有稅務優勢（10％分離課稅、交易稅免徵），海外 REITs 成長性較高，但需注意預扣稅與海外所得申報。

表 6-18　各項資產類別之稅負一覽

| 資產類別 | 風險 | 細項 | 舉例 | 發行公司地點 | 掛牌或投資地點 |
|---|---|---|---|---|---|
| 期貨 | 最高 | 國內股價期貨 | | 台灣 | 台灣 |
| | | 海外股價期貨 | | 台灣 | 海外 |
| 股票 | 高 | 國內股票 | 台積電（2330） | 台灣 | 台灣 |
| | | KY 股 | 美食-KY（2723） | 海外 | 台灣 |
| | | 海外存託憑證（ADR） | 台積電 ADR（TSM） | 台灣 | 海外 |
| | | 台灣存託憑證（TDR） | 康師傅 TDR | 海外 | 台灣 |
| | | 海外股票 | NVIDIA（NVDA） | 海外 | 海外 |
| ETF | 中 | 股票型 ETF | 元大 S&P500（00646） | 台灣 | 海外 |
| | | 股票型 ETF | 元大台灣 50（0050） | 台灣 | 台灣 |
| | | 債券型 ETF | 元大美債 7-10（00697B） | 台灣 | 台灣 |
| | | 槓桿型 ETF | 元大台灣 50 正 2（00631L） | 台灣 | 台灣 |
| | | 反向型 ETF | 元大台灣 50 反 1（00632R） | 台灣 | 台灣 |
| REITs | 中 | 國內 REITs | 土銀富邦 R1（01001T） | 台灣 | 台灣 |
| | | 海外 REITs | Vanguard 房地產 ETF（VNQ） | 海外 | 海外 |

| 證券手續費<br>（買入&賣出） | 證券交易稅<br>（僅賣出） | 現金流收入稅收 | 資本利得稅 |
| --- | --- | --- | --- |
| 0.008%〔註7〕 | 0.004%〔註7〕 | 無 | 停徵 |
| 0.008%〔註7〕 | 0.004%〔註7〕 | 無 | 海外所得 |
| 0.1425% | 0.3% | 營利所得，合併計稅或28%分離課稅 | 停徵 |
| 0.1425% | 0.3% | 海外所得〔註2〕 | 依當地法規 |
| 複委託或海外券商〔註1〕 | 依當地法規 | 營利所得，合併計稅或28%分離課稅〔註3〕 | 海外所得 |
| 0.1425% | 0.3% | 海外所得 | 依當地法規 |
| 複委託或海外券商〔註1〕 | 依當地法規 | 海外所得，預扣30% | 海外所得 |
| 0.1425% | 0.1% | 海外所得 | 停徵 |
| 0.1425% | 0.1% | 營利所得，合併計稅或28%分離課稅〔註8〕 | 停徵 |
| 0.1425% | 0%（免稅） | 海外所得〔註4〕 | 停徵 |
| 0.1425% | 0.3% | 無 | 停徵 |
| 0.1425% | 0.3% | 無 | 停徵 |
| 0.1425% | 0.1% | 利息所得，採10%分離課稅〔註5〕 | 停徵 |
| 複委託或海外券商〔註1〕 | 依當地法規 | 海外所得，預扣30% | 依當地法規 |

各式資產收益特性與稅收　209

| 資產<br>類別 | 風險 | 細項 | 舉例 | 發行公司<br>地點 | 掛牌或投資地點 |
|---|---|---|---|---|---|
| 境內<br>基金 | 中 | 國內投資股票基金 |  | 台灣 | 台灣 |
|  |  | 國內投資債券基金 |  | 台灣 | 台灣 |
|  |  | 海外投資股票基金 |  | 台灣 | 台灣 |
|  |  | 海外投資債券基金 |  | 台灣 | 海外 |
| 境外<br>基金 | 中 | 海外投資股票基金 |  | 海外 | 海外 |
|  |  | 海外投資債券基金 |  | 海外 | 海外 |
| 債券 | 低 | 國內債券 | 台債 10 年期 | 台灣 | 台灣 |
|  |  | 海外債券 | 美債 ETF | 海外 | 海外 |
|  |  |  | 美國公債 |  |  |
| 定存 | 最低 | 國內定存<br>（台幣） | 1 年期定存 | 台灣 | 台灣銀行 |
|  |  | 國內外匯定存<br>（外幣） | 外幣定存 | 台灣 | 台灣銀行 |
|  |  | 海外外匯定存<br>（外幣） | 外幣定存 | 海外 | 海外銀行 |

資料來源：財政部稅務入口網，種子講師團隊杜志遠

註1：針對複委託及海外券商比較，請詳閱 7-1 海外所得章節。
註2：海外所得股息發行在美國會先預扣 30% 股息，發行在台灣則不會預扣。
註3：此例舉的是台積電 ADR 屬於國內公司，因此股利收入屬於營利所得；
　　　若是其他海外公司的 ADR 則屬於海外所得。
註4：由於台灣的債券 ETF 多是美國公債標的，因此現金流收入為海外所得。
註5：利息所得、營利所得超過 2 萬需額外繳納二代健保補充保費 2.11%。
註6：郵政儲金 100 萬以內免稅，超過則以利息所得計入個人綜所稅。
註7：期交稅為 0.002%，期貨手續費為 0.004%，兩者買賣各需付一次。
註8：僅 54c 股利所得，因為目前台灣 ETF 配息的 76w 及平準金皆是免稅所得。

| | 證券手續費<br>（買入&賣出） | 證券交易稅<br>（僅賣出） | 現金流收入稅收 | 資本<br>利得稅 |
|---|---|---|---|---|
| | 依基金公司規定<br>（申購／贖回費） | 0%（免稅） | 營利所得，合併計稅或28%分離課稅〔註8〕 | 停徵 |
| | | 0%（免稅） | 利息所得，採10%分離課稅〔註5〕 | 停徵 |
| | | 0%（免稅） | 海外所得 | 依當地法規 |
| | | 0%（免稅） | 海外所得 | 依當地法規 |
| | | 依當地法規 | 海外所得 | 依當地法規 |
| | | 依當地法規 | 海外所得 | 依當地法規 |
| | 依中央銀行規定<br>（轉入／轉出費） | 0%（免稅） | 利息所得，採10%分離課稅〔註5〕 | 停徵 |
| | 複委託或海外券商〔註1〕 | 依當地法規 | 海外所得，預扣30% | 免徵 |
| | | | 海外所得，預扣0% | |
| | 無 | 無 | 利息所得或免稅〔註6〕 | 無 |
| | 匯兌手續費 | 無 | 利息所得〔註5〕 | 匯差屬於財產交易所得或損失 |
| | 匯兌手續費 | 無 | 海外所得 | 依當地法規 |

# CHAPTER 7

# 投資節稅攻略

不希望投資的獲利被拿去繳稅,其實只要一個做法,就可能讓你的所得稅減少一半以上!你一定會懷疑這句話的真實性,那麼本章內容絕對值得你深入了解。但在揭曉這個超實用的節稅祕訣之前,我們先來釐清一些概念——海外所得如何影響你的稅負。

## 7-1 調兵遣將,稅省一半

在第六章中,我們整理了國內股利與配息的報稅計算方法,其中海外所得是基本所得額的一部分。台灣的最低稅負制,其計算方式如下:

**最低稅負制 =(基本所得額 － 750 萬)× 20%**

基本所得額由以下八類收入組成:

① **綜合所得淨額**：來自「國內的所得」。

② **海外所得**：來自「國外的所得」。

③ **特定保險給付**：當受益人與要保人不同時，年金或死亡保險給付需計入，但每戶年度合計 3,740 萬元以下的部分可免計入。

④ **私募基金交易所得**：來自私募證券投資信託基金的交易獲利。

⑤ **非現金捐贈扣除額**：指申報綜合所得稅時扣除的非現金捐贈款項，如股票、土地捐贈等。

⑥ **分開計稅的股利與盈餘**：指綜合所得稅結算時，選擇分離課稅的股利與盈餘總額。

⑦ **未上市／櫃股票交易所得**：指購買未上市／櫃股票後出售的交易獲利。

⑧ **特殊稅務優惠扣除額**：例如政府鼓勵投資高風險新創企業的稅務優惠。

那麼，為何在以上八類收入中，「海外收入」如此重要？我們舉以下的例子，來分析其重要性。

假設現在有三位投資人：分別是①老王，其所得稅級距 20%；②老張，其所得稅級距 30%；③老闕，其所得稅級距 40%。

三人持有的國內股票每年發放股利所得 200 萬元，計算所得稅時需考量兩個方面：

① **股利扣抵額度**：8.5％扣繳（**上限 8 萬元**），僅適用合併計稅。

② **股利計稅方式**：
- 合併計稅：適用個人所得稅級距（20％、30％、40％）。
- 分離課稅：可選擇 28％單一稅率（僅適用所得稅級距 ≥ 30％）。

投資節稅攻略　　213

在此例中,三位投資人的收入都是來自「國內股利所得」,因此屬於「綜合所得淨額」的一部分。現以老張為例,若老張分別採取兩種計稅方式,其繳交稅額的差異有多少?

**計算方式1:採 8.5% 扣抵合併計稅**

可扣抵稅額＝ 200 萬 × 8.5%

＝ 17 萬(大於 8 萬,取上限 8 萬)。

應繳所得稅＝(200 萬 × 30%)－ 8 萬

＝ 52 萬元(應納稅額)

**計算方式2:採 28% 股利分開計稅**

應繳所得稅＝(200 萬 × 28%)

＝ 56 萬元(應納稅額)

根據上述的兩種計算方式,我們分別計算老王、老張、老闆國內股利應繳所得稅。從表 7-1 可看出三人最適稅務選擇,分別是老王與老張選擇 8.5％扣抵,**合併計稅較划算**。老闆因為所得稅級距 40％而改選擇分離課稅 28％固定稅率,**分開計稅較為有利**。

## 重點打擊 4：善用 750 萬免稅的海外所得,輕鬆省稅

由此可以看到,隨著所得級距的上升,稅負壓力也隨之增加。那麼,有沒有方法能降低這些稅負呢？其實我們只要做個簡單的調兵遣將,也就是將原本國內股利所得 200 萬更改成「國內股利所得 100 萬、海外股利所得 100 萬」,就能大幅減少稅收。

表7-1　老王、老張、老闆國內股利應繳所得稅比較表

| 項目 | 老王 | 老張 | 老闆 | 老王 | 老張 | 老闆 |
|---|---|---|---|---|---|---|
| 股利繳稅方式 | 8.5%扣抵合併計稅 ||| 28%股利分開計稅 |||
| 股利所得 | 200萬 | 200萬 | 200萬 | 200萬 | 200萬 | 200萬 |
| 所得稅級距 | 20% | 30% | 40% | 20% | 30% | 40% |
| 扣抵額度（上限8萬） | 8萬 | 8萬 | 8萬 | 無 |||
| 應繳所得稅 | 32萬（優） | 52萬（優） | 72萬 | 56萬 | 56萬 | 56萬（優） |

資料來源：財政部稅務入口網，種子講師團隊杜志遠

　　假設在不考慮特定保險給付和私募基金等收入，單純聚焦在「國內所得」與「海外所得」的情況下，當國內所得與海外所得分別為100萬元，大家認為這麼一個不起眼的動作，在稅負上會創造多大的差異？我們再以老張為例，若採8.5%扣抵合併計稅，其計算方式為：

**國內股利所得可扣抵稅額**

＝100萬×8.5%＝85,000（大於8萬，取上限8萬）

**國內股利所得應繳所得稅**

＝（100萬×30%）－8萬＝22萬元

**國外股利所得應繳最低稅負制**

＝（國內收入100萬＋海外收入100萬－750萬）×20%
＝（相減為負數，取0值）×20%＝0

**總繳所得稅**

= 22 萬 + 0 = 22 萬

根據上述的計算方式，我們以表 7-2 分別計算老王、老張、老闆國內股利加上海外之應繳所得稅，並將其與單純國內股利來做比較。

從表中可以看到，這三人的應繳所得竟然減少一半以上，太神奇了傑克，究竟怎麼辦到的呢？

其中關鍵就在基本所得額有 750 萬的免稅門檻，如果基本所得額未超過 750 萬元，則海外所得不會額外產生稅負。但若超過門檻，超出部分僅以 20% 稅率計算，遠低於一般綜合所得稅率（最高 40%）。更何況這門

表7-2　老王、老張、老闆國內及海外股利應繳所得稅

|  | 老王 | 老王 | 老張 | 老張 | 老闆 | 老闆 |
|---|---|---|---|---|---|---|
| 股利繳稅 | 8.5%扣抵合併計稅 | 8.5%扣抵合併計稅 | 8.5%扣抵合併計稅 | 8.5%扣抵合併計稅 | 28%股利分離課稅 | 28%股利分離課稅 |
| 股利所得（國內） | 200 萬 | 100 萬 | 200 萬 | 100 萬 | 200 萬 | 100 萬 |
| 股利所得（海外） | 0 | 100 萬 | 0 | 100 萬 | 0 | 100 萬 |
| 所得稅級距 | 20% | 20% | 30% | 30% | 40% | 40% |
| 扣抵額度（上限8萬） | 8 萬 | 8 萬 | 8 萬 | 8 萬 | 無 | 無 |
| 應繳所得稅 | 32 萬 | 12 萬（優） | 52 萬 | 22 萬（優） | 56 萬 | 28 萬（優） |
| 節省稅額 |  | 20 萬 |  | 30 萬 |  | 28 萬 |

資料來源：財政部稅務入口網，種子講師團隊杜志遠

檻過去是 670 萬，現在更提高到了 **750 萬**，身為納稅人，怎能不好好把握政府的美意？

回想一下前面的章節，我們努力地找免稅額、列舉扣除額、特別扣除額，每個動作無不是絞盡腦汁，辛辛苦苦才能省個 1、2 萬，海外所得只要透過一個簡單的調兵遣將，就能讓稅負大幅減少 50% 以上，豈不美哉？顯示只要**透過適當的所得配置**，就能**降低整體稅負**，而這正是財務規劃中**極具價值的節稅策略**。

## 錢進海外，自己下單還是複委託？

既然簡單轉換國內股利與海外股利就能產生如此驚人的節稅效應，那麼要如何才能「錢進海外」呢？是要自己找海外券商下單，還是找個台灣券商複委託好呢？以下用簡單方式來解釋海外券商下單和複委託的差別。

### 1. 海外券商下單

你需要直接到國外的券商平台開戶，例如美國的 Firstrade、TD Ameritrade 等，然後透過這些平台買賣海外股票。這種方式通常手續費較低，交易選擇較多，但需要自行處理開戶、入金與稅務等相關事宜。

### 2. 複委託

如果你對投資海外股票感到陌生，那麼可以透過你習慣使用的本地券商或銀行，讓他們幫你買賣海外股票。例如，你本來就在 A 證券公司開戶，只要再開通複委託外幣帳戶，就能透過它投資美股、港股等海外市場。這種方式較簡單、方便，雖然手續費較高，但逐漸下降中。

簡單來說，海外券商適合想要降低交易成本、熟悉國際交易的人，而

表7-3　海外券商與複委託之比較

| 項目 | 方式 | 說明 |
| --- | --- | --- |
| 交易成本 | 海外券商 | 1. 部分海外券商提供零手續費交易，投資成本較低。<br>2. 需自行匯款至海外券商，會被銀行收取匯款手續費，增加額外成本。 |
| | 複委託 | 1. 單筆交易手續費約 0.15%～0.50%且大多數有低消，若選擇定期定額，部分券商手續費較低。<br>2. 若使用同一家銀行換匯，可免匯款手續費，降低匯兌成本。 |
| 稅務風險 | 海外券商 | 海外所得需自行舉證，投資人需手動整理交易紀錄，並在報稅時提交。 |
| | 複委託 | 券商會主動提供所得資料，投資人報稅時較方便，無需自行整理交易紀錄。 |
| 便利性 | 海外券商 | 1. 需自行辦理美股退稅，流程較繁瑣，投資人需有一定的稅務知識或尋求專業協助。<br>2. 無法定期定額投資，投資人需自行選擇買進時機，適合一次性投入或主動操作的投資者。<br>3. 大多數海外券商提供股利再投入計畫，可自動將股息再投資，適合希望長期累積股數的投資人。 |
| | 複委託 | 1. 部分台灣券商可代辦美股退稅，減少投資人自行處理的困難。<br>2. 可設定定期定額投資，適合小額投資者或長期佈局的投資人。 |

資料來源：種子講師團隊杜志遠

複委託則適合希望流程簡單、不想額外開戶的人。表7-3從交易成本、稅務風險、便利性等三方面來比較兩者的特性與差異。

　　海外交易的方式因人而異，包括資金規模、交易頻率、定期定額、匯款成本等因素，都會影響自身的交易方式。至於海外券商下單與複委託的手續費比較，市場上已有許多資訊可供參考，此處不再贅述。

## 投資美股與美債之稅務規劃

投資美股已成為台灣投資人資產配置的重要選擇，不論是個股（如 AAPL）、台積電 ADR（TSM），或者是 ETF（如 VOO、SPY、QQQ），都涉及不同的稅務規範，以下分別說明這三類投資項目的相關稅務。

### 類別 1 ｜ 美股投資的稅務（對非美國稅務居民的影響）

**1. 資本利得稅（Capital Gains Tax）**

① 美國：停徵。美國政府對於非美國稅務居民的股票資本利得（即股票買賣獲利）免稅，這對投資人而言是一大優勢。

② 台灣：海外所得，納入基本所得額計算。台灣個人所得稅法規定，若海外所得（包含資本利得）超過 100 萬台幣，超出時需全額納入基本所得額最低稅負制，可能需補繳 20％稅額。。

舉例來說，假設投資美股在 SPY（標普 500）上賺了 200 萬，但因我們非美國稅務居民，美國政府不會對這 200 萬資本利得課稅。然而一旦我們把這 200 萬匯回台灣時，就算是海外所得，且因超過台幣 100 萬元，故需全額納入基本所得額。

**2.. 股息稅（Dividend Tax）**

股息收益的課稅方式，依投資標的不同，如投資美股個股（AAPL）或 ETF（VOO、SPY、QQQ）而有所差異。

① 美國：股息預扣 30％（不可退稅）。美國稅法規定，非美國稅務居民在美國領取的股利需扣繳 30％稅金，這筆稅款無法透過退稅拿回。

② 台灣：剩餘 70％股息需納入基本所得額，屬海外所得。實際課稅

影響：如果投資人年度海外所得超過 100 萬台幣，則取得的股息需納入基本所得額計算，可能適用最低稅負制 20%。

舉例來說，假設投資美股領了 200 萬現金股利，但因我們非美國稅務居民，美國政府會預扣 60 萬稅金，且是不會退稅的，當剩下的 140 萬匯回台灣時，算是海外所得並且因超過 100 萬台幣，需全額納入基本所得額。

另外，假設我有海外資本利得虧損 200 萬元，同時有海外股息所得 200 萬元，這兩者可以互相抵銷，使海外所得為 0 元嗎？

答案是「不可以」。**海外資本利得、海外股息以及海外利息三者在計算時是分開處理的**，不能相互抵銷。海外資本利得的虧損僅能用來抵減資本利得本身，且最低只能計為 0 元，不得為負數。故此情況下之海外所得應為：

海外資本利得（0 元）＋海外股息（200 萬元）＋海外利息（0 元）
＝ 200 萬元，而非 0 元。

### 類別 2 ｜非美國發行股票的稅務

以台積電 ADR（TSM）為例，台積電 ADR 是台灣公司在美國上市，所發放的現金股利視同由台積電台灣總公司發放，理論上屬於「境內所得」。若未向國稅局申報該項所得，對於適用所得稅率低於 21% 的投資人而言，可能面臨被多扣稅款的情況，導致實際稅負高於應繳稅額。

① 美國：免預扣稅。
② 台灣：股息預扣稅為 21%（可退稅）。與一般美股不同，台積電 ADR 的股利預扣稅率僅為 21%，且屬「就源扣繳」，因此不會併入台灣的海外所得計算。

由於台積電 ADR 的股息屬於境內所得，不論你的稅率級距是否能退

回部分稅額，都必須如實申報該項所得。

至於賺取價差所產生的資本利得，因其交易市場位於美國，屬於「境外所得」，適用最低稅負制相關規定。

詳細的台積電 ADR 申報步驟，將於第 7-2 節詳述。

### 類別 3 ｜美債 ETF 的稅務

對許多投資人而言，投資美債是資產配置的重要選擇，特別是在市場動盪時期，美債被視為較安全的避險資產。

**1. 資本利得稅**

① 美國：停徵。美國政府對於非美國稅務居民的美債 ETF 買賣收益，免課資本利得稅。

② 台灣：海外所得，納入基本所得額計算。若投資人當年度海外所得（包含美債 ETF 的資本利得）超過 100 萬台幣，則須全部併入最低稅負制（20％）計算，可能需補繳稅款。

**2. 利息稅**

① 美國：預扣 30％。

② 台灣：剩餘的 70％股利為海外所得，納入基本所得額計算。若投資人當年度海外所得（包含美債 ETF 的資本利得）超過 100 萬台幣，則全部須併入最低稅負制（20％）計算，可能需補繳稅款。

對台灣投資人來說，投資美債 ETF 與台股發行的美債 ETF，其稅務影響可能大不相同。表 7-4 分析美股與美債在不同發行地區的資本利得稅與股息稅。

表 7-4　美股與美債在不同發行地區之資本利得稅與股息稅比較

| 發行地區 | 投資標的 | 資本利得稅（股票買賣獲利） | 股息稅 |
|---|---|---|---|
| 美國 | • 美股個股（如 AAPL）<br>• 美股 ETF（如 VOO、SPY、QQQ） | • 美國：停徵<br>• 台灣：若海外所得超過 100 萬台幣，列入最低稅負制 | • 美國：預扣 30%（無法退稅）<br>• 台灣：70% 股息納入海外所得，可能影響最低稅負制 |
| 美國 | 台積電 ADR（TSM） | • 美國：停徵<br>• 台灣：若海外所得超過 100 萬台幣，列入最低稅負制 | 台灣：扣繳 21%（屬於境內所得，不影響最低稅負制） |
| 台灣 | 台積電台股（2330） | 台灣：證交稅 0.3%，資本利得稅停徵 | 台灣：可享 8.5% 股利抵減額（上限 8 萬台幣） |
| 海外 | 美食–KY（海外所得） | 台灣：證交稅 0.3%，資本利得稅停徵 | 台灣：海外所得 |
| 美國 | 美債 ETF（如 AGG、BND、IEF） | • 美國：免稅<br>• 台灣：若海外所得超過 100 萬台幣，列入最低稅負制 | • 美國：預扣 30%<br>• 台灣：70% 股息納入海外所得，可能影響最低稅負制 |
| 台灣 | 美債 ETF（如 00697B 元大 7-10 美債） | 台灣：證交稅 0%，資本利得稅停徵 | 台灣：海外所得〔註〕 |
| 台灣 | 美股 ETF（如 00646 S&P 500） | 台灣：證交稅 0.1%，資本利得稅停徵 | 台灣：海外所得 |

資料來源：財政部稅務入口網，種子講師團隊杜志遠

註：發行 00697B（7～10 年美國政府公債）的元大投信是法人直接持有，所以美國不會預先課稅。

## 投資台灣發行美債好，還是美債 ETF 好？

在投資美債時，台灣投資人可選擇直接購買美債 ETF（如 BND、AGG、IEF、TLT），或是透過台灣發行的美債 ETF（如 00697B）。但這兩者在配息、稅務影響、費用率等方面皆有所不同，對台灣投資人而言，其稅務影響大不相同。由於發行 00697B 的元大投信是直接持有美國公債，所以並不會有美國預扣稅。這給了本地投資者除了便利性之外，另一個很大的稅務優點，也萌生從各方面去比較不同債券標的想法。

表 7-5 分析這些投資工具的稅務成本，並提供最佳配置建議。從「稅後殖利率」來看，00697B 的稅後殖利率僅 3.60％，低於所有美債 ETF。

從「總費用率」來看，00697B 的費用率高達 0.42％，遠高於所有美債 ETF。費用率對長期投資影響大，即便 00697B 免美國預扣稅，但因費用過高，最終稅後殖利率仍低於美債 ETF。

表 7-5　美債 ETF v.s. 元大美債 00697B 殖利率比較

| BOND ETF | 殖利率 | 實際扣稅率（註1） | 稅後殖利率 | 費用率 |
|---|---|---|---|---|
| 00697B | 3.60% | 0% | 3.60% | 0.42% |
| BND | 4.90% | 2.595%（註2） | 4.77% | 0.03% |
| AGG | 4.88% | 1.98%（註3） | 4.78% | 0.03% |
| IEF | 4.51% | 0% | 4.51% | 0.15% |
| TLT | 4.88% | 0% | 4.88% | 0.15% |

資料來源：yahoo finance、複委託券商，種子講師團隊林郁婷

註 1：最新資料為 2023 年複委託預扣稅與隔年 2024 年退稅，兩者相乘後的實際扣稅率。
註 2：BND2023 年預扣稅 30％，2024 年退回 91.35％，因此實際扣稅率為 30％ ×（1 － 91.35％）＝ 2.595％。
註 3：AGG2023 年預扣稅為 1.98％，隔年 2024 年並無退稅，因此實際扣稅率即為 1.98％。

從「美債 ETF 退稅」機制來看，依照複委託券商最新經驗，BND 債息 2023 年需先預扣稅 30%，隔年 2024 年可退 91.35%，最終實際扣稅率為 2.595%，因此稅後殖利率仍達 4.77%，優於 00697B。

綜上所述，00697B 雖然免美國預扣稅，但因費用率高，最終稅後殖利率仍比美債 ETF 低。長期投資人應優先選擇 AGG、BND 等美債 ETF，以獲取更高的收益。但只想單純把錢留在台灣的你，或許 00697B 也是個選擇。表 7-6 分析兩者適合的投資者。

表 7-6　適合投資美債 ETF 與 00697B 的投資者

| 適合投資美債 ETF 的投資人 | 適合投資 00697B 的投資人 |
| --- | --- |
| • 追求更高的稅後殖利率（如 TLT、AGG、BND）。<br>• 願意使用海外券商或台灣複委託交易美債 ETF。<br>• 可以接受隔年約 5 月才開始陸續收到預扣稅的退稅。 | • 追求交易便利性，不想使用海外券商或複委託。<br>• 想避免美國預扣稅，但能接受較低的稅後殖利率。<br>• 希望新台幣計價，不想處理匯率風險。 |

資料來源：種子講師團隊林郁婷

## 從財富傳承的角度思考海外券商與複委託

人生總有走到終點的時候，如何處理海外所得的稅務也是一個重要課題。以投資美股為例，該如何計算遺產稅？

當投資人在美股市場持有資產，若不幸身故，家屬可以申請領回這筆投資資金。然而，根據美國稅法的規定，這筆資產可能需要繳納美國遺產稅（Federal Estate Tax）。

台灣投資人屬於非美國稅務居民，遺產稅免稅額**僅 6 萬美元（約 180 萬台幣）**，只要美股資產超過 6 萬美元，超出的部分將按照累進稅率課稅，

範圍為 18%～40%。

需要繳納遺產稅的資產有二，①是美國發行的股票，不論是透過海外券商或複委託購買。②是美國境內的不動產與有形資產，如房產、車輛、藝術品等。

## 複委託之遺產處理

由於並非所有投資者的家人都熟悉海外券商的操作流程，同時，非美國稅務居民的免稅額度僅有 6 萬美元，和中華民國遺產免稅額 1,200 萬相比，真的是太少。投資人是否可以考慮使用複委託，盡可能達到海外投資的傳承？

在台灣券商開複委託戶頭買入美股，這些商品實際上是由海外信託機構持有，投資人擁有的只是「受益權」。因此，在台灣券商的複委託機制下，投資人並未直接持有美國金融商品，而是透過複委託代持。所以有些券商主張這些資產可能不被視為美國遺產，不適用美國遺產稅。

不過，部分券商仍可能採用美國託管銀行持有資產，因此需確認券商的資產歸屬地後，才能確保台灣券商的架構為「非美國資產」。因此，建議投資人同時採取其他降低風險的方案，也就是使用「非美國資產」的替代投資工具，來分散資產，並降低遺產稅的風險。

例如，非美國註冊的 ETF，因其不是美國資產，就能避免遺產稅的問題，或是選擇非美國上市的基金，以及設立海外公司或信託，透過公司名義持有美股。最後，就是提早逐步將美國資產轉移至台灣。

因此，複委託可能是一種合法避開美國遺產稅的方法，但需要確認券商的實際託管機制。投資人也可以同時使用非美國資產工具、透過海外公司或信託，來持有並分散資產。最後，若是直接持有美國股票或不動產，

超過 6 萬美元時，仍可能面臨 18％～ 40％遺產稅。

如果涉及大額投資或遺產規劃，建議諮詢專業財務顧問或國際稅務專家，以確保最佳的資產配置策略！

## 7-1 重點精華

- 海外所得從 2024 年的 670 萬額度提高到 2025 年的 **750 萬**，提高了 80 萬，政府的美意一定要好好利用。
- 把一半的國內股利所得改成**國外股利所得**，**所得稅能省一半以上**。
- 海外券商需要自己開戶下單，**複委託相對單純但手續費略高，且逐漸下降中**。
- 海外資本利得稅以**美股**及**美債**為例，非美國稅務居民的資本利得稅**停徵**，在台灣則要**納入海外所得**。
- 海外投資當中，只要是**美國發行股票**，如（AAPL、SPY500）等**需繳遺產稅**，非美國稅務居民遺產稅免稅額僅 6 萬美元。
- 長期投資人應優先選擇 AGG、BND 等美債 ETF，以獲取更高的收益。
- 複委託處理遺產稅相對單純。

# 7-2 投資美股稅務指南

投資美股和美債是許多海外投資者的選擇，但對於「非美國稅務居民」來說，理解稅務影響至關重要。以下解析美股股息、國債利息的稅率與退稅流程，並提供報稅指南，協助投資人獲取最大化收益。

## 美股投資的稅務影響

投資美國公司股票，券商收到股息時會預扣 30% 的美國預扣稅，這是依美國稅法針對非美國稅務居民的規範。表 7-7 為美股常見股息稅率。

表 7-7　常見美股股息稅率

| 投資標的 | 股息預設稅率 | 退稅機會 |
| --- | --- | --- |
| 美國公司股票（如蘋果、微軟） | 30% | 無 |
| 美國上市 ETF（如 SPY、QQQ） | 30% | 無 |
| ADR（如台積電 ADR） | 21%（台灣扣稅）＋ 0%（美國） | 台灣可申請抵稅 |

資料來源：IRS 官網，種子講師團隊吳亮均

表 7-7 中，由於當前台灣與美國尚未簽訂租稅協定，因此台灣投資人在取得美國來源的股息時，**適用的預扣稅率為 30%**。若未來兩國簽訂正式的租稅協定，則有可能比照其他已簽署協定的國家，如中國適用的 10% 稅率，大幅降低預扣稅負。

美國券商對 ETF 依然適用股息 30% 預扣，因為 ETF 分配的股息大多來自美國公司，並不享有免稅待遇。

如要減少股息稅，建議選擇配息較少的成長型 ETF 如 VOO，避免現

金股息被扣稅。或是持有 ADR（如 TSMC ADR），美國端不會再扣 30%稅，但台灣會扣 21%。

## 美債投資的稅務影響

美國政府對非美國稅務居民投資美國國債（U.S. Treasury Bonds），其國債利息應該是 0% 稅率，但如果沒有正確提交美股退稅（W-8BEN），極可能被錯扣 30%。投資美國債券利息之稅率如表 7-8 所示。

表 7-8　美國債券利息稅率

| 投資標的 | 預設稅率 | 可否退稅 |
| --- | --- | --- |
| 美國國債（U.S. Treasury Bonds） | 0%（正確提交 W-8BEN） | 無需退稅 |
| 美國公司債（Corporate Bonds） | 30% | 可能適用 Portfolio Interest Exemption（PIE） |
| 美國市政債（Municipal Bonds） | 0%（部分州政府債券） | 無需退稅 |

資料來源：IRS 官網，種子講師團隊吳亮均

## 被錯扣國債利息稅之申請退稅流程

美國國債利息稅應是 0%，若被美國券商錯扣 30%，國債利息稅可申請退稅，申請退稅流程如圖 7-1 所示。若您的投資額較大，建議諮詢美國稅務專家，以確保合法避稅與最大化投資收益。

由於申請退稅的流程極為麻煩且曠日廢時，為了避免發生預扣稅被錯扣，建議可選擇低稅負投資標的。

圖 7-1　申請退稅流程圖

**如何申請退稅？**
如果美國券商錯誤扣打了 30% 的國債利息稅，您可以申請退稅，流程如下：

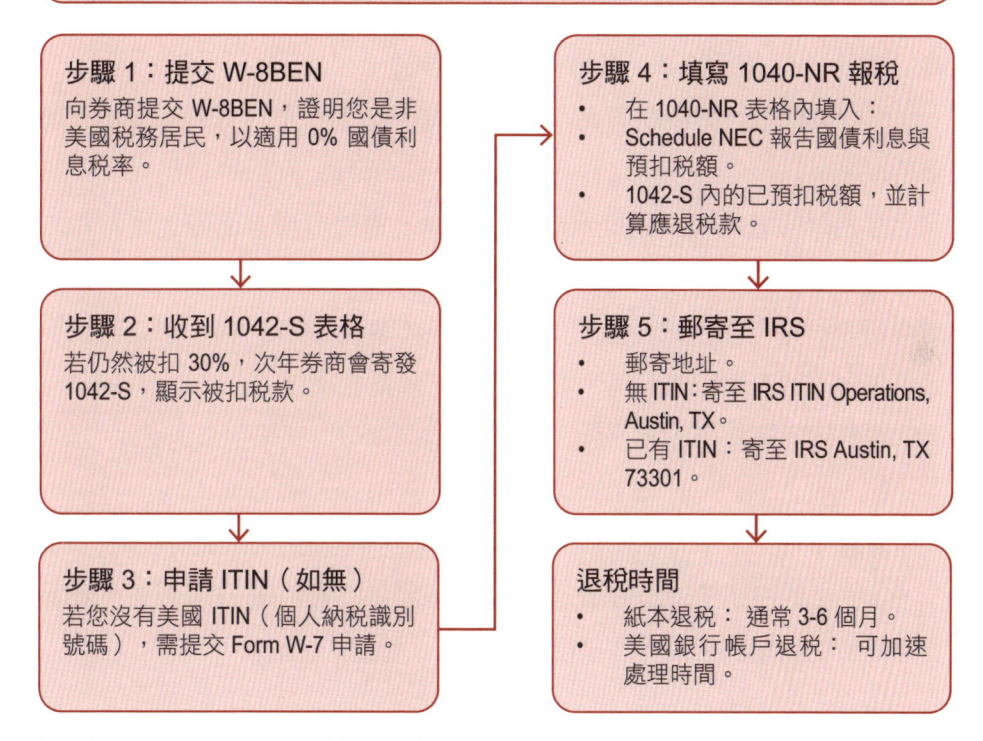

**步驟 1：提交 W-8BEN**
向券商提交 W-8BEN，證明您是非美國稅務居民，以適用 0% 國債利息稅率。

**步驟 2：收到 1042-S 表格**
若仍然被扣 30%，次年券商會寄發 1042-S，顯示被扣稅款。

**步驟 3：申請 ITIN（如無）**
若您沒有美國 ITIN（個人納稅識別號碼），需提交 Form W-7 申請。

**步驟 4：填寫 1040-NR 報稅**
- 在 1040-NR 表格內填入：
- Schedule NEC 報告國債利息與預扣稅額。
- 1042-S 內的已預扣稅額，並計算應退稅款。

**步驟 5：郵寄至 IRS**
- 郵寄地址。
- 無 ITIN：寄至 IRS ITIN Operations, Austin, TX。
- 已有 ITIN：寄至 IRS Austin, TX 73301。

**退稅時間**
- 紙本退稅：通常 3-6 個月。
- 美國銀行帳戶退稅：可加速處理時間。

資料來源：IRS 官網，種子講師團隊吳亮均

　　同時確保券商填報正確的 W-8BEN，例如國債利息應為 0% 預扣稅，但若未填 W-8BEN，可能被錯扣 30%。此外，PIE 適用於部分公司債，可免稅，亦應留意。

投資節稅攻略　　229

## 如何主張自己是台灣稅務居民，避免 21% 扣繳？

台積電 ADR（TSMC, TSM）雖然在美國上市，但股息來自台灣，因此根據《所得稅法》第 88 條，台灣公司支付股息給「非台灣稅務居民」時，預設 21% 扣繳稅率，此即就源扣繳機制。

但如果你是台灣稅務居民，這 21% 是可以避免的，只是需要額外的申請程序。

首先你要能證明自己是台灣稅務居民，適用台灣本地股利所得稅規則，而非 21% 預扣稅。但因為 ADR 股息是經過美國券商發放，通常券商會預設你是「非台灣稅務居民」，所以才會直接扣 21%。所以我們要先主張自己是台灣稅務居民，才能避免 21% 的扣繳。

如果你已經被扣 21% 稅，可以試著透過以下方式來主張退回：

**步驟 1：**

首先，你需要準備能證明台積電 ADR 股息已被扣繳 21% 稅款的相關文件，例如扣繳憑單或券商提供的對帳單，如圖 7-2 所示。

**步驟 2：**

在填寫網路報稅時，假設你實際收到 79 元股息，但台積電原本發放的股息為 100 元，其中 21%（即 21 元）已被預扣，因此，應在個人所得申報時，額外新增一筆台積電 ADR 股利 100 元，並標註已預扣 21% 稅款。

提交相關證明文件後，國稅局會扣除印花稅等應繳稅額，並根據你的個人綜合所得稅率與 21% 預扣稅進行比對，依「多退少補」的原則進行稅額調整。

然而,事情真有那麼美好嗎?舉例來說,有天小張、小美和老王看到自己投資已久的台積電 ADR 股利可以申請退稅,興奮地跑去國稅局辦理申報,沒想到卻得如表 7-9 的結果。

圖 7-2　台積電 ADR 的存托機構所公告的股利發放通知書

**Dividend Announcement**
04-Oct-2024 11:11 AM

TO:　New York Stock Exchange
　　　20 Broad Street, 8th Floor
　　　New York, NY 10005

Please be advised of the following dividend information:

Approximate:
Final: X

DR Program: TAIWAN SEMICONDUCTOR MANUFACTURING CO LTD

| | |
|---|---|
| CUSIP: | 874039100 |
| ISIN: | US8740391003 |
| Ticker: | TSM |
| Country: | TAIWAN |
| Ratio (ORD:ADR): | 5 : 1 |
| Type of Distribution: | Cash |
| Ordinary Record Date: | 18-Sep-2024 |
| ADR Record Date: | 12-Sep-2024 |
| Ordinary Payable Date: | 09-Oct-2024 |
| ADR Payable Date: | 09-Oct-2024 |
| Ordinary Ex Date: | 12-Sep-2024 |
| ADR Ex-Date: | 12-Sep-2024 |
| Ordinary Rate: | 4.0001382　　ORD Rate 4.0001382 * 5 = ADR Rate of 20.0006910000 |
| Currency: | TWD |
| F/X Conversion Rate: | 32.01 |

| Gross Rate $ | Tax Rate % | Withheld Tax $ | Cash Dividend Fee $ | Tax Relief Fee $ | Net Rate $ |
|---|---|---|---|---|---|
| 0.6248260 | 21.0000000 | 0.1312130 | 0.0000000 | 0.0000000 | 0.4936130 |

Note the following:
(1) For Preliminary Dividend Announcement, the F/X Conversion Rate is a preliminary estimate.
　　For Final Dividend Announcement, the F/X Conversion Rate is a final rate.
(2) Gross Rate $ = 4.00013820 x 5 (5 ords : 1 ADR) divided by 32.010 (F/X Conversion Rate) = 0.624826
(3) Withheld Tax $ = 4.00013820 (cash dividend per ordinary share) x 5 (5 ords : 1 ADR) divided by 32.010
　　(F/X Conversion Rate) x 21% (withholding tax at source) = US$ 0.131213 withholding tax on cash dividend per record date share.
(4) Gross Rate $, Withheld Tax $ and Net Rate $ are shown as six decimal places.

Questions may be directed to Tiffany Ma (973) 461-5734 or email drdividends@citi.com
For more information about Citi's Depositary Receipt Services, please visit www.citi.com/dr.

相關資訊請掃

資料來源:花旗銀行官網

表 7-9　小張、小美和老王的 ADR 退稅比較

| 項目 | 小張 | 小美 | 老王 ||
|---|---|---|---|---|
| 稅率級距 | 12% | 20% | 30% ||
| 實際收到股息（扣繳 21%） | 79 元 | 79 元 | 79 元 ||
| 未扣繳前的股息 | 100 元 | 100 元 | 100 元 | 100 元 |
| 退稅前實際扣繳金額 | 21 元 | 21 元 | 21 元 | 21 元 |
| 退稅後實際繳稅金額 | 12 元 | 20 元 | 30 元 | 28 元 |
| 退補稅額 | 可退 9 元 | 可退 1 元 | 補稅 9 元（併入綜合所得） | 補稅 7 元（使用 28% 分離課稅） |

資料來源：財政部稅務入口網，種子講師團隊吳亮均

註：以上計算未考慮印花稅等其他額外費用。

　　從表 7-9 可看出，並非每個人都是退稅，反之有的人是必須補稅的；不過根據稅法規定，台積電 ADR 股利仍屬於**國內所得**。因此，對於高稅率族群而言，如實申報是一項稅務義務；而對於低稅率族群來說，透過申報退稅則是一種應享的權益與福利。

　　總體而言，妥善運用退稅機制，確實可讓投資台積電 ADR 更靈活。基於可透過退稅機制調整 21% 預扣稅的前提，投資台積電 ADR（TSM）與台積電 2330 在股息稅負上的差異可被部分消除，**兩者的主要區別在於「資本利得」的稅務處理**。

　　在台灣，台積電 2330 的資本利得已停徵證所稅，而台積電 ADR 在美國雖同樣享有免資本利得稅，但這些收益產生時，可能影響最低稅負制，若海外所得超過 100 萬台幣，則需考量最低稅負制可能產生的額外稅負。

然而，投資台積電 ADR 仍具有一定優勢：

- ADR 可能存在溢價或折價，提供短線交易機會，**可靈活操作**價差套利。
- 美國券商多數提供 0 手續費交易，相比台股 2330 **交易成本更低**。
- 美股市場流動性較高，交易時段較長（包含盤前／盤後交易），適合短線進出。

因此，最優投資策略可結合兩者的優勢：長期持有台積電 2330 以享受較低股息稅負，同時靈活利用台積電 ADR 的溢價折價空間進行短線交易，達成「魚與熊掌兼得」的投資組合，將投資效益最大化！

建議投資人可善用台積電 ADR 的存托機構所公告的「股利發放通知書查詢網頁」，QR Code 於 p231），文件中列有每一期台積電 ADR 的配息金額與所扣稅額，可用來證明您收到的股息已被預扣 21％的稅款。

## 7-2 重點精華

- 海外股息稅以**美股**為例，會先**預扣 30％股息稅**且不可退稅。投資非美國發行股票如台積電 ADR，股利會採分離課稅 21％預扣稅率，且不併入海外所得**屬於台灣營利所得**的一部分。
- 海外股息稅以美債為例，**國債預設稅率為 0％**，但須提交 W-8BEN 表單證明。**公司債先預扣 30％股息稅**，部分券商複委託可以退稅，但需要自行確認。

# 7-3 長期持有 v.s. 避開股息稅

領取股息時，投資人必須面對**股利所得稅**與**二代健保補充保費**，等於讓政府「吃豆腐」，每年從你的投資收益中抽取一部分。儘管這些稅負會影響短期的資金流，但透過股息再投入與市場長期增長，投資人仍然能夠享受複利帶來的資產累積。

另一種選擇是在除息前一天賣出所有持股，除息當天買回，以此避開股息稅與二代健保補充保費，將應繳的稅款省下來重新投入市場。這種策略看似能夠減少稅務負擔，但由於每次交易都需要支付**證券交易稅**與**手續費**，且市場價格未必按照理論上的「**完美除息**」運作，最終能否戰勝長期持有，仍是一個值得深思的問題。

要不要參與除權息？這個問題對大多數人來說一直是個大哉問。有人認為長期持有、領股息再投入是財富累積的不二法門，但也有人認為，當股利所得稅率過高時，避開除息才是聰明之舉。

對於綜合所得稅 20% 以下的投資人，大多數財務顧問會建議持有不動，讓股利再投入，以發揮複利效果。但當投資規模變大，股利收入提高，開始需要用到 28% 分離課稅計算股利所得時，問題就變得大不相同了。

這時，一個新的聲音出現了——與其讓政府收走這麼多稅，不如在除權息前一天賣光股票，等到除息當天再買回來。這樣一來，雖然需要支付證交稅與手續費等交易成本，但至少能避開大部分的股利稅負，讓自己的資產成長得更快。

這真的可行嗎？避開除息的策略，真的能讓投資報酬最大化？為了解開這個謎之音，以下我們以老張與老王的故事，來看看這場「**長期持有 v.s. 避開股息稅**」的較量，究竟誰能勝出。

## 長期持有的老王 v.s. 避開股息稅的老張

老王是個標準的長期投資者，從 2005 年開始，他將 100 萬元投入 0050，每年領取股息，並且堅持把股息再投入。他深信「複利是世界第八大奇蹟」，只要時間夠長，股息累積的雪球效應將帶來豐厚的回報。

老張則是個精打細算的投資者，他不願意讓政府從他的股息中分到一杯羹。他發現一個巧妙的方法：每當 0050 即將除息，他便在前一天賣掉所有持股，等到除息日當天再買回。這樣一來，他既能享有股價反彈的收益，又能避開股利所得稅與二代健保補充保費，他深信只要少繳一分錢給政府，就等於自己又多賺了一分。

觀念極為不同的兩人，某天在咖啡廳裡聊起這個話題，不得了，三言兩語就碰撞出激烈火花。

老王說：「對我來說股息再投入當然好啊，複利的力量才能愈滾愈大！」老王信心滿滿地說。因為他是標準的長期投資者且一直持有著 0050ETF，每次領到股息後，都會馬上再投入，讓資產持續增長。雖然他知道自己得繳股利所得稅，但他相信時間終究會讓他的資產超越成本。

但老張聽了搖了搖頭，直問：「你有算過你的成本嗎？」

老王疑惑：「怎麼說？」

老張自豪表示：「我每年除息前一天賣掉 0050，等除息當天再買回來，避開了股息的稅負。你賺的是配息扣完稅後的錢，而我是直接賺股價的增值，還省下一大筆稅。」

老王聽了，開始回想起自己這些年的投資，確實，自己辛辛苦苦拿到的股息，每年都被稅扣走不少。但他又想，老張的做法真的比較有利嗎？如果市場行情不好，他賣出又買回，難道不會吃虧嗎？

這是一場「**長期持有、股息再投入 v.s. 避開股息所得**」的策略對決。事實上，這場較量對高所得族群來說，可能影響更為巨大。那麼，高所得者該避開除息嗎？現在，就讓我們透過 20 年的數據來尋找答案。

## 老張與老王 20 年與時間比賽

老王從 2005 年初投入 100 萬資金購買 0050ETF，買入時間從 2005 年 1 月 3 日至 2024 年 12 月 31 日，共計 20 年。

由於老王選擇長期持有，每當 0050 發放股利時，他都會收到一筆現金股利。然而，這筆股利不僅需要計入**綜合所得稅**，如果年度股利超過 2 萬元，還需要額外繳納 2.11％的**二代健保補充保費**。這意味著，對於領取大量股利的投資者來說，稅務負擔會隨著時間而增加。

如果老王的綜合所得級距較低（5％、12％），他還能透過 8.5％的股利扣繳抵減來降低稅負。但如果他的所得級距落在 30％、40％以上，那麼使用 28％股利分開計稅反而比較划算，因為這樣就能避免高額的綜合所得稅率，進一步侵蝕他的投資收益。

相較之下，老張的做法簡單直白──除息前一天賣出，除息當天買回。他不會收到股息，因此不需繳納股利所得稅或二代健保補充保費，唯一成本只是**證券交易稅**（賣出 0.1％）與**交易手續費**（來回約 0.285％）。

再加上台灣目前對證券交易所得稅停徵，讓老張的策略看起來更具吸引力，似乎能省下更多成本。但老張真的比較吃香嗎？事實上，從圖 7-3 可清楚看到，截至 2024 年現金股利發放日後，長期持有的老王之資產有 6,780,761 元，主張除息買賣的老張之資產為 6,091,802 元，完美除息的老張之資產為 7,311,621 元。

這個結果有沒有讓你很詫異，**跑來跑去反而沒有贏過乖乖站在原地**？

從數據來看，老王的長期持有策略之最終資產價值，高於老張的除息避稅策略，這意味著即使老王需要繳納較多的稅費與二代健保補充保費，它的投資回報仍然較優。以下分析老王為何能贏過老張。

## 重點打擊 5：幾乎不存在的完美除息

從圖 7-3，我們看到一條**「完美除息」**曲線。所謂完美除息是指股價在除息日完全按照理論計算的方式調整，即**「除息後開盤價＝除息日前開盤價－每股配息」**，沒有受到任何市場波動的影響。例如，若股票前一天

圖 7-3　長期持有、除息買賣、完美除息長達 20 年投資之資產比較

0050 總資產

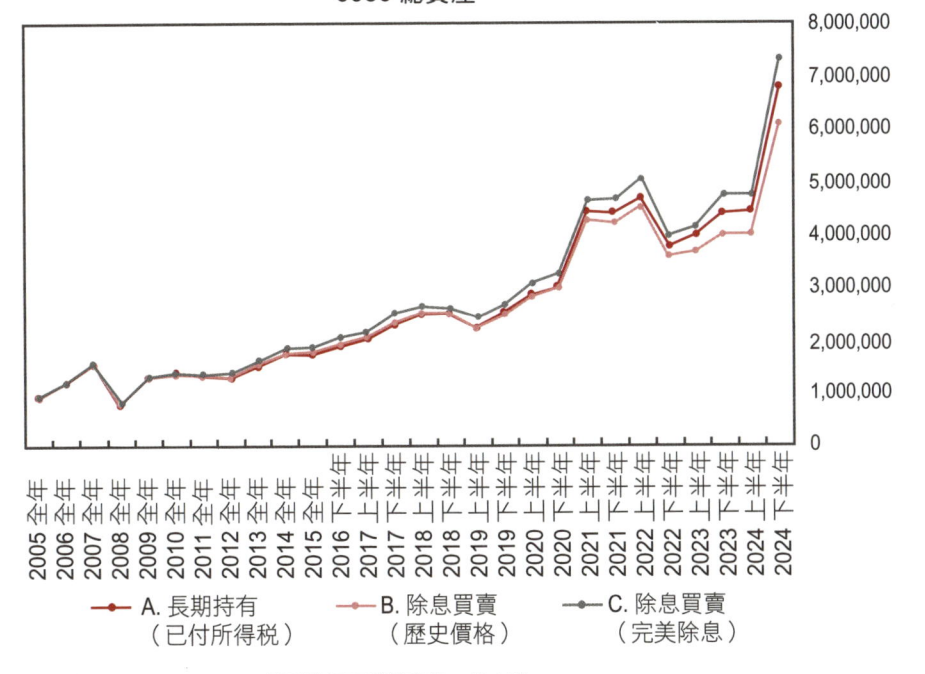

A. 長期持有（已付所得稅）
B. 除息買賣（歷史價格）
C. 除息買賣（完美除息）

資料來源：yahoo finance，種子講師團隊黃彥傑、杜志遠

收盤價為 100 元，當天除息 3 元，**則理論上，除息日開盤價應為 97 元。**

相較於除息買賣方法是除息前一日賣出股票，除息當日買回股票，長期持有則是一種透過持續參與市場成長、股息再投入來累積資產的投資策略。這種方式的核心理念是：時間與複利的力量能夠最大化投資回報，即使需要支付股利所得稅與二代健保補充保費，長期下來，仍能透過市場的自然增長與再投資獲得穩定的收益。

在長期持有策略中，股息不會被提領消費，而是**再投入市場**，讓資產滾動成長。例如，當一檔 ETF（如 0050）每年配發股息時，投資人會**扣除應繳稅費後，將剩餘資金重新購買 ETF**，進一步增強未來的配息與資本增值效果。

除息前日，賣出最少的股票以墊付去年股利應繳之所得稅（下面先以 28％股利分開計稅作範例）。所剩零錢，再與股息扣掉二代健保補充保費之後的金額，於股利發放當日再投入。以下用表 7-10 來分析，老王與老張的投資方式之成本費用。

老張的關鍵假設是：「**除息前一天賣掉，除息日當天買回。**」但在真實市場中，這個策略有兩個問題：

### 1. 股價未必按照理論上的「除息點」變動

圖 7-3 中不僅有 A. 長期持有（老王的策略），還有 B. 歷史價格買回和 C. 完美除息買回這兩條線。這是因為市場價格的變動往往不如理論上的「除息點」精準，導致除息買賣的結果可能與預期有所落差。

理論上，如果一檔股票前一天收盤價為 100 元，除息 3 元，大家可能會認為，隔天開盤價應該是 97 元，這樣老張就能順利在這個價格買回，避開股息所得稅的同時，還不會損失股價變動帶來的影響。

表 7-10　老王 V.S 老張成本費用列表

| 投資人 | 老王 | 老張 |
|---|---|---|
| 投資方式 | 長期持有，領股息再投入（28%分離課稅） | 除息前天賣光，除息當天買回 |
| 交易成本 | 配息當天→配息超過 2 萬，二代健保補充保費 2.11% | 除息前賣出→<br>證券交易稅 0.1%＋交易手續費 0.1425% |
| | 股利發放再投入→<br>交易手續費 0.1425% | 除息當天買回→<br>交易手續費 0.1425% |
| | 賣股票繳交綜合所得稅→<br>股利 X 分離課稅 28% | |
| | 交易成本→發放股利再投入 | 交易成本→<br>每年都要支付兩次交易稅與手續費（賣出與買回） |

資料來源：種子講師團隊杜志遠

　　但現實並不總是如完美除息般運作。市場有時會提前反應除息影響，可能在除息日前股價就已經下跌，讓老張在賣出時錯過更好的價格。

　　此外，當除息日開盤時，股價也不一定剛好減去股息，市場可能因為當天的供需變動，使股價開盤時比預期的 97 元更高。有時甚至因市場情緒樂觀，股價在除息日反而上漲，使得老張買回的價格比預期還高，這等於讓他花了更多成本，抵銷掉他節省的稅務支出。

　　這種**「除息前賣低，除息當天買高」的風險**，長期下來可能會累積成顯著的影響，導致老張的策略未必能真的戰勝老王。也就是說，理想情況下，老張的資產增長應該如 C. 完美除息買回這條線所示，但實際上，由於市場價格的不確定性，他的真實結果更接近 B. 歷史價格買回。從數據來看，這樣的落差長期下來可能讓資產縮水超過 120 萬元，足以影響投資報酬的最終結果。

### 2. 沒有獲得「時間複利」的好處

老張雖然避開了股利所得稅，但卻必須承擔除息股價變動以及股息再投入效應。反之，老王的核心優勢在於每次收到股息後，都會立刻投入市場，再次參與未來的股息發放與股價成長。這兩者的影響就是「複利增長效應」，亦即股息再投入產生更多的股息。

即使老王必須繳納股利所得稅，但剩餘的資金仍然能再投入，隨著時間推移，這部分的回報逐年累積起來後，會超越老張所省下的稅務成本。

## 資產上的成本差異：小部隊移動 v.s. 大軍隊調度

在投資戰場上，策略選擇就像軍隊的調動方式——有時是小規模部隊行動，有時則是大規模全軍移動，而兩者所帶來的成本與風險截然不同。

### 1. 小部隊移動：長期持有

老王的策略是長期持有，每當股利發放日，他就像派出一支小部隊，將領到的股息再投入市場。這種方式雖然每年都要**支付股利所得稅**與**二代健保補充保費**，但因為只是對已經收到的股息進行再投資，所以整體資金並不會受到大幅影響。即使市場波動，對他的資產影響也較小，因為大部分的部位仍然穩穩地待在市場裡，持續參與未來的成長。

### 2. 大部隊調度：除息買賣

相比之下，老張的策略則是每年在除息日前全軍撤退，將所有持股賣出，等到除息日當天再全軍進場重新買回。這就像是一支大軍每年定期從戰場撤離，再回到戰場，過程中需要付出大量的交易成本（**證交稅**與**手續費**），而且還會面臨價格波動的不確定性。

若市場價格在除息日填息速度較快（股價回升），那麼老張買回時可能要付出更高價格，導致他的實際成本墊高。這種狀況下，他節省的所得稅可能完全被價格變動的額外成本抵銷，甚至讓他的最終收益不如老王。

總結來說，長期持有的小部隊移動，只是動用股息進行小範圍的再投資，稅務雖然是固定成本，但資產穩定參與市場成長；除息買賣的大部隊調度，卻是每次撤退與進場都會影響整體資金配置，如果股價回升過快，省下的稅負可能被更高的買回成本完全抵銷，甚至造成更大的資產落差。

這就像是戰場上的決策——有時候，選擇穩定紮營並持續增援的長期持有，會比頻繁撤退再買進的除息買賣更具優勢，畢竟撤退與重新進攻的代價，往往比預想的更高。從表 7-11，即可看出 2005～2024 年 0050 填息損失。

## 小資族該追求完美除息嗎？

上述探討的案例，多是針對 28％股利分開計稅的高所得族群。但對於所得稅級距較低的小資族來說，這個問題是否仍然相關？其實，**小資族**不僅應該關心，甚至**更適合採用長期持有而非頻繁交易的策略**。

表 7-11　2005-2024 年 0050 填息損失比較

| 時間 | 除息前日開盤價 | 除息當日開盤價 | 股利發放日開盤價 | 發放股利 | 完美除息開盤價 | 填息損失 | 股利率 |
| --- | --- | --- | --- | --- | --- | --- | --- |
| 2025 上半年 | 197.9 | 197.1 | 196.95 | 2.7 | 195.2 | -1.9 | 1.36% |
| 2024 下半年 | 197.6 | 196.6 | 175.1 | 1.0 | 196.6 | 0.0 | 0.51% |
| 2024 上半年 | 132.0 | 130.1 | 141.5 | 3.0 | 129.0 | -1.1 | 2.27% |
| 2023 下半年 | 132.0 | 131.1 | 127.1 | 1.9 | 130.1 | -1.0 | 1.44% |
| 2023 上半年 | 118.3 | 120.9 | 120.6 | 2.6 | 115.7 | -5.1 | 2.20% |

| 時間 | 除息前日開盤價 | 除息當日開盤價 | 股利發放日開盤價 | 發放股利 | 完美除息開盤價 | 填息損失 | 股利率 |
|---|---|---|---|---|---|---|---|
| 2022 下半年 | 114.6 | 114.7 | 121.3 | 1.8 | 112.8 | -2.0 | 1.57% |
| 2022 上半年 | 148.5 | 144.0 | 138.6 | 3.2 | 145.3 | 1.3 | 2.16% |
| 2021 下半年 | 137.8 | 138.1 | 135.3 | 0.4 | 137.4 | -0.7 | 0.25% |
| 2021 上半年 | 138.4 | 138.3 | 130.6 | 3.1 | 135.3 | -2.9 | 2.20% |
| 2020 下半年 | 97.2 | 97.2 | 102.9 | 0.7 | 96.5 | -0.8 | 0.72% |
| 2020 上半年 | 95.0 | 90.7 | 89.7 | 2.9 | 92.1 | 1.3 | 3.05% |
| 2019 下半年 | 82.6 | 83.1 | 81.4 | 0.7 | 81.9 | -1.2 | 0.85% |
| 2019 上半年 | 76.3 | 74.5 | 76.3 | 2.3 | 74.0 | -0.5 | 3.01% |
| 2018 下半年 | 84.0 | 84.4 | 85.1 | 0.7 | 83.3 | -1.1 | 0.83% |
| 2018 上半年 | 87.4 | 85.6 | 84.4 | 2.2 | 85.2 | -0.3 | 2.52% |
| 2017 下半年 | 82.4 | 81.5 | 83.2 | 0.7 | 81.7 | 0.2 | 0.85% |
| 2017 上半年 | 73.1 | 72.0 | 72.7 | 1.7 | 71.4 | -0.6 | 2.33% |
| 2016 下半年 | 69.6 | 69.1 | 70.1 | 0.9 | 68.8 | -0.3 | 1.22% |
| 2015 全年 | 66.2 | 64.6 | 62.4 | 2.0 | 64.2 | -0.4 | 3.02% |
| 2014 全年 | 65.3 | 63.9 | 67.2 | 1.6 | 63.7 | -0.2 | 2.38% |
| 2013 全年 | 59.1 | 57.8 | 56.8 | 1.4 | 57.7 | -0.0 | 2.29% |
| 2012 全年 | 52.9 | 50.6 | 52.3 | 1.9 | 51.0 | 0.4 | 3.50% |
| 2011 全年 | 53.6 | 51.7 | 48.8 | 2.0 | 51.7 | 0.0 | 3.64% |
| 2010 全年 | 56.7 | 55.6 | 57.2 | 2.2 | 54.5 | -1.1 | 3.88% |
| 2009 全年 | 54.2 | 53.3 | 54.2 | 1.0 | 53.2 | -0.1 | 1.85% |
| 2008 全年 | 35.5 | 32.6 | 31.0 | 2.0 | 33.5 | 0.9 | 5.63% |
| 2007 全年 | 69.7 | 68.9 | 62.3 | 2.5 | 67.2 | -1.6 | 3.59% |
| 2006 全年 | 57.4 | 53.6 | 56.5 | 4.0 | 53.4 | -0.2 | 6.97% |
| 2005 全年 | 46.5 | 45.6 | 46.5 | 1.9 | 44.6 | -1.0 | 3.98% |

資料來源：yahoo finance，種子講師團隊黃彥傑、杜志遠

大家可能忽略了一個重點：股利發放時，投資人可以扣抵 8.5％的綜合所得稅，且最高可抵扣 8 萬元。這**對於所得較低的投資者來說**，實際稅負可能比想像中低很多。

換句話說，長期持有股息再投入的策略，在較低的稅率下受到的影響更小，而頻繁進出市場（如除息前賣出、除息後買回）帶來的交易成本與市場風險，反而可能侵蝕獲利。

圖 7-4 顯示 2005 年投資 100 萬元於 0050ETF，經過 20 年後，長期持有（所得稅 20％）與除息買賣（完全除息）兩種策略的持股數變化。

### 圖 7-4　0050 ETF 長期持有與除息買賣之持股數比較圖

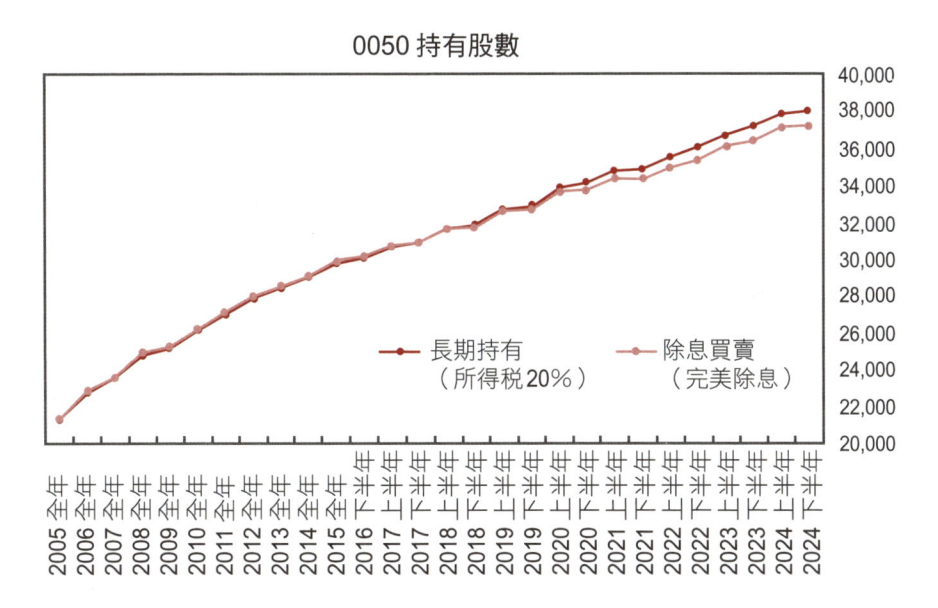

資料來源：yahoo finance，種子講師團隊黃彥傑、杜志遠

投資節稅攻略　243

### 1. 初期（2005～2015 年）：兩者持股數增長接近

早期來看，兩條線的走勢幾乎相同，這是因為不論是長期持有還是除息買賣，初始資金與市場波動影響較小，彼此差距尚未明顯拉開，且除息買賣確實大於長期持有。

### 2. 轉振點到後期（2016～2024 年）：除息買賣的摩擦成本增加

2016 年到 2024 年下半年，長期持有的持股數已經超越除息買賣策略，由於討論的是完全除息的情境，因此市場價格的波動與錯失股息的影響並不在考量範圍內。

也就是說，**長期持有能戰勝「完全除息」**，唯一的原因就是**「稅負與交易成本的差距」**，有趣的是，長期持有（20％稅率）能夠打敗完全除息，很可能與 2016 年後 0050 改為每半年除息一次有關。

- 長期持有需繳納股利所得稅（20％）與二代健保補充保費，但交易成本較低，因為資產幾乎不變動。
- 除息買賣策略雖然避開了股息稅，但每次操作都要支付證券交易稅與手續費，在 2016 年後 0050 改為半年除息一次，交易次數翻倍，導致累積的摩擦成本增加。

雖然除息買賣策略仍然能避開股息所得稅，但隨著交易頻率增加，節省的稅務成本被更高的交易成本侵蝕，導致其表現開始落後於長期持有。換句話說，當 0050 除息頻率增加後，除息買賣策略的優勢逐漸消失，反而變得不划算，進一步證明了長期持有的穩定性與低摩擦成本在長期投資中的優勢。

我們再回頭來看老王與老張的投資策略，老王選擇長期持有並繳納

20%所得稅，而老張則採用除息買賣策略，並假設市場能夠完美除息，即每次除息後股價剛好減去股息金額，且能以理論上的最低價格買回。

但這兩種策略的最終資產結果是長期持有（20%稅率）的老王，其資產是 7,486,481 元；主張完美除息的老張之資產卻僅有 7,311,621 元，顯示即使在 20%稅率下仍需支付股利所得稅，長期持有透過股息再投入，最終仍能累積更多的持股數，**擊敗理論上更省稅的除息買賣策略，證明填息效應大於稅負效應。**

此外，2016 年後 0050 由一年配息一次改為半年配息一次，使得除息買賣策略的交易次數翻倍，增加了摩擦成本，進一步削弱了這種避稅策略的優勢。這再次印證，嘗試透過短期交易來避稅，長期未必能帶來更好的報酬，反而可能因交易成本與市場波動影響而得不償失。

因此，長期持有 0050，顯然是最適合小資族的投資策略：

- 市場短期波動難以掌握，但長期趨勢向上，持有不動才能完整參與成長。
- 稅負雖然存在，但透過長期持有與股息再投入，最終仍能累積更多的持股數。
- 交易成本隨著交易次數增加，對資產成長的影響不容忽視，頻繁進出反而削弱投資報酬。

雖然世界一直在變，但對於小資族來說，投入 0050、長期持有、以不變應萬變，依然是最穩健、最可靠的做法。下頁表 7-12 為四種投資情境的比較表格，提供投資者快速了解不同投資策略之影響。

投資節稅攻略　245

表 7-12　四種投資情境之比較

| 投資策略 | A-1 長期持有（28%） | A-2 長期持有（20%） | B. 除息買賣（歷史價格） | C. 除息買賣（完美除息） |
|---|---|---|---|---|
| 差異 | 28%股利分開計稅 | 股利所得 20% | 除息日當天實際歷史價格 | 除息日當天理想價格 |
| 主要成本 | • 股利所得稅 28%<br>• 二代健保補充費<br>• 交易手續費 | • 股利所得稅 20%<br>• 二代健保補充費<br>• 交易手續費 | 每次買賣交易成本<br>賣出證券交易稅 0.1%<br>買賣證券手續費 0.285% | |
| 交易頻率 | 極低（僅股息再投入及賣股繳所得稅） | | 每年 1 次（2016 年後 2 次） | |
| 股數變化 | 持股數穩定增加 | | 交易成本影響股數成長 | |
| 半年配影響 | 影響不大 | | 配息改半年配，交易成本上升 | |
| 整體考量 | 28% 股利分開計稅，適合高所得族群，仍勝過 B。 | 擁有 8.5％扣抵綜合所得稅，適合小資族，勝過 C。 | 交易成本影響較大 | 理論可行，但難以實現 |
| 最終資產 | 6,780,761 | 7,486,481 | 6,091,802（現實） | 7,311,621（理想） |

資料來源：yahoo finance、財政部稅務入口網、種子講師團隊杜志遠

## 7-3　重點精華

- 就算你是所得稅 30％以上的人，股利採 28％分開計稅。與其跑來跑去，不如**乖乖站在原地長期持有**。
- **完美除息只存在於理想**，投資人須承受除息當天股價過於漲多的風險。
- 對於所得稅 20％以下的人，**採股利合併計稅**，因此有股利扣繳稅額做扣除，資產績效反而會**優於完美除息**。

# 7-4 善用交易所得稅的差異

投資收益主要來自**「現金流」**與**「資本利得」**兩種方式。現金流投資是指透過持有資產獲取穩定回報,例如股利、利息或租金;資本利得投資則是透過買賣資產的價差來獲利,例如股票、債券或 ETF 的交易。

從稅務角度來看,資本利得與現金流(配息)分屬不同的所得類別。股票交易產生的價差收益屬於**「證券交易所得」**,而企業配發的股息則歸類為**「營利(股利)所得」**。

無論是短期交易還是長期持有,這兩種獲利方式適用的稅制不同,理解不同投資方式所適用的稅制,是投資理財規劃的重要一環。投資最終能獲得多少收益,除了報酬本身,還需考量各種稅負之影響。

## 重點打擊 6:善用資本利得停徵免稅的時期

許多投資人發現,雖然投資標的是元大台灣卓越 50(0050),但最終的稅務負擔卻可能大不相同。這是因為 0050 主要有以下兩種投資方式。

① 0050ETF:股票型基金在股票市場交易,可自由買賣,並且有配息。
② 0050 共同基金:透過基金公司投資 0050ETF,不配息,收益再投資。

這兩種投資方式的運作機制、交易方式與稅務影響不同,因此適用的稅制也不同,導致最終稅後報酬率有可能出現明顯差異。

在資本利得「賣出時的價差」上,無論 0050ETF 還是 0050 共同基金,賣出時的價差屬於資本利得稅,目前停徵。

在股利所得「配息」方面,0050ETF 每半年配息一次,投資人收到股利時需要繳稅。在稅率選擇上,綜合所得稅依個人所得級距之範圍為 5%〜

40％，高所得族群可採 28％分開計稅。此外，若單次股利超過 2 萬元，還需額外繳交 2.11％的二代健保補充保費。

至於 0050 共同基金這類基金不會配息，所有收益自動滾入本金，因此沒有股利所得稅與二代健保補充保費的問題。選擇此類基金就能完全避開股利稅負，讓資本完整滾入本金，長期累積效果更好。

在交易稅負擔方面，0050ETF 在股市交易時，買賣皆需繳 0.3％的證交稅，若是短線交易或頻繁買賣，稅負成本較高。0050 共同基金是在基金公司內部交易，投資人贖回基金時不需繳證交稅，但部分基金可能會有申購／贖回手續費，仍需考慮交易成本。

整體而言，0050 共同基金的交易成本較低，適合長期持有，而 0050ETF 則適合較靈活的買賣操作。表 7-13 分析兩者運作機制差異，以及稅負上的不同。雖然 0050ETF 和 0050 共同基金的投資標的一樣，但由於交易方式與配息政策的不同，導致適用的稅制不同，最終影響投資報酬。

- 如果你要領息，就需承擔股利稅與二代健保補充保費的影響。
- 如果你希望長期累積資產、降低稅負，那麼 0050 共同基金（不配息）會是更好的選擇。

以上的比較主要針對 0050ETF 和 0050 共同基金（不配息），說明了為何同樣是 0050，稅負卻可能截然不同。然而，市場上還有許多不同類型的共同基金，其中部分少數的主動型基金表現可能優於 0050 這類被動型基金，但這需要投資人投入更多心力去研究。

投資沒有絕對的標準答案。投資前，建議讀者多做功課、大量閱讀、深入研究，培養獨立思考的能力，並在實務中學習、犯錯修正，才能找到最適合自己的投資哲學與策略。

表 7-13　0050ETF v.s. 0050 共同基金的運作機制

| 比較項目 | 0050ETF | 0050 共同基金 |
|---|---|---|
| 投資標的 | 直接持有台灣 50 指數成分股 | 主要投資 0050ETF 或相關標的 |
| 交易方式 | 在股市自由買賣（像股票一樣） | 透過基金公司申購、贖回，由基金公司操作 |
| 配息政策 | 有配息（通常每半年發放） | 不配息（收益自動滾入本金） |
| 交易成本 | 需繳證交稅 0.3%　交易手續費 | 無證交稅，但有申購手續費與贖回信託管理費 |
| 管理費 | 0.15%（規模大於 1 兆元降至 0.05%） | 0.15% |
| 保管費 | 0.03%（規模大於 1 兆元降至 0.025%） | 已包含於管理費 |
| 資本利得課稅 | 停徵（目前台灣證券交易所得免稅） | 停徵（基金贖回價差不課稅） |
| 股利稅 | 要繳稅（最高 40% 或 28%） | 無股利稅負 |
| 二代健保補充保費 | 單次股利超過 2 萬元，要繳 2.11% | 無補充保費 |
| 適合族群 | 希望定期交易或者領股息的投資人 | 長期投資、不想被稅負影響的投資人 |

資料來源：種子講師團隊杜志遠

## 7-4　重點精華

- 投資收益主要來自**「現金流」**與**「資本利得」**兩種方式。
- **0050ETF 會配息因此有股利所得。0050 共同基金不配息，因此不會有股利所得**，不想被稅負影響的長期投資人，可考慮 0050 共同基金。
- 投資前，建議讀者多做功課、大量閱讀、深入研究，培養獨立思考的能力，並在實際中學習與修正。

# 7-5 有美意，但不美麗的分離課稅

政府設計分離課稅機制，讓這些所得可適用固定稅率、獨立計算，且不併入綜合所得課稅。看似政府的「美意」真的「美麗」嗎？除了先前提到的股票股利所得28%分開計稅外，國內債券一般投資人較難購買到，以下我們聚焦於適用分離課稅的REITs（不動產投資信託）、結構型金融商品的分離課稅分析與介紹，至於分離課稅的細部內容如股票以及國內債券，請參閱4-4分離課稅章節。

① **REITs（不動產投資信託）**：投資REITs可適用10%分離課稅，但台灣市場上的REITs產品較少，流動性相對較低，適合長期持有並追求穩定收益的投資人，如富邦1號REIT（股票代號01001T）即為台灣較具代表性的REITs之一。

② **結構型金融商品**：此類商品通常由銀行或券商發行，結合固定收益與衍生性金融商品，適用10%分離課稅。常見的結構商品包括與股市指數連結的保本型投資商品，或與匯率、利率變動相關的避險商品。此類產品結構較複雜，投資人需充分了解其風險與收益模式。

## 台灣REITs香嗎？以分離課稅的角度做分析

台灣REITs市場發展較為緩慢。這也反映出台灣投資人對不動產投資仍較偏好直接持有房產，而非透過信託基金參與市場，從近年數檔REITs下市即可見一斑。

目前台灣REITs的發行時間主要集中在2005～2006年，直到2018年才有王道圓滿R1（代號01009T）與京城樂富R1（代號01010T）兩個新基金發行。以下就以發行最早的四檔REITs來分析，何者目前經營績效

表 7-14　台灣 REITs 的發行時間與累積報酬率整理表

| 證券名稱 | 證券代號 | 發行日期 | 累積報酬率（自 2009 年起） |
| --- | --- | --- | --- |
| 土銀富邦 R1 | 01001T | 2005 年 3 月 1 日 | +36.91% |
| 土銀國泰 R1 | 01002T | 2005 年 9 月 23 日 | +58.77% |
| 土銀富邦 R2 | 01004T | 2006 年 4 月 6 日 | +35.79% |
| 兆豐國泰 R2 | 01007T | 2006 年 10 月 2 日 | +86.27% |

資料來源：yahoo finance，種子講師團隊杜志遠

圖 7-4　四檔 REITs 近 20 年之績效走勢圖

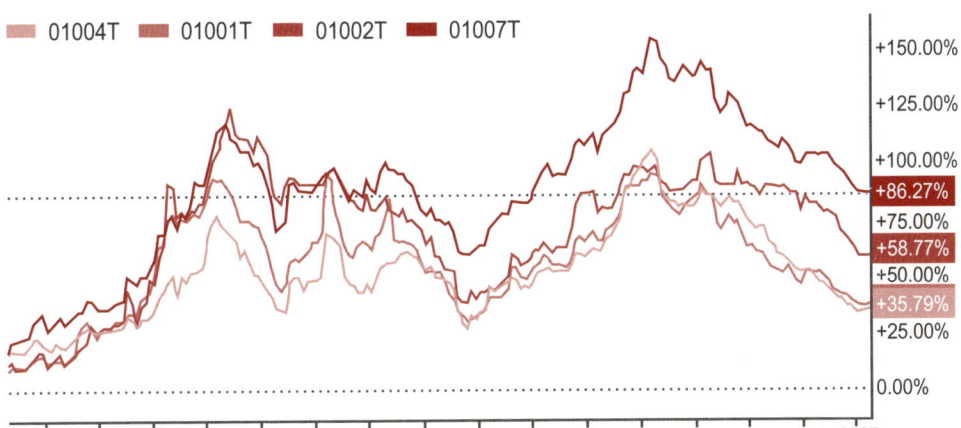

資料來源：yahoo finance、種子講師團隊杜志遠

最佳。表 7-14 是台灣 REITs 的發行時間與累積報酬率整理表。

　　從圖 7-4 可清楚看出，兆豐國泰 R2（01007T）是這四家中經營績效最好的一檔基金，那麼，當台灣最強的資優生遇到美國大聯盟，經得起考驗嗎？從下頁表 7-15 與圖 7-5 即可看出高下。

表7-15　台灣REITs資優生（01007T）V.S 美國REITs大聯盟（VNQ）

| 證券名稱 | 證券代號 | 發行日期 | 累積報酬率（自 2009 年起） |
| --- | --- | --- | --- |
| 兆豐國泰 R2 | 01007T | 2006 年 10 月 2 日 | +86.03% |
| Vanguard 房地產 ETF | VNQ | 2004 年 9 月 23 日 | +150.43% |

資料來源：yahoo finance，種子講師團隊杜志遠

圖 7-5　01007T v.s. VNQ 經營績效走勢圖（自 2009 年起至 2025 年 2 月）

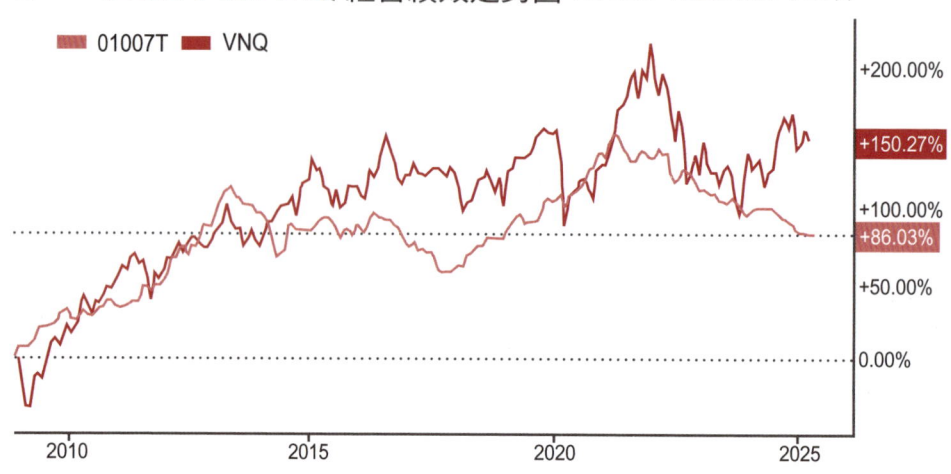

資料來源：yahoo finance、種子講師團隊杜志遠

## 投資 REITs 的關鍵思考：稅制優勢 vs. 資產成長

　　投資人在選擇資產配置時，稅務優惠無疑是重要考量之一。台灣 REITs 享有 10% 分離課稅，這對於高所得投資人而言，確實是一項稅務上的優勢。然而，單純追求省稅是否真的能幫助資產穩健增長？在考量長期報酬率時，我們發現，資產的增值速度往往比稅務優惠來得更重要，而這正是海外 REITs 優勢所在。

### 1. 台灣 REITs：稅負較低，但成長有限

台灣 REITs 的最大優勢是 10％分離課稅，這意味著無論投資人的所得級距如何，投資收益都不會併入綜合所得稅，確保了較低的稅負。但從長期資產增長來看，台灣 REITs 仍存在以下三大限制。

① **市場成長有限**：台灣 REITs 主要投資於辦公商辦與零售不動產，租金增長相對平穩，但缺乏較高的資本增值機會，導致 REITs 的股價成長受限，過去 15 年（2009～2024）累積報酬約 86.03％，遠低於美國 REITs。

② **市場規模與資金流動性不足**：台灣 REITs 市場規模較小，投資人以機構與特定族群為主，成交量較低，導致價格波動較大，且較難吸引外資與大型機構進場，影響長期成長潛力。

③ **缺乏多元資產配置**：台灣 REITs 主要以商業辦公大樓與購物中心為主，缺少數據中心、醫療機構、物流倉儲等新興不動產投資，然而這些資產在國際市場上，往往具有較高成長性。

### 2. 美國 REITs：資產增長更快

與台灣 REITs 相比，美國 REITs 如 VNQ ETF，在過去 15 年的累積報酬率高達 150.43％，幾乎將近台灣 REITs 的兩倍。這樣的優勢來自於以下三大原因。

① **資本市場成熟，REITs 類型多元**：美國 REITs 涵蓋住宅、醫療、物流、數據中心等不同產業，使其收益來源更加穩定且具成長潛力。特別是數據中心與物流倉儲 REITs，近年因科技發展與電商興起，帶動了租金與資產價格的快速增長。

② **資金流動性強，國際機構資金投入**：美國 REITs 交易量高，吸引全球資金流入，帶動價格與估值穩步成長。

③ **房地產價格增值快，帶動 REITs 成長**：美國不動產市場的成長性較高，特別是在低利率與高需求市場下，房價與租金同步上漲，使 REITs 的資產價值與收益率同步成長。

## 雙配置策略：兼顧穩定收益與資本增長

儘管台灣 REITs 的稅負較低，但投資人更應思考的關鍵問題是：**「省稅」是否真的能帶來更好的長期財富累積？**我們以表 7-16 來分析，將 100 萬元投入台灣 REITs 和美國 REITs，15 年後之報酬收益。

雖然台灣 REITs 省稅，但資本增值有限，長期下來累積的資產仍較低。美國 REITs 即使需要繳納海外所得稅，但長期資產增值遠超台灣 REITs，最終淨報酬較高。

短期來看，台灣 REITs 的稅務較為有利，但長期來看，美國 REITs 在總體財富累積上更具優勢。

因此，**最佳投資策略就是──靈活運用台灣與海外 REITs，兼顧稅務與成長。**

表 7-16　投資 100 萬元於台灣 REIT 與美國 REITs 之差異

| 投資項目 | 台灣 REITs | 美國 REITs（VNQ） |
| --- | --- | --- |
| 投資本金 | 100 萬元 | 100 萬元 |
| 年均報酬率 | 約 5%（以租金收益為主） | 約 8%（租金及資本增值） |
| 15 年後資產總值 | 186 萬元 | 250 萬元 |
| 稅務影響 | 10%分離課稅（低） | 海外所得超過 100 萬部分需計入綜所稅 |

資料來源：yahoo finance，種子講師團隊杜志遠

當投資海外 REITs 時，若海外所得超過 750 萬元，將納入海外所得基本稅額計算，可能面臨 20％的稅負。因此，控制海外所得極為重要，如投資人的海外所得尚未達 750 萬元，則美國 REITs（VNQ）仍是更好的選擇，因其長期資本增值優勢遠勝台灣 REITs。但若海外所得已超過 100 萬元，則可適度佈局台灣 REITs，利用 10％分離課稅來減少整體稅負影響。

建議投資人的作法有二：

其一，**以台灣 REITs 作為穩定收益來源**。透過 10％分離課稅，確保租金收益不併入綜合所得稅，適合需要穩定現金流的投資人。根據台灣稅制，個人海外所得 750 萬元以下免稅，可透過分批投資，避免一次性超額課稅。

同時適用於控制整體海外所得稅負，特別是當海外投資收益較高時，可降低納稅義務。若累積超過 750 萬元，可適度搭配台灣 REITs，將部分收益留在國內，以分離課稅方式減少海外所得影響。

其二，**以美國 REITs（VNQ）追求資本增值**。長期來看，美國 REITs 報酬率遠勝台灣 REITs，即使部分所得須納入海外所得課稅，最終資產增值仍可能更具吸引力。可根據個人所得情況進行配置，若海外所得低於 750 萬元，則美國 REITs 仍是較佳選擇。

再者，VNQ 屬於 REITs 指數型 ETF，相較於直接投資個別 REITs，VNQ 具有自動分散風險的優勢，涵蓋住宅、商辦、數據中心、物流等多類型房地產，適合長期持有。且 VNQ 持有成本低，不需要頻繁交易，適合希望簡化投資管理的投資人。

總體而言，稅務規劃固然重要，但長期資產成長才是關鍵。台灣 REITs 確實享有稅務上的優勢，但若投資目標是長期財富累積，則美國 REITs 提供的成長性更為突出。

在關鍵決策點上，**投資人應該問的不是「哪個稅比較低」，而是「哪個投資標的能讓我 15 年後擁有更高的財富？」** 以下三者才是真正投資 REITs 的核心思維。

① 不要為了省稅就忽略投資報酬率，**「最終淨資產」** 才是決定財富的關鍵。

② 合理配置台灣與美國 REITs，結合現金流與資本增值優勢。

③ 適度借重海外市場，透過分批投資與財務規劃，達到更好的財富增長。

最終投資策略應依個人所得結構進行動態調整，靈活運用台灣與海外 REITs，才能令資產增長與稅務優化達到最佳平衡。

## 理專熱愛推銷的結構型金融商品適合你嗎？

隨著金融市場發展，各式各樣的投資工具層出不窮，其中結構型金融商品（Structured Product）經常受到銀行或理財顧問的推薦，特別是對於資產規模較大的投資人。這類商品通常標榜保本、高配息、比定存更具吸引力，但其實際運作與風險結構往往較為複雜，投資人應充分理解其本質與潛在風險，再決定是否適合自身需求。

結構型金融商品本質上是**固定收益商品與衍生性金融工具的結合**。固定收益部分通常包含存款、債券或保險，提供基礎的本金保護或穩定收益，而衍生性金融商品則涉及期貨、選擇權等工具，其收益來自於標的資產（如股票、指數、匯率或利率等）的波動，藉此提高潛在報酬。這種產品的收益模式具有一定的財務槓桿特性，適合希望提升收益但又希望維持部分本金安全的投資人。

然而，並非所有結構型金融商品都具備保本機制，例如 2008 年雷曼兄弟倒閉，其發行的連動債違約，導致大量投資人蒙受損失，凸顯出這類商品的信用風險與市場風險。因此，在投資前，除了收益率的比較外，更應審慎評估其潛在風險。

## 結構型金融商品的類型、特性與風險

結構型金融商品根據是否提供本金保障，而分為保本型與不保本型兩大類。

保本型結構商品如保本型債券（Principal-Guaranteed Notes，PGN），由固定收益債券與買入選擇權組成。本金可獲得一定比例保障，投資人仍可參與標的資產上漲的收益機會，適合風險承受度較低的投資人，但潛在收益相對可能較低。不保本型結構商品包括以下三者：

① **股權連結型債券**（Equity-Linked Note，ELN）。由零息債券與賣出選擇權組成。投資人可透過賣出選擇權收取權利金，但若標的資產價格波動劇烈，可能需要以高價買入或承擔價格下跌風險。若標的資產大幅下跌，甚至可能損失全部本金，因此屬於高風險商品。

② **固定配息結構型商品**（Fixed Coupon Note，FCN）。由債券與選擇權組成，並提供固定配息機制（如每月配息）。適合希望穩定現金流的投資人，但並不保證本金安全。若標的資產價格跌破執行價，投資人可能承受本金虧損風險。

③ **每日區間計息結構型商品**（Daily Range Accrual Note，DRAN）。透過每日觀察標的資產價格是否落在特定範圍來決定是否計息，若價格長期偏離設定範圍，可能影響整體收益表現。此類商品具備高配息潛力，但也伴隨較大的市場風險。

部分結構型商品雖標榜「**保本**」或「**固定收益**」，但仍潛藏以下風險：

① **保本與否**：100％保本型商品通常風險較低，但不保本型產品可能在市場波動下出現本金虧損，投資人應明確區分兩者的差異。

② **標的資產風險**：結構商品的收益與標的資產（如股票、匯率、利率等）掛鉤，若標的價格劇烈波動，可能影響投資結果，甚至損失本金。

③ **提前終止風險**：部分商品具有提前終止條款，意即標的資產達特定條件時，發行機構可提前結束合約，使投資人無法享受預期收益。

④ **流動性風險**：結構型商品通常無法自由在市場交易，若投資人需提前贖回，可能需支付高額費用或面臨折價處理，導致投資靈活性受限。

⑤ **信用風險**：若發行機構財務狀況不佳，可能面臨違約風險，進而影響本金安全（如雷曼兄弟事件）。

結構型金融商品設計複雜內容多變，部分提供本金保護，而部分則具備較高風險，因此適合的投資族群也有所不同。若是風險承受能力較低的投資人，可選擇保本型產品（PGN），但需留意其報酬率可能較低；若是熟悉金融市場且具備專業投資經驗的投資人，則可考慮不保本型商品（ELN、FCN、DRAN），但需有足夠的資產分散投資風險。

## 重點打擊 7：分離課稅看來美麗，但能用的不多

投資人在投資結構型商品前，需了解境內、外商品的稅務處理方式。

境內結構型商品適用 10％分離課稅，投資收益不併入綜合所得稅。境外投資人（OBU 帳戶）交易境內結構商品，可享免扣繳所得稅優惠。

境外結構型商品之投資所得，需依海外所得稅制計入最低稅負制申報。若個人海外所得未達 100 萬元，則無需申報與課稅，但超過 100 萬元

則需計入基本所得額，適用 20％稅率。

**結構型商品的核心風險在於資訊不對稱**，投資人往往無法完全理解商品設計細節與內部運作模式，因此若無足夠的專業背景，不宜輕易投資，不了解商品結構，請勿購買！最重要的是，不要因為「高配息」而忽略本金風險，更應避免僅因「銀行推薦」或「高利息承諾」就盲目購買，投資前請詳細閱讀產品條款與風險揭露，以免發生無法承受的財務損失。

本書在投資理財章節中，花了不少篇幅探討各種分離課稅制度，包括股票 28％分開計稅，國內債券 10％分離課稅，以及本章節所介紹的 REITs 和結構性商品。

眼尖的你或許已經發現，無論是哪種投資商品的分離課稅，通常是擁有一定資產規模才需要做配置。舉例來說，綜合所得稅率超過 30％才適用 28％分開計稅，國內債券有單筆投入的門檻，國內 REITs 績效不好；結構型商品則常伴隨資訊不對稱等問題。

適用分離課稅的金融商品在稅務上看似有利可圖，但事實上像國內債券利息太低、購買門檻太高一般大眾難以入手，台灣 REITs 雖有 10％分離課稅，但績效表現遠落後美國 REITs，而結構型商品設計複雜內容又多變，高手運用得好，既能獲利又能節稅，但一般大眾如不熟悉市場或無做足功課，冒然投資造成投資虧損，那可真是得不償失啊！

雖然稅法本意良善，但對大眾而言，這些限制讓分離課稅在節稅上黯然失色。如同開頭標題所言，政府對分離課稅「美意有之，美麗不足」。

反觀，今年海外所得扣除額提**已提高至 750 萬元**，這對小資族來說是一個值得把握的利多。與其在有限的分離課稅中鑽牛角尖，不如張開雙手擁抱海外所得扣除額，回歸簡單、安全、有績效的投資哲學，讓你省到稅、賺到錢也贏得人生。

## 7-5 重點精華

- 台灣市面上的 REITs ETF 現僅有 6 檔。績效最好的與 VNQ **相比 15 年下來，績效落後將近一半**。
- 如果基本所得已超過 750 萬，又有 REITs 資產配置需求，可適當加入些台灣 REITs 做配置，但須兼顧稅務與成長。
- **REITs 的波動深受經濟景氣影響**，其波動程度不亞於股票，建議讀者在資產配置上**應審慎評估其配置比重**。
- 結構型金融商品為債券加上選擇權的組合，因此適用分離課稅 10%。
- 亮眼的配息數字與從業人員熱情推薦的背後，結構型商品隱藏著比你預期更複雜的潛在風險。若要投入需做足功課。**不了解商品結構，請勿購買**。不要因為「高配息」而忽略本金風險。避免僅因「銀行推薦」或「高利息承諾」就盲目購買。

PART 3

# 從財富傳承看財稅布局
### 無縫接軌,移轉與延續

# CHAPTER 8

# 台灣不動產之稅負與隱形成本

　　近幾年台灣房價高漲，不少投資人在房地產上獲利豐碩，連國稅局都注意到此現象。然而過去政府課房地產的相關稅負用的不是市價，而是土地公告現值與房屋評定現值，當政府看到你賺大錢，偏偏卻課不到稅，當然想盡辦法增加不動產的稅負，這才有了 2011 年 6 月增訂打擊短期炒房的奢侈稅，規定房屋持有 2 年內賣出，要以成交價課 10％～ 15％的奢侈稅，同年 7 月，針對高總價房屋加重房屋稅，也就是俗稱的豪宅稅。

　　接著 2012 年 8 月為了能讓市價透明化，開始實施不動產實價登錄，所有買賣不動產都要申報成交價；2013 年房屋租金收入要繳二代健保補充保費。

　　緊接著 2016 年更開始實施「房地合一稅」。過去賣房子，建物交易所得列入財產交易所得稅，且用房屋評定現值計算，而土地只要繳土地增值稅，沒有繳土地交易的價差所得稅，政府因而推出房地合一稅。稅則是以房地產買賣的實際成交價差額作為課稅基礎，正式進入實價課稅時代。

圖 8-1　房地產相關稅負

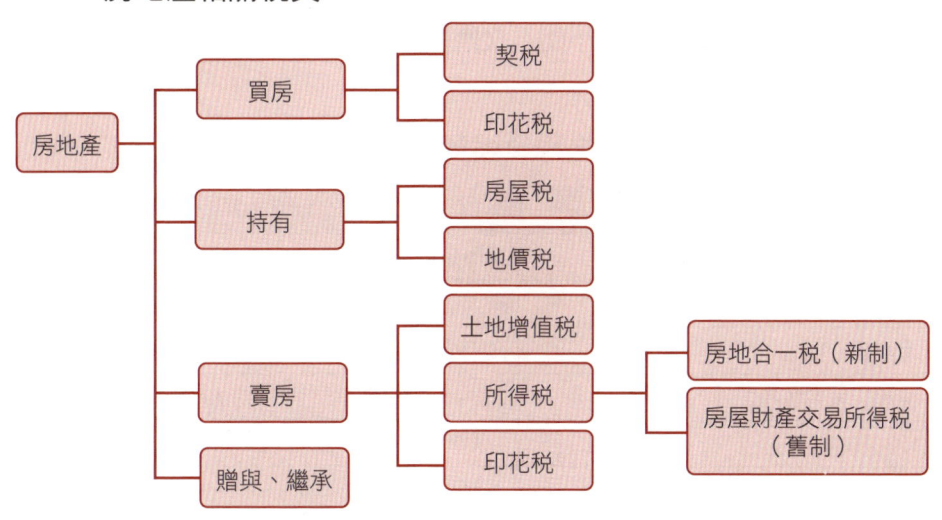

```
房地產 ─┬─ 買房 ─┬─ 契稅
        │        └─ 印花稅
        ├─ 持有 ─┬─ 房屋稅
        │        └─ 地價稅
        ├─ 賣房 ─┬─ 土地增值稅
        │        ├─ 所得稅 ─┬─ 房地合一稅（新制）
        │        │          └─ 房屋財產交易所得稅（舊制）
        │        └─ 印花稅
        └─ 贈與、繼承
```

資料來源：財政部資料，種子講師團隊梁力芳

　　2021 年 7 月更精進房地合一稅 2.0 版，政府為了打房，2023 年對平均地權條例修法，禁止預售屋及新建成屋換約轉售，管制私法人購屋，預售屋若解約也要申報登錄，並重罰不動產炒作行為，到了 2024 年更針對擁有多間房產的多屋族推出房屋稅 2.0 版（囤房稅）。

　　現今，政府有意讓公告現值調漲與市價貼近，年年默默的調漲公告現值，等賣房時才發現要繳的土地增值稅又增加不少。房地產交易金額龐大加上年年高漲的稅負，有房地產買賣者，對於相關稅負必須多加研究，圖 8-1 為房地產相關之隱形成本。

# 8-1 購買不動產之隱形成本

　　小明最近想投資房地產，看中了一間35年的老公寓，開價 1,500 萬元。

但他實際要支付的費用除了房價以外，還會涉及**契稅、印花稅、登記費，甚至貸款利息**。表 8-1 列出小明這次購買這間公寓的費用明細。

表 8-1　購買房屋交易產生之稅負與費用

| 項目 | 金額（元） | 計算方式 |
| --- | --- | --- |
| 房屋成交價 | 1,500 萬 | 房屋實際購買價格 |
| 房屋評定現值 | 200 萬 | 政府估算的房屋價值 |
| 土地公告現值 | 1,000 萬 | 政府公告的土地價值 |
| 契稅（買方負擔） | 12 萬 | 200 萬 ×6%（房屋評定現值的 6%） |
| 印花稅 | 15,000 | 1,500 萬 ×0.1%（成交價的 0.1%） |
| 登記規費 | 1,200 | 產權移轉登記費 |
| 購屋自備款 | 300 萬 | 預估 20％頭期款 |
| 貸款金額 | 1,200 萬 | 銀行貸款 80％ |

資料來源：財政部資料，種子講師團隊余家傑

從表 8-1 可看到，如果小明貸款 1,200 萬，利率 2％，第一年的利息 24 萬，10 年利息累積下來 240 萬元以上，非常可觀。買房的隱形成本，絕對不能只看購屋價格而已。

所以買房不是一次性開銷，**而是一場長期財務規劃，從稅金、利息、房屋維護等費用**，都要全盤考量。

# 買房之隱形成本與稅負

買房是人生中的一件重要大事。很多人在買房時對房價斤斤計較，卻沒想到購買房子的當下即會有稅負產生，以下說明買房時必須繳交的契稅與印花稅。

### 契稅

購買不動產時，除了房價本身，契稅也是一筆重要的開銷。契稅是當不動產（包括土地或建物）發生移轉（買賣、贈與、佔有、典權、交換、分割）時，買方需繳納的稅費之一，由於政府針對土地的部分會課徵土地增值稅，不再另課徵契稅，但房屋的部分則會課徵契稅，契稅是6%。

契稅的計算基準並非成交價，無論買賣契約價額是多少，契稅皆以「房屋評定現值」來計算，也就是說，即使成交價較低，契稅仍可能較高，這一點在購屋時需特別注意。

**契稅＝契價（房屋評定現值，房屋稅單的課稅現值加計免稅騎樓以外之其他免稅現值）×6%**

契稅是房屋買賣中不可忽視的成本，雖然其計算基礎為政府公告現值，但仍可能是一筆不小的支出，尤其是**高價住宅或新成屋，契稅負擔可能相當可觀**。因此，在規劃購屋時，務必將契稅納入總體財務考量，確保財務狀況充足，以免影響資金流動或貸款計畫。

此外，預售屋與一般成屋不同，購買預售屋的契稅可延遲繳納。由於預售屋的交屋通常在數年後，因此，買方在購買時並不需立即繳契稅，而是等到房屋建造完成、產權過戶時才需繳納。比如2022年購買時無需繳納契稅，直到2026年交屋時才需繳納，等於擁有4年的契稅緩繳期。買房時可透過契稅延遲繳納機制，靈活安排繳納時程，達到更好的資金運用效率。

### 印花稅

印花稅屬於一種憑證稅，而憑證的種類繁多，並不是各種憑證都需貼

印花稅課徵資訊

用印花稅票，僅印花稅法規定的應稅憑證才需要繳納印花稅。

繳納方式除逐件貼用印花稅票外，也可以使用應納稅額繳款書逐件繳納或按期彙總繳納。

在簽署不動產買賣契約後，須按照申報移轉金額現值的 1‰ 貼足印花稅票。

# 8-2 持有不動產之隱形成本

購買不動產後，持有期間的稅務成本往往是投資人容易忽略的隱藏支出。持有房產的主要稅負包括房屋稅和地價稅，前者每年 5 月繳納，後者則於 11 月繳納，是最主要的兩筆固定開銷。

既然房屋稅和地價稅是持有房產時無法避免的支出，是否有辦法降低稅負呢？其實，透過房屋用途規劃與政策優惠，可以有效節省這些支出。

## 房屋稅 2.0：新制解析與節稅對策

房屋稅 1 年徵收 1 次，以每年 2 月之末日為納稅義務基準日，由當地主管稽徵機關按房屋稅籍資料核定，於每年 5 月 1 日起至 5 月 31 日止一次徵收。課稅期間為上一年 7 月 1 日起算至當年 6 月 30 日止。若未收到房屋稅單，應立即向地方稅務機關申請補發，以免延遲繳納遭罰。

台灣的房屋稅政策近年來不斷調整，其中「房屋稅 2.0」（俗稱囤房稅 2.0）於 2024 年 7 月正式上路，主要目標是減輕自住者的房屋稅負擔，並提高多屋族的持有成本。新制最大的變革在於：

① **全國單一自住房屋適用更低稅率**，從 1.2% 降至 1%。

② 非自住房屋稅率提高，從 1.5%～3.6% 調整為 2%～4.8%。

③ 課稅方式改為「全國歸戶、全數累進」，避免透過不同縣市分散持有而規避高稅率。

新制於 2025 年 5 月開始適用，對持有多間房屋者影響重大，如何做好資產配置，將成為降低房屋稅負擔的關鍵。以下提供兩種節稅方法。

### 方法 1：設立戶籍享受自住稅率，本人、配偶及未成年子女合計持有全國不超過 3 戶內，適用稅率 1.2%

假設李先生擁有一間台北 200 萬元的自住房屋，並且將戶籍設在該房屋，根據房屋評定現值及稅率範圍，我們可以計算房屋稅負差異。

若「未設立」戶籍為自住，適用「非自住」稅率，假設其適用稅率為 3.2% 的高級距，其房屋稅＝房屋評定現值 × 稅率＝200 萬 ×3.2%＝64,000 元。

若**「設立」戶籍為自住**，則可享受較低自住稅率。

誰設立戶籍才算自住？舉凡房屋所有人本人、配偶或未成年子女。

如果李先生在全國持有的房屋數量是 3 戶以內，可將本人、配偶及未成年子女分別設立戶籍在 3 個不同房屋，都可適用自住稅率 1.2%，此間房屋稅＝200 萬 ×1.2%＝24,000 元。

如果李先生全國只有一間房地產，可適用單一自住，自住稅率 1.0%，房屋稅＝200 萬 ×1.0%＝20,000 元。

從下頁表 8-2 可看出三種情境之節稅效果。

表 8-2　三種情境下之節稅效果

| 情境 | 適用稅率 | 房屋稅 | 稅金差異 |
| --- | --- | --- | --- |
| 未設立戶籍為自住 | 3.2% | 64,000 元 | |
| 設立戶籍為自住（註） | 1.2% | 24,000 元 | 節省 40,000 元 |
| 設立戶籍符合單一自住（非豪宅） | 1.0% | 20,000 元 | 節省 44,000 元 |

資料來源：財政部資料，種子講師團隊余家傑

註：如台北市全國單一自住房屋均可適用單一自住稅率 1%，如果應稅房屋評定現值超過 284.2 萬元，適用自住住家用稅率 1.2%。

　　房屋稅計算基礎為「房屋評定現值」，所以如果只有一個戶籍可使用，選擇較高房屋評定現值的房屋設籍，即有節房屋稅的效果。特別提醒需在 3 月 22 日以前設立戶籍並且向稅捐稽徵處提出自用住宅申請，如超過時間則次年適用。李先生透過此方法將房屋稅負從 64,000 元降低到 24,000 元，若符合單一自住條件甚至可降至更低為 2 萬元，這樣就能省下 4 萬元到 4.4 萬元的房屋稅，節稅效果非常顯著。

### 方法 2：符合租賃標準享租賃優惠稅率

　　現行法規中，空置房屋被認定為「非自住住家用」，稅率 2%～4.8%（累進稅率），但如改為出租房屋，則稅率降為 1.5%～2.4%（累進稅率）；又如果符合公益出租人，稅率更可降至 1.2%，既可有效節稅又可增加租金收入。

　　現假設張先生在台中有 2 間房屋，其中 1 間房屋評定現值 100 萬，空置未出租。由於空置房屋為「非自住住家用」，故而適用 3.2% 的累進房屋稅率，稅負高。

　　其解決方案是：張先生可將房屋出租並合法申報租賃所得，以適用

1.5％的房屋稅率，確保租金符合「政府公告租金標準」，避免房屋被認定為「非自住住家用」，同時使用政府認證的租賃平台如社會住宅計畫，以確保合規。

對張先生而言，若未出租，則房屋稅＝100萬×3.2％＝32,000元。若出租並申報，房屋稅＝100萬×1.5％＝15,000元，不但有房租收入還可節稅，獲益更大。

須留意的是，2025年是房屋稅2.0上路的第一年，以下3點特別提醒讀者：

① 如果原來沒有申請「自用住宅」也沒有設戶籍，稅務機關不會特別提醒，5月會自動採「非自住」課以較高稅率。

② 如果原有「自用住宅」但未設戶籍，稅務機關會通知，提醒需設立戶籍，才能適用房屋稅2.0之「自用住宅」。如補設立戶籍完成，稅務機關系統會自動拉入「自用住宅」稅率，如沒有補設戶籍，就不能適用。

③ 如果原房屋已申請過「自用住宅」且已設戶籍，稅務機關會自動更新適用2.0版「自用住宅」。

## 地價稅

原則上所有的土地都需要繳納地價稅。房屋稅與地價稅雖然都是由地方政府負責徵收，但兩者的適用對象、計算方式與稅率標準皆有所不同。以下詳細介紹地價稅的適用範圍、優惠稅率及如何降低稅負，以更有效率地進行房地產規劃。

地價稅以每年8月31日為納稅義務基準日，當天登記於土地登記簿上的土地所有權人，即為當年度的納稅義務人。課徵期間為每年11月1日至11月30日，納稅人應於此期間內完成繳納。

以下特定情況可免徵或使用較低稅率地價稅：

①農業用地：依法登記為農業使用者，不適用地價稅，而是課徵田賦稅，但目前多數縣市已免徵。

②政府及公用土地：如公園、學校、機關辦公用地等，享有免稅待遇。

③特定公共設施用地：例如都市計畫內的公共設施保留地，享有較低稅率（6‰）。

④免稅土地：如宗教、慈善機構登記土地。

## 3 種方法節省地價稅

**方法 1：分散土地持有，避免累進稅率**。地價稅是以單一縣市內的土地價值總額進行累進計算，因此，若擁有多筆土地，可以考慮分散購置於不同縣市，避免因累進起點地價提高而適用較高稅率。此法**適用低稅率**土地用途，如工業用地、自用住宅、社會住宅。

**方法 2：成為「公益出租人」，享受低地價稅**。若將房屋出租給符合政府規定的公益出租對象，可適用自用住宅地價稅 2‰，進一步減少持有成本。

**方法 3：申請自用住宅優惠**。將符合條件的土地申請為自用住宅用地，即可適用 2‰ 的優惠地價稅率，大幅降低地價稅負擔。

在台灣，地價稅稅率根據土地用途不同，從自用住宅 2‰ 到特殊用途土地 55‰ 不等。其中，自用住宅優惠稅率僅 2‰，相較於一般用地 10‰ ～ 55‰，能帶來巨大的稅負減免。

但要適用自用住宅 2‰ 優惠稅率，必須符合以下條件：

- 提出申請：需在每年 9 月 22 日前向稅捐處申請，否則次年才會生效。

- 戶籍登記：土地所有權人、配偶或直系親屬（子女、父母等）必須設籍於該土地。直系親屬包含：父母（公婆、岳父岳母），子女（媳婦、女婿），祖父母（外祖父母），孫子女（外孫子女）。
- 不得出租或營業：土地上建築物不可出租或用於營業，否則無法適用 2‰ 稅率。
- 房屋與土地所有權統一：土地上的建築物必須為土地所有權人本人、配偶或直系親屬持有。
- 面積限制：①都市土地：≤ 90.75 坪（300 平方公尺）。②非都市土地：≤ 211.75 坪（700 平方公尺）。
- 每位所有權人限適用 1 處：每位所有權人（含配偶、未成年子女）全國僅能適用 1 處自用住宅優惠稅率；而如果是成年子女或直系親屬設戶籍，則不在 1 處限制內。

如果名下有多筆土地，但只能適用一處 2‰，應該**選擇公告地價最高**的土地來申請，以達到最大節稅效果。

【情境題】小明擁有 4 間房，每塊土地面積皆符合「都市土地合計 ≤90.75 坪」，要如何讓「4 間房產」的土地合計不超過 90.75 坪，並適用 2‰，最大化地價稅節省額度？

【分析】根據《地價稅法》規定：

① 夫妻及未成年子女合計，全國僅能有 1 處適用 2‰（最多 90.75 坪），其餘土地適用 10‰ ～ 55‰。

② 每位成年親屬（如子女、父母）可再各自持有 1 處，且合計土地不超過 90.75 坪，即可適用 2‰ 優惠。

③ 若土地超過 90.75 坪，僅優惠 90.75 坪部分，其餘適用較高稅率。

因此建議以下的節稅策略：夫妻與未成年子女合計只能持有 1 間房，且面積不得超過 90.75 坪的關鍵原則：

① 「夫妻＋未成年子女」合計全國只能有 1 處適用 2‰，且土地面積不得超過 90.75 坪，因此 A 房（台北）登記在夫妻名下並申請優惠。

② 其他房產讓成年子女或父母設立戶籍，且每人持有土地總坪數不得超過 90.75 坪，可突破「1 處」限制。

因此建議小明 4 間房產建議規劃方式如表 8-3。

表 8-3　小明 4 間房產建議規劃方式

| 房產 | 地點 | 土地坪數 | 公告地價（萬／坪） | 土地設立戶籍人 | 適用 2‰ |
|---|---|---|---|---|---|
| A 房 | 台北市 | 22 坪 | 100 萬 | 小明（本人 & 太太） | √ |
| B 房 | 新北市 | 23 坪 | 80 萬 | 小明的 25 歲兒子 | √ |
| C 房 | 桃園市 | 22 坪 | 60 萬 | 小明的 28 歲女兒 | √ |
| D 房 | 台中市 | 23 坪 | 50 萬 | 小明的父親 | √ |
| 合計 | — | 90 坪 | | | |

資料來源：財政部資料，種子講師團隊高意如

看調整後地價稅差多少？能節多少稅？我們以表 8-4 來進行分析。

為什麼這個策略合法且有效？

① 夫妻 & 未成年子女只能持有 1 間房（90.75 坪內），其他房產交由成年子女或父母辦理戶籍登記，如此符合稅法規定，避免因夫妻共持 2 間房導致只能有 1 間適用 2‰ 的問題。

② 每位家人名下的土地總坪數 ≤ 90.75 坪，可避免土地面積超標而喪失優惠。

表 8-4　調整後之稅額比較

| 房產 | 原始狀況<br>（僅 1 間適用 2‰，其餘 10‰） ||| 調整後<br>（4 間房產皆適用 2‰，且符合 90.75 坪限制） |||
|---|---|---|---|---|---|---|
| | 公告地價 | 適用稅率 | 地價稅額 | 公告地價 | 適用稅率 | 地價稅額 |
| A 房（台北） | 2,200 萬 | 2‰ | 4.4 萬 | 2,200 萬 | 2‰ | 4.4 萬 |
| B 房（新北） | 1,840 萬 | 10‰ | 18.4 萬 | 1,840 萬 | 2‰ | 3.68 萬 |
| C 房（桃園） | 1,320 萬 | 10‰ | 13.2 萬 | 1,320 萬 | 2‰ | 2.64 萬 |
| D 房（台中） | 1,150 萬 | 10‰ | 11.5 萬 | 1,150 萬 | 2‰ | 2.3 萬 |
| 總地價稅 | | | 47.5 萬 | | | 13.02 萬 |
| 節稅金額 | | | | | | 34.48 萬 |

資料來源：財政部資料，種子講師團隊高意如

③ 善用直系親屬設籍條件，只要成年子女或父母設籍於該地，即可申請 2‰，不需實際搬遷，只需變更戶籍地址。

④ 無需買賣或贈與，僅需調整戶籍，避免因產權移轉而產生的贈與稅、契稅等額外費用。

地價稅是依土地價值採累進稅率計算，適用範圍涵蓋都市土地、商業用地等用地。自用住宅、工業用地等可適用優惠稅率，其中自用住宅用地稅率僅 2‰，為最常見的節稅方法。我們特別整理與比較房屋稅與地價稅之自用住宅差異（如下頁表 8-5 所示），只要妥善規劃土地持有方式，如運用分散土地、調整用途、公益出租等方式，可降低地價稅負擔。

務必記得，每年 8 月 31 日前確認土地持有狀況，11 月申報地價稅時善用節稅策略。透過聰明的地價稅規劃，您可以在持有不動產的同時，減少不必要的稅務支出，讓資產發揮最大效益！

表 8-5　「自用住宅」房屋稅及地價稅比較表

| 項目 | 房屋稅 | | 地價稅 |
|---|---|---|---|
| 課徵標的 | 房屋 | | 土地 |
| 稅基 | 房屋評定現值 | | 申報地價（未申報＝公告地價×80%） |
| 納稅義務基準日 | 當年 2 月末日 | | 當年 8 月 31 日 |
| 適用稅率 | 1% | 1.2% | 2‰ |
| 戶數限制 | 本人、配偶及未成年子女全國僅 1 戶且房屋現值在一定金額以下 | 本人、配偶及未成年子女全國合計 3 戶以內 | 本人、配偶及未成年之受扶養親屬全國 1 處限制 |
| 設立戶籍 | 本人（或使用權人）、配偶或直系親屬 | | 本人、配偶或直系親屬 |
| 使用限制 | 無出租、無營業、且供本人、配偶或直系親屬實際居住使用 | | 無出租、無營業 |
| 權屬限制 | 本人、配偶及未成年子女所有 | | 地上房屋須本人、配偶或直系親屬所有 |
| 面積限制 | 無 | | 都是土地面積 300 平方公尺；非都市土地面積 700 平方公尺為限 |
| 申請時點 | 每年 3 月 22 日前申請，當期起適用；逾期申請，次期適用 | | 每年 9 月 22 日前申請，當期起適用；逾期申請，次期適用 |
| 節稅方法 | 優先選擇自住住家用房屋現值較高，及非自住住家用稅率較高之縣（市）房屋 | | 優先選擇地價較高，及適用一般用地稅率較高之縣（市）土地 |

資料來源：財政部稅務入口網

# 8-3 出售不動產之隱形成本

在房地產投資中，除了買賣價格的變動外，稅務規劃也是影響最終獲利的重要關鍵。許多投資人只關注房價上漲帶來的利潤，卻忽略出售時的稅務成本，可能會大幅影響最終的實際獲利。

比如小明 2014 年購入一間房子並已持有 10 年的時間，準備趁房價好的時候賣出，2024 年市場行情大概 1,800 萬元（土地公告現值 1,300 萬元），當初買進價是 1,500 萬元（土地公告現值 1,100 萬元），帳面上看來賺了 300 萬，但他真的能賺到這麼多嗎？事實是，賣房的稅務也要考量進去。

賣房時會產生的稅負包括所得稅、土地增值稅、印花稅，以下說明所得稅與土地增值稅的稅制解析與稅務規劃。

## 所得稅：
## 「新制」房地合一 2.0，「舊制」房屋交易所得稅

房地合一稅自 2016 年開始實施，目的是將「房屋」與「土地」的交易所得統一計算，避免過去土地僅課徵土地增值稅，而房屋交易所得則併入綜合所得稅的稅制漏洞。房地合一稅透過分離課稅方式，確保不動產交易獲利公平課稅，同時打擊短期炒作，穩定房市價格。

政府為了抑制短期投機炒作，在 2021 年推出房地合一 2.0，提高短期交易的稅率，並將「預售屋與特定股權交易」納入課稅範圍，使不動產交易的稅負更加透明化與公平化。

房地產交易所得稅的新制與舊制差別在於：2016 年 1 月 1 日以前持有之房地產適用「舊制」，其房屋與土地是分開課稅——房屋交易所得併

入個人綜合所得稅，土地只課徵土地增值稅，不課土地交易所得稅。

「新制」房地合一 2.0 則調整為──房屋與土地合併計算，並採分離課稅，且依持有期間長短適用不同稅率，短期交易稅率提高，長期持有者仍享有較低稅負。最後新增適用範圍，比如預售屋、特定股權交易等。

自用住宅優惠政策主要目的是減輕自住者的稅務負擔，避免房地合一稅對真正長期自住的民眾造成壓力。

### 新制房地合一稅 2.0 稅率與計算方式

「新制」房地合一 2.0 的稅制，**持有時間愈短，稅率愈高**，完整的課稅標準如表 8-6 所示。

特別提醒的是，房屋交易無論賺賠，都必須在**所有權移轉登記日的次日起 30 天內**申報房地合一稅，否則將被處以 3,000～30,000 元罰鍰。

表 8-6　房地合一 2.0 持有時間與適用稅率

| 個人 | 持有時間 | 適用稅率 |
| --- | --- | --- |
| 境內居住者 | 2 年內 | 45% |
|  | 2-5 年 | 35% |
|  | 5-10 年 | 20% |
|  | 超過 10 年 | 15% |
| 非境內居住者 | 2 年內 | 45% |
|  | 超過 2 年 | 35% |

資料來源：財政部資料

### 自用住宅 400 萬元免稅額適用條件

以前例小明來說，他持有這間房子已達 10 年的時間，賣出時，其帳

面上來看獲利 300 萬，但因為房地合一稅適用 15％的稅率，得從 300 萬的獲利中繳出 15 萬元的房地合一稅給政府。

房地合一稅計算：（市價 1,800 萬－成本 1,500 萬－〔土地漲價總數額 1,300 萬－1,100 萬〕）×15％＝15 萬

但實際上，他未必需繳這麼多的稅金，只要符合以下條件，不僅可以大幅減免，甚至完全免稅。只要符合「自用住宅」條件之房屋在出售時，可享 400 萬元內完全免稅的優惠，超過 400 萬的部分僅需課固定稅率 10％的稅。

**條件 1：設籍與居住條件。**納稅義務人本人或配偶、未成年子女，須在該房地辦竣戶籍登記，並持有與實際居住滿 6 年。但須留意，成年子女或直系尊親屬設籍，並不符合規定，不能適用優惠。

**條件 2：無出租或營業用途。**交易前 6 年內未出租、供營業或執行業務使用。若該房地曾出租或作為營業場所，則無法適用免稅額。

**條件 3：出售前 6 年未使用過房地合一自住優惠。**個人、配偶及未成年子女於交易前 6 年內未曾使用該免稅額，根據法規，同一個家庭 6 年內僅能適用一次 400 萬元免稅優惠。

因此，如果小明適用自用住宅優惠，其獲利是 300 萬，還不到 400 萬免稅額，若符合上述條件即可完全免稅。

房地合一稅計算：（市價 1,800 萬－成本 1,500 萬－〔土地漲價總數額 1,300 萬－1,100 萬〕）－免稅額 400 萬＝0 元

再假設小明此次房地產交易獲利為 700 萬，同樣適用自用住宅優惠，其房地合一稅是多少呢？

房地合一稅計算：（700 萬－〔土地漲價總數額 1,300 萬－ 1,100 萬〕－免稅額 400 萬）×10％＝ 10 萬元

然而房地合一稅之自用住宅優惠有些誤區，容易誤觸的部分以表 8-7 分析提醒。

表 8-7　**是否符合自用住宅的免稅資格之判定**

| 項目 | 小明情況 | 是否符合規定？ |
| --- | --- | --- |
| 設籍與居住 | 小明的成年子女設籍 | 不符合（須本人、配偶或未成年子女） |
| 持有並居住連續 6 年 | 小明未設籍，僅成年子女居住 | 不符合 |
| 6 年內無出租、供營業 | 無出租紀錄 | 符合 |
| 6 年內未曾適用免稅額 | 未使用過 | 符合 |

資料來源：財政部資料，種子講師團隊許涵婷

如小明因表 8-7 情況不符合自用住宅優惠，其房地合一稅是多少呢？

房地合一稅計算：（700 萬－〔土地漲價總數額 1,300 萬－ 1,100 萬〕）15％ ＝75 萬元

我們從小明的案例中，可以看出符合自用住宅優惠，可大大的節省房地合一稅 65 萬，所以從購入房產開始就要把自用住宅優惠條件了解清楚，未來出售房產才能大大的節省。

## 舊制房產出售的課稅方式

2016 年 1 月 1 日前取得的房產適用舊制。出售時若無法提供原始取得成本證明，則適用新標準計算所得。房屋交易所得需併入個人綜合所得稅申報。

其計算方式為：按「買賣價差」與「房屋評定現值比例」來計算房屋收入。

以下分析「出售老宅」在以下三種情況下之課稅所得。

**情況 1**：有售價，有成本，若房屋售價 6 千萬，買入價 5 千萬（房屋評定現值 1 千萬，土地公告現值 3 千萬）。

課稅所得＝（6 千萬－5 千萬）× 房屋占比（1 千萬／4 千萬）

＝ 250 萬

**情況 2**：出售豪宅高售價，無成本，若房屋售價 6 千萬。

課稅所得＝ 6 千萬 ×（1 千萬／4 千萬）× 20%（適用較高稅率）

＝ 300 萬

**情況 3**：非豪宅有售價，無成本，若房屋售價 1,500 萬，房屋評定現值 500 萬。

課稅所得＝ 500 萬 × 財政部頒定之房屋交易所得額計算標準（通常較低稅率）

新制以建坪單價作為「高價住宅」標準，由於高價住宅適用較嚴格的計算方式，如果無法提出成本證明，可能導致稅負較高。且此種計價標準大幅影響高單價小坪數住宅，如豪宅、公設比低的新建案首當其衝，民眾需特別留意。

以下是持有不動產的過程中，建議的節稅規劃：

**建議 1：妥善保存購買成本證明**。包括契約、裝修費用發票、土地增值稅等，確保可以採照實申報，而非適用「高價住宅 20%設算」方式。

**建議 2：適當規劃出售時機**。若房產持有 6 年以上且自住，符合房地合一 2.0 免稅條件，可考慮延後交易以適用較低稅負。

**建議 3：考量區域與坪數影響**。若房屋符合「高價住宅」新標準，應提前評估是否有減少應稅所得的方法，如提前贈與或轉為長期持有投資。

2024 年度高價住宅認定標準新增了單價門檻，並調整了「其他地區」的門檻，可能影響高價房地產交易的稅負計算。持有 2016 年前購買的舊制房屋的投資人應盡早準備成本證明，避免適用 20％的較高課稅方式，才能降低交易稅負。

# 土地增值稅

依據《憲法》第 143 條規定：「土地價值非因施以勞力資本而增加者，應由國家徵收土地增值稅，歸人民共享之。」也就是說，當土地因市場因素或政策規劃而增值，而非持有者本身努力所致，政府將對其增值部分課徵土地增值稅，簡稱土增稅。

在房地產交易中，土地增值稅是影響獲利的一大關鍵。當土地因市場價格上漲而增值時，政府會依據增值額課徵土地增值稅。此稅以土地漲價總數額為稅基，並採用累進稅率計算。

然而，透過適當的稅務規劃，我們可以合法降低土地增值稅的負擔。以下說明三大節稅優惠方案「一生一次」、「一生一屋」、「重購退稅」的精神，幫助你在出售不動產時減少稅負，提高資產流動性。

### 三大土地增值稅優惠：一生一次、一生一屋、重購退稅

政府認為民眾擁有一間安身立命的居住所是基本的生存權，因此稅制一般會給予自用自住的優惠，當你第一次出售自用住宅時，出售時可使用

「一生一次」自用住宅優惠稅率10％，一生只能用1次，但不限1處，同時出售土地，面積合併計算，都市土地不超過3公畝（約90.75坪），非都市土地不超過7公畝（約211.75坪）。

表8-8　三大土地增值稅優惠節稅比較

| 內容 | 一生一次 | 一生一屋 | 重購退稅 |
|---|---|---|---|
| 稅率 | 10％ | 10％ | 退稅 |
| 出售面積 | 都市3公畝（約90.75坪）<br><br>非都市7公畝（約211.75坪） | 都市1.5公畝（約45.37坪）<br><br>非都市3.5公畝（約105.87坪） | 都市3公畝（約90.75坪）<br><br>非都市7公畝（約211.75坪） |
| 設籍對象 | 本人／配偶／直系親屬 | 本人／配偶／未成年子女 | 本人／配偶／直系親屬 |
| 設籍與持有年限 | 不限 | 連續6年 | 不限 |
| 擁有房地戶數 | 不限 | 本人／配偶／未成年子女以1屋為限。 | 不限 |
| 無出租營業 | 出售前1年內 | 出售前5年內 | 出售前1年內 |
| 使用次數 | 1次 | 不限 | 不限 |
| 新舊土地買賣價格 | 不限 | 不限 | 新購土地地價＞原出售土地地價，扣除已繳土地增值稅後的餘額屋。 |
| 備註 | 同時出售多屋視為1次 | • 先購後售視為1屋，但須自登記日起1年內出售。<br>• 1屋包含信託移轉的房屋。 | • 退稅後5年內不得移轉或改變用途屋。<br>• 先售後購及先購後售均須在2年內屋。<br>• 可在10年內申請屋。 |

資料來源：財政部資料，種子講師團隊高意如

接下來如果有換屋，只要名下僅有 1 間房屋，就可無限次數使用「一生一屋」的自用住宅優惠稅率 10%；還有在出售房地產後，2 年內再買進一間比較貴的房子，可以向地方稅務機關申請退稅，稱之「重購退稅」。當然這麼優惠的稅率與退稅有其必須符合的條件，如上頁表 8-8 所示。

表中的三種換房優惠，記得**先使用「一生一次」，接下來才能使用「一生一屋」，不能併用，但均可搭配「重購退稅」優惠使用**。表 8-9 說明房地合一稅與土地增值稅之重購退稅差異。

總的來說，符合「自用住宅」房屋的稅負優惠，如下：

### 表 8-9　房地合一與土地增值稅之重購退稅

| 項目 | 房地合一稅（所得稅） | 土地增值稅（地方稅） |
| --- | --- | --- |
| 適用說明 | 屬於國稅，為所得稅的一種 | 屬於地方稅 |
| 申報期限 | 移轉登記 30 日內需申報並繳納房地合一稅。 | 買賣需在 2 年內完成，先賣後買或先買後賣均可。 |
| 適用條件 | • 需為自住住宅，買入與賣出房屋皆須符合條件。<br>• 除本人外，配偶名義新購也可認列。 | • 買、賣必須為同一人，且一買一賣須在 2 年內。<br>• 只能小換大（以土地現值論大小）。 |
| 持有年限與用途 | • 新購房地 5 年內需作自用住宅，且設有戶籍登記。<br>• 不可改變用途、出租或遷出戶籍。<br>• 不可移轉，包含贈與配偶。 | 買賣前 1 年內不得出租或作為營業用途。 |
| 適用對象 | 本人、配偶、直系親屬。 | 本人、配偶、直系親屬。 |
| 退稅請求權時效 | 5 年 | 10 年 |

資料來源：財政部資料，種子講師團隊高意如

① 自用住宅購屋借款利息可列綜所稅之列舉扣除額，每一申報戶限報「1屋」，限額30萬元。

② 房屋稅：自用住宅優惠稅率1.2％，如是全國單一自用住宅稅率僅1％。

③ 地價稅：自用住宅優惠稅率2‰，全國限1處，夫妻不同戶籍也只能選1處。

④ 房地合一稅：400萬免稅額，超出部分單一稅率10％，持有並居住連續滿6年。

⑤ 土地增值稅：「一生一次」、「一生一屋」自用住宅優惠10％。

⑥ 重購退稅：自用住宅換屋，符合重購退稅條件，還可享有退稅。

本章主要說明房地產從購入、持有到出售之相關稅負，至於房地產之遺贈相關稅負，我們將在下個章節遺贈稅為您詳細說明。

# 8-4 不動產節稅3大重點打擊

房地產買賣交易金額龐大，在稅務規劃上更應全盤了解，以下提出3大重點打擊，協助讀者在關鍵時刻做出對的決策，既符合法規，也滿足自身的節稅需求。

## 重點打擊8：逐稅少而居，享租賃優惠稅率

假設王小姐在新北市有兩間房屋：A房位在市區新建大樓，房屋評定現值200萬元；B房位在郊區公寓，房屋評定現值100萬元。

如果王小姐原戶籍設在B房，導致A房適用「非自住」2％～4.8％

稅率，造成較高房屋稅負，可以將戶籍遷至評定現值較高的 A 房，讓 A 房適用 1.2％自住稅率，B 房則可以選擇出租並合法申報租賃所得，適用較低的租賃房屋稅率 1.5％～ 2.4％。

從節稅結果來看，原 A 房適用 4.8％稅率，B 房適用 1.2％。
A 房房屋稅＝ 200 萬 ×4.8％＝ 9.6 萬元
B 房房屋稅＝ 100 萬 ×1.2％＝ 1.2 萬元
房屋稅總額＝ 9.6 萬＋ 1.2 萬＝ 10.8 萬元

將戶籍遷至 A 房適用 1.2％，B 房改為房屋出租並合法申報租賃所得，以適用 1.5％的房屋稅率，降低適用的非自住稅率。
A 房房屋稅＝ 200 萬 ×1.2％ ＝2.4 萬元
B 房房屋稅＝ 100 萬 ×1.5％ ＝1.5 萬元
房屋稅總額＝ 2.4 萬＋ 1.5 萬＝ 3.9 萬元

王小姐只是調整戶籍設立，將空置房屋出租，房屋稅總額馬上從原本的房屋稅 10.8 萬元降低到 3.9 萬元，省了 6.9 萬元。

自用住宅優惠多，如有多處房產者，真要慎選擇優設立「自用住宅」。閒置房產出租也可降低房屋稅率 1.5％～ 2.4％（空屋稅 2％～ 4.8％），還可增加租金收入，這樣的規劃既節稅又多了租金收入，長年累積下來也是一筆被動收入。

當然，如果王小姐願意將住宅出租予符合租金補貼申請資格之個人，或出租予社會福利團體，成為公益出租人，其租金所得收入每月 15,000 元免稅、房屋稅稅率 1.2％、地價稅稅率 2‰，也都相當優惠。

## 重點打擊 9：自用住宅換屋，支出的稅金能收回

　　政府為了保護民眾買房自住的生活保障，在自用住宅換屋還有重購退稅機制，讓出售時所繳的所得稅和土地增值稅又可退回，等同出售房地產免繳稅，以下我們以小明的故事來說明。

　　小明在取得父親贈與的房產後 6 年，因為有了孩子需換房，原房屋出售 3 千萬元（土地公告現值 1,200 萬），取得與改良費用 30 萬，再新購房屋 3,500 萬元（土地公告現值 1,500 萬）。

　　會產生的稅負包括：

　　① **土地增值稅**：新屋土地公告現值 1,500 萬 > 1,120 萬（舊屋土地公告現值 1,200 萬－土地增值稅 80 萬），出售舊屋時支付的土地增值稅 80 萬全數退稅，退稅後 5 年內不得移轉或改變用途，先售後購或先購後售均須在 2 年內，可在 10 年內申請退稅。

　　② **所得稅新制「房地合一稅」**：買入與賣出房屋皆符合自用住宅條件，配偶新購也可認列新購房地產 5 年內需作自用住宅使用，不得移轉，包含贈與配偶或改變用途、出租或遷出戶籍。賣小屋換大屋全額退稅，大換小按比例退稅，5 年內可申請出售時所繳的房地合一稅金。

　　③ **所得稅舊制「房屋所得稅」**：條件多與新制相同，唯賣大屋換小屋無法退稅，以及無購入新屋 5 年內不得移轉或改變用途之規定。

　　結論就是，政府給自用住宅如此好康的退稅優惠，民眾務必善加使用！

## 重點打擊 10：房地有別，稅有省

自從台灣實施房地合一稅制後，不動產的出售所得正式納入綜合稅制與分離課稅管理。但對於 2016 年以前取得、屬於舊制的房地，仍可適用舊有稅制，也就是「房屋所得報綜合所得稅、土地部分仍僅課土地增值稅」。

這樣的制度設計，讓許多舊制不動產在出售時，成為稅務規劃與節稅的重要操作空間。其中一個常見的做法是：拆分房地價格，如表 8-10。

表 8-10　房屋交易所得舊制 v.s. 新制房地合一的差別

| 項目 | 舊制（2016 年前取得） | 新制（2016 年後取得） |
| --- | --- | --- |
| 房屋部分 | 課綜合所得稅（可列成本折舊） | 納入房地合一稅<br>（單一稅率 10%～45%） |
| 土地部分 | 僅課土地增值稅 | 1. 納入房地合一稅<br>2. 土地增值稅 |
| 稅率特性 | 可透過報酬切割規劃稅負 | 依照持有期間與身份課分離稅 |

資料來源：財政部資料，種子講師團隊吳亮均

### 拆分房地價格

當你出售不動產時，總成交價往往是一個整體金額如 2 千萬元，但其實這 2 千萬元是由房屋與土地的價值合計而來。在稅務實務中：你可以在買賣契約合理拆分房屋與土地的交易價格，而這個拆分比例將影響課稅基礎。以表 8-11 為例。

房屋所得會併入綜所稅，若你是中高所得者，最高可能課到 40％稅率。土地部分則是按公告地價與增值額計算土地增值稅，通常稅率較低，甚至可減免。

表 8-11　**房地價格拆分方式比較**

| 拆分方式 | 房屋金額 | 土地金額 |
|---|---|---|
| 未調整（實價比例） | 800 萬 | 1,200 萬 |
| 調整後（壓低房屋） | 400 萬 | 1,600 萬 |

資料來源：財政部資料，種子講師團隊吳亮均

拆低房屋價值可以省稅的原因在於：

① 房屋售價愈高，綜合所得稅負愈重。

② 土地部分課的是土地增值稅，且有公告現值與長期持有 20 年以上減徵作為屏障，實際稅負常比綜所稅低非常多。

③ 舊制下的房屋可列舊折舊、裝修費用、仲介費等，進一步減少課稅所得，但如果金額太高，會拉高你個人整體所得級距。

但須注意的是，合約拆分比例必須合理，可參照公告現值比例、實價登錄比率，否則若拆得過低，可能會遭國稅局質疑規避所得稅，要求重核。但若房屋已老舊，比如超過 30 年之久，則房屋價值合理偏低就比較容易被接受。建議事先與代書或會計師討論，找到最合適的價格配置，實務上的操作建議如表 8-12 所示。

表 8-12　**房地價格拆分實際操作方式**

| 情境 | 拆分建議 |
|---|---|
| 房屋較新、有裝潢價值 | 房屋金額佔總價 30～40%較合理 |
| 老屋、已折舊殆盡 | 房屋金額可降至 10～20% |
| 為節稅目的出售 | 盡量拉高土地比例，但需保有正當依據 |

資料來源：財政部資料，種子講師團隊吳亮均

合理拆分房地價值，是舊制房屋出售時常見也合法的稅務策略。只要有相對應的估價依據、房屋實際狀況佐證與正當價格邏輯，就可以有效減少房屋所得稅負。這樣的做法既不違法，也幫助屋主在報稅時不至於落入高額稅負。

　　但務必切記：國稅局可以查核比對實價登錄資料、公告現值與區域行情，過度壓低房屋價格或造假契約，可能會觸法，得不償失。節稅可以，但亦不能過度規避才是。

## 重點精華

- 購入房地產除了注意房價外，因房地產交易金額龐大，通常房屋評定現值也不低，計算出的契稅成本也是不容小覷，所以在計算購入房地產成本時，記得將契稅成本列入考量。
- 因契稅是在交屋時繳納，所以預售屋與一般成屋不同，**購買預售屋的契稅有延遲繳納的效果**。
- 持有房地產兩大稅負「房屋稅」、「地價稅」。
- 房屋稅 2 個節稅提醒：
  1. 設立戶籍享受自住稅率，全國單一自住，自住稅率 1％，本人、配偶及未成年子女合計持有全國不超過 3 戶內，適用稅率 1.2％。
  2. 出租閒置房產符合租賃標準，享租賃優惠稅率 1.5％～2.4％（累進稅率）；符合公益出租人，稅率更可降至 1.2％。

- 地價稅 3 個節稅提醒：
  1. 分散各縣市土地持有，避免累進稅率。
  2. 成為「公益出租人」，享有房屋稅率 1.2% 與低地價稅 2‰。
  3. 申請自用住宅優惠。適用 2‰ 的優惠地價稅率。
- 出售房地產兩大稅負「交易所得稅：新制—房地合一稅、舊制—房屋交易所得稅」、「土地增值稅」。
- 交易所得稅：新制「房地合一稅」，符合自用住宅條件，享有 400 萬免稅額，與超額部分固定稅率 10% 優惠。舊制「房屋交易所得稅」，無免稅額與稅率優惠。
- 土地增值稅：符合「自用住宅」條件，三大節稅優惠「一生一次」、「一生一屋」、「重購退稅」，用好用滿省稅省很大。
- 選擇房屋評定現值較高之房地產設立戶籍，適用「自用住宅」可享有房屋稅與地價稅優惠。
- 重購退稅機制可搭配「一生一次」、「一生一屋」，將已繳的土增稅、房地合一稅退回。
- 舊制之房屋交易所得，可合理拆分房屋與土地的交易價格，達到降低房屋交易所得，進而降低綜合所得稅。

# CHAPTER 9

# 遺贈稅之稅負概略

在財富累積的過程中，資產的傳承與分配一直是家族企業、投資人以及高資產族群關注的重要課題。如何在合理的稅制下有效地進行財富傳承，確保資產不因稅負壓力而縮水，已成為財務規劃中不可忽視的環節。

台灣的遺產稅與贈與稅（下稱遺贈稅）自 1955 年施行以來，經歷了多次變革，從早年的高累進稅率（最高 60％），到 2009 年大幅降至 10％，再到 2017 年恢復累進稅率，遺贈稅的變化深刻影響了資產傳承的策略與規劃。

台灣的遺贈稅制度原本是為了促進財富再分配，防止財富過度集中。然而，過高的稅率曾導致企業家與高資產族群尋求各種節稅手段，包括透過家族信託、境外資產配置或分批贈與來降低稅負。**到了 2009 年，政府為了吸引資金回流，決定大幅降稅，遺產稅與贈與稅最高稅率皆降至 10％，使得台灣一度成為亞洲遺贈稅負擔最低的地區之一。**然而，這樣的稅制也引發財富公平性的輿論，**最終在 2017 年，政府將遺贈稅回調至**

**最高 20% 的累進稅率，讓財富較大者需承擔更高的稅負。**

這些政策的變遷，使得遺產與贈與稅不再只是繼承時才需要面對的問題，而是應該提前規劃、長期布局的重要財務決策。對於高資產個人與家族企業而言，提早做好財務與稅務規劃，能夠有效降低未來的稅負衝擊。例如，透過每年 244 萬元的贈與免稅額分批轉移財富，或運用壽險與信託工具確保財產的順利傳承，都是降低遺產稅負擔的關鍵策略。此外，家族企業若能妥善運用股權傳承、家族控股公司等方式，更可避免因遺產稅負擔過重而影響企業永續經營。

這個章節將提供具體的財務策略與案例分析，協助讀者在合法合規的前提下，掌握最適合你的資產傳承方式。遺贈稅雖然是一項不可避免的稅負，但透過適當的規劃，財富的傳承可以更加順利、穩健，確保未來世代能夠延續資產價值，而不因高額稅負而影響財富的累積與管理。

# 9-1 贈與稅的聰明規劃

高資產名人或企業家的驟然離世，除了令社會無限哀思外，其遺產如何處置更成為廣大民眾的注目焦點。比如知名藝人大 S 走得突然，媒體報導粗估她的身家至少 10 億，繼承者若要繼承其遺產，所要繳納的遺產稅可能高達 6 千萬以上。

然而，我們看到更多的是後代子孫對遺產分配爭議，財團家族的繼承人為此大打官司，多年後還在官司纏訟中。會有這樣的爭訟，就是因為很多人以為只要事先立了遺囑，財產就能按照我們的意願分配，但現實卻是法律繼承往往與我們的期待不符。原因包括：

① **遺產稅負擔沉重**：未規劃的遺產，可能需要繳納高額的遺產稅，

使子女實際能繼承的財富大幅減少。

② **無法掌控資產流向**：未成年子女的財產，可能由法定監護人（如前配偶）代為管理，但未必符合逝者的真正意願。

③ **財產分配爭議**：若沒有明確的信託安排，遺產可能成為家族內部爭奪的目標。如同大 S 家的情況就告訴我們，財富不是留得愈多愈好，而是要以「用對方式、留對人」的方式傳承給後代。

財富傳承最怕「來不及」，如果不想讓自己辛苦打拼的財富，未來變成一場充滿糾紛的遺產戰爭，**現在就開始規劃，才能確保財產留給真正重要的人。**

## 什麼是贈與稅？你該擔心嗎？

贈與稅是指把自己的財產，無償贈與給他人時所課徵的稅。贈與稅課稅對象與範圍，如表 9-1 所示。

贈與稅的納稅義務人是「贈與人」，也就是說，如果 A（贈與人）要把財產送給 B（受贈人），那麼 A 要繳贈與稅。

但若有以下三種情形，就是受贈人 B 要繳稅，B 為納稅義務人。①贈與人 A 行蹤不明。②A 繳納的贈與稅款超過繳納期限還沒有繳納，且在

表 9-1　**贈遺稅課稅對象與範圍**

| 身份 | 居住地 | 課稅範圍 |
| --- | --- | --- |
| 我國國民 | 經常居住境內 | 境內及境外財產 |
|  | 經常居住境外 | 境內財產 |
| 非我國國民 | 不分居住地 | 境內財產 |

資料來源：種子講師團隊高意如

我國境內也沒有可供執行的財產。③贈與人死亡時，贈與稅尚未核課時。

## 贈與稅的課稅三步驟

聰明的財務規劃絕對不是單純地「把財產過戶給子女」，而是要懂得哪些財產會被計入贈與總額，哪些不會計入可以扣除，了解這些即可逐步規劃，逐步掌握贈與的「步調」，如圖 9-1 所示。

須留意的是，贈與稅採用的是「曆年制」，即從每年的 1 月 1 日至 12 月 31 日為一個計算週期，每年的開始都是重新計算。

### Step1：計算贈與總額

在計算當年度的贈與總額時，有些財產無論怎麼送，都不用計入贈與總額，但有些財產移轉雖然沒有以「贈與」之名進行，只要符合某些條件，仍將被視為贈與。

圖 9-1　贈與稅的課稅三步驟

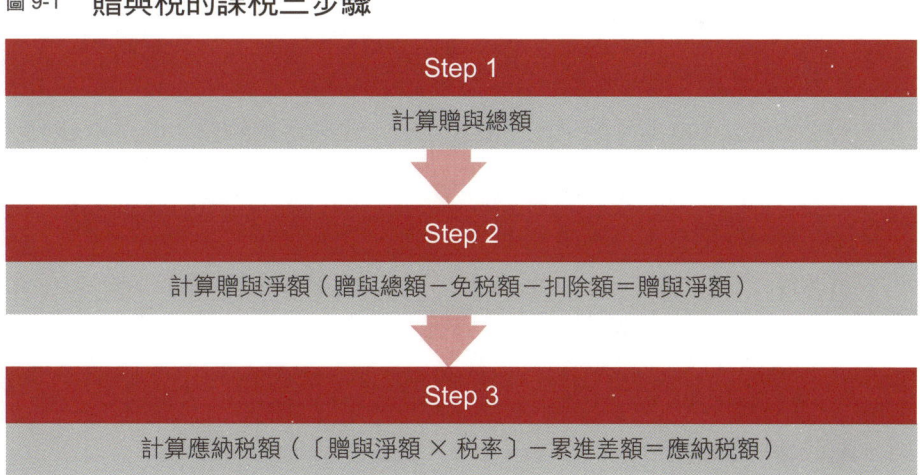

| Step 1 |
|---|
| 計算贈與總額 |

| Step 2 |
|---|
| 計算贈與淨額（贈與總額－免稅額－扣除額＝贈與淨額） |

| Step 3 |
|---|
| 計算應納稅額（〔贈與淨額 × 稅率〕－累進差額＝應納稅額） |

資料來源：財政部資料，種子講師團隊高意如

## ⇨ 視同贈與

根據《遺產及贈與稅法》第 5 條的規定，若符合以下條件會被視為贈與，而須申報並繳納贈與稅。

① 在請求權時效內無償免除或承擔債務，其免除或承擔的債務。

② 以顯著不相當的代價讓與財產、免除或承擔債務，其差額部分。

③ 以自己的資金無償為他人購置財產，為其資金，但所購財產為不動產時。

④ 因顯著不相當的代價出資為他人購置財產時，其出資與代價的差額部分。

⑤ 限制行為能力人或無行為能力人所購置的財產，視為法定代理人或監護人的贈與。但能證明支付的款項屬於購置人所有者，不在此限。

⑥ 二親等以內親屬間財產的買賣，但能提出支付價款的證明時，已支付的價款不是由出賣人貸給或提供擔保向他人借得時，不在此限。

我們來看常見的誤區：

**說明1：在請求權時效內無償免除或承擔債務**

王先生借款 500 萬元給兒子，但幾年後，他決定免除兒子的還款義務，由於這筆 500 萬元的債務免除，視同贈與，計入贈與總額。

**節稅策略提醒**

① 若計劃減輕子女的債務壓力，可分多年度免除債務，利用每年免稅額，減少稅負。

② 或者設定低利率貸款，讓受贈人透過長期還款方式減少一次性贈與，降低課稅風險。

### 說明 2：以顯著不相當的代價讓與財產、免除或承擔債務

張先生擁有公告現值 1 千萬元的土地，但僅以 600 萬元的價格賣給弟弟。由於市場價值與交易價格落差大，國稅局很可能認定為「買賣為名，實為贈與」，而被視同贈與，差額 400 萬列入贈與總額。

**節稅策略提醒**

① 提供專業鑑價報告，**確保交易價格合理，以減少被認定為贈與的可能性**。

② 若交易金額偏低，可採取分期支付方式，讓買方逐步付款，降低單次贈與金額，減少課稅風險。

### 說明 3：以自己的資金無償為他人購置財產

李先生以 800 萬元幫助女兒購買一間公寓。此舉視同李先生贈與 800 萬元給女兒。視同贈與，800 萬列入贈與總額。

**節稅策略提醒**

若計劃購置不動產給子女，可考慮：

① 讓子女貸款購買，父母僅負擔部分款項，以降低一次性贈與金額。

② 每年利用免稅額分批贈與現金，讓子女逐步償還貸款。

綜合以上情況得知，無償為人還債、購置財產、買賣財產交易但對價落差大等，都很有可能被「視同贈與」而計入贈與總額，以致被國稅局追繳贈與稅，這些誤區也常被民眾忽略，因而有漏報、短報贈與財產情況時，除了補徵稅款外，還要按所漏稅額的 2 倍以下加繳罰鍰，請讀者多加小心。

## ⇨ 不計入贈與總額

但有些情況財產無論怎麼送，政府都不計入贈與總額，也就是「政府不收稅的範圍」，如表 9-2 所示。

一般大眾較有機會善加運用的有：夫妻間相互贈與，無論金額大小都免稅；支付子女生活費、教育費、醫療費在合理範圍內，無需課稅；在子

表 9-2　不計入贈與總額的範圍

| 項目 | 適用對象 | 適用條件 | 備註 |
|---|---|---|---|
| 捐贈政府、學校、公益機關 | 各級政府、公立教育、文化、公益、慈善機關。 | 受贈機構需符合法規。 | 全額免稅 |
| 捐贈公有事業或公營事業 | 公有事業機構、全公股公營企業。 | 受贈單位需為政府全資擁有。 | 全額免稅 |
| 捐贈財團法人公益團體 | 符合行政院標準的教育、文化、宗教、慈善團體及祭祀公業。 | 需依法登記為財團法人組織。 | 全額免稅 |
| 扶養義務人支付的生活費、教育費、醫藥費 | 直系親屬（父母、子女、祖父母等）。 | 需為合理範圍內的生活支出。 | 須提供支付證明。 |
| 贈與農業用地與農作物 | 贈與《民法》第 1138 條所定的繼承人（即直系血親卑親屬，父母、兄弟姐妹及祖父母）。 | 受贈人需持續農業使用 5 年。 | 若未持續農業使用，需追繳贈與稅。 |
| 夫妻間財產贈與 | 配偶 | 夫妻互贈財產。 | 完全免稅。 |
| 父母贈與子女婚嫁財物 | 子女 | 金額不超過 100 萬元 (登記日前後六個月內贈與)。 | 超過部分仍需計入贈與總額課稅。 |
| 設立公益信託的財產 | 受益人為公益團體 | 符合《遺產及贈與稅法》第 16-1 條規定。 | 須符合公益信託條件。 |

資料來源：種子講師團隊高意如

女婚嫁的前後六個月內可贈與禮金100萬元內免稅。

還有目前贈與農業用地與農作物給直系血親卑親屬、父母、兄弟姐妹及祖父母也是免徵贈與稅，但受贈後需持續農業使用5年，然贈與《民法》第1138條所定的繼承人以外之人，需課徵贈與稅。

其他如捐贈給政府、公有公營事業、學校、公益機構、財團法人公益團體，只要符合法規，全額免稅；另外設立公益信託，其受益人為公益團體，符合公益信託條件同樣也是免贈與稅。

### Step2：計算贈與淨額

計算贈與淨額的公式，就是：**贈與總額－免稅額－扣除額＝贈與淨額**，如圖9-2所示。

⇨ **免稅額**

2025年度贈與稅免稅額是每一位贈與人一年度244萬元為限，也就

圖9-2　贈與淨額計算細項

| 贈與總額 | 免稅額 | 扣除額 |
|---|---|---|
| 不計入贈與總額（減項） | 每人244萬 | 土地增值稅<br>契稅<br>銀行貸款（附有負擔）<br>公共設施保留地 |
| 視同贈與（加項）：<br>1. 在請求權時效內無償免除或承擔債務<br>2. 以顯著不相當的代價讓與財產、免除或承擔債務<br>3. 以自己的資金無償為他人購置財產<br>4. 以顯著不相當的代價出資為他人購置財產<br>5. 限制行為能力人或無行為能力人所購置的財產，視為法定代理人或監護人贈與<br>6. 二等親以內親屬間的財產買賣 | | |

資料來源：財政部資料，種子講師團隊高意如

是每一位贈與人自每年1月1日到12月31日止，不論贈與給多少人，累計贈與金額合計不超過244萬元，即可免徵贈與稅。提醒讀者，父母在贈與現金給子女時，需特別注意金流，因免稅額為每人每年244萬，**金流務必是父母各自帳戶轉給子女244萬，如只從一方帳戶轉出488萬給子女，會視同超出免稅額，另一半的244萬就要繳贈與稅**。如果想把財產給孩子，最聰明的做法就是逐年「慢慢給」，而不是一次全部過戶。

## ⇨ 扣除額

最常運用到的扣除額為「不動產移轉稅負擔」與「附有負擔之贈與」。

「不動產移轉稅負擔」是指父母透過贈與房屋的方式來協助孩子擁有房產。轉移房產時，因贈與過程，受贈人負擔土地增值稅、契稅，可從贈與中扣除。

另外「附有負擔之贈與」，**是指受贈人（子女）接受贈與時，需承擔部分負擔**，例如：父母贈與房產給子女，但子女需承擔房貸；父母贈與不動產，子女需支付部分款項給父母。以上兩種方式可以有效降低贈與稅的課稅基礎，達到節稅目的。以下整理扣除額項目，如表9-3所示。

國人喜愛購置房地產，也喜歡用房產方式贈與給子女，我們來看看以下案例，贈與房產如何計算贈與淨額？

例1：小偉的父母共有市值2千萬元的房地產想贈與給小偉，房地產公告現值1,800萬元，並由小偉承擔相關稅務，包括：土地增值稅100萬、契稅12萬、房貸尚有1千萬未清償，由小偉繼承房貸，贈與稅適用公告現值1,800萬、免稅額度488萬（父母各贈與244萬）。

表9-3 贈與稅之扣除額一覽

| 扣除項目 | 適用條件 | 扣除方式 | 備註 |
|---|---|---|---|
| 不動產移轉稅負擔 | 受贈人負擔土地增值稅、契稅。 | 憑稅單收據影本扣除。 | 若贈與人代繳,需先併入贈與總額再扣除。 |
| 附有負擔之贈與 | 受贈人承擔財產價值負擔（如未支付價款、附帶債務如房貸）。 | 需提供契約證明與履行證明。 | 若負擔對象為贈與人以外,則視為間接贈與,不得扣除。 |
| 公共設施保留地贈與（都市計畫法） | 贈與配偶或直系血親,且土地符合公共設施保留地。 | 先計入贈與總額,再以同額扣除。 | 需符合都市計畫法第50-1條規定。 |
| 新市鎮區段徵收土地贈與 | 贈與配偶或直系血親,且土地位於新市鎮特定區。 | 全額免稅,無須計入贈與總額。 | 需符合新市鎮開發條例第11條規定。 |

資料來源：種子講師團隊高意如

需繳納的贈與稅計算：

贈與淨額＝贈與總額－免稅額－扣除額

　　　　＝1,800萬－免稅額（244萬×2）－扣除額（土地增值稅100萬＋契稅12萬＋房貸1千萬）

　　　　＝200萬

**節稅策略提醒**

① 若房產仍有貸款，使用「附有負擔之贈與」可能免贈與稅。

② 若土地符合公共設施保留地或新市鎮區段徵收，可完全免稅，為較佳選擇。

③ 若無法適用前兩者，讓受贈人自行負擔契稅、土增稅，可減少贈與稅負擔。

### Step3：計算應納稅額

計算應納稅額的公式，就是：**（贈與淨額 × 稅率）－累進差額＝應納稅額**。

如同所得稅的課稅級距，**贈與稅的稅率也是「累進稅率」，贈與愈多稅率愈高**，2,811 萬以下 10％稅率，28,110,001～56,210,000 元適用 15％稅率，56,210,001 元以上稅率 20％，為了方便計算，國稅局提供「累進差額」為減項，贈與稅累進稅率與累進差額如表 9-4 所示。

此外，由於贈與稅課稅級距金額會隨消費者物價指數連動調整，讀者報稅時務必留意財政部之公告。

表 9-4　**贈與稅累進稅率與累進差額表**（2025 年申報時適用）

| 課稅贈與淨額 ( 元 ) | 稅率 | 累進差額 ( 元 ) |
| --- | --- | --- |
| 28,110,000 以下 | 10% | 0 |
| 28,110,001-56,210,000 | 15% | 1,405,500 |
| 56,210,001 以上 | 20% | 4,216,000 |

資料來源：種子講師團隊高意如

## 富爸爸與上班族爸爸的財務規劃大戰

小王與小張是兩位成功的企業家，家財萬貫的他們各有一個獨生子，計畫在孩子成年時，送上一間價值 2 千萬元的房子作為成年禮物。但他們對財務規劃的態度完全不同。

富爸爸小王是精打細算的長期規劃者，從孩子出生開始，每年贈與 100 萬元到孩子的帳戶內，這樣不會觸及 244 萬元的年度免稅額，逐步累積孩子的財富。

20年過去,他們已經在孩子的帳戶裡存入2千萬,不需額外負擔贈與稅。

當孩子20歲時,小王微笑地說:「孩子,這些年我們幫你存的錢,剛好可以買一間2,000萬元的房子,完全免稅哦!」

但富爸爸小張卻是臨時抱佛腳的財務新手,對財務規劃沒什麼概念的他總覺得:「反正我有錢,等小孩長大時,直接買房就好了!」

於是,小張一次性贈與2千萬現金給孩子買房子,買房的當下,才發現贈與稅高得驚人!因為超過244萬元的免稅額,他需要為1,756萬元的應稅金額繳納之贈與稅,高達175.6萬元。

當小張發現自己白白多繳這筆稅時,他後悔地說:「早知道就像小王一樣提早規劃了,白白多花了稅金175.6萬元。」

**善用財務規劃的重要性,差異就是這麼明顯。**

再看另兩位上班族爸爸小陳與小高,兩位爸爸的年薪都是150萬元,並且都希望為唯一的孩子存下未來的第一桶金,每月固定存5萬元到孩子帳戶裡。

但不同的是,他們的投資選擇大不相同!

小陳是穩健保守型的父親,相信低風險理財才是安全之道,因此選擇儲蓄險,每年報酬率3%。「安全為上,至少本金不會縮水!」

20年後,他的帳戶裡累積了1,667萬元,雖然是筆不小的數字,但當他想要幫孩子買2,000萬元的房子時,才發現存款根本不夠。

「還差333萬元,怎麼辦?」小陳焦急地想。

所幸,他與妻子可以共同贈與488萬元免稅額,讓這333萬元的補助不需要繳贈與稅,最終還是成功買了房。

但問題是：買完房後，他們的存款已經變成 0 元，無法再幫助孩子更多了。

另一位爸爸小高，選擇投資 S&P500 指數基金，他想：「長期投資，才能讓財富真正增長！」從美國標普 500 過去 30 年（1994～2024）的績效年均報酬是 9％來看，保守起見打個折扣，若以 7％計算，小高從 2005 到 2024 年投資下來，他的帳戶裡已經累積了 2,640 萬元，足夠讓孩子直接購買房產，甚至還有 640 萬元的剩餘資金。

當孩子成年後，小高笑著說：「兒子，這 20 年來我幫你投資的錢，不但可以買房，還剩 640 萬，以後可以選擇你的夢想！」孩子興奮地拿著存款單，感受到父親的遠見與智慧。

從表 9-5 來看看，兩位爸爸的理財策略，究竟有多大的差異。

表 9-5　錢進定存與選擇投資的差異

| 比較項目 | 小陳（儲蓄險 3％） | 小高（S&P500 7％） |
| --- | --- | --- |
| 存款總額（20 年後） | 1,667 萬元 | 2,640 萬元 |
| 是否足夠購房？ | 需額外補助 333 萬元 | 完全足夠 |
| 是否需贈與稅？ | 夫妻共同贈與免稅 | 不需額外贈與 |
| 購房後剩餘資金 | 0 元 | 640 萬元 |

資料來源：種子講師團隊高意如

以上兩個故事的啟示，就是：長期財務規劃很重要！再者，短期省錢 ≠ 長期聰明！最重要的是，**投資報酬率的不同，創造的財富效果是倍數以上的差距！**

因此，「提前規劃贈與＝省稅」；「投資報酬率高＝未來更輕鬆」。**唯有理財與節稅雙管齊下，才能讓財富傳承最大化。**

# 9-2 遺產稅的規劃

遺產稅最怕的，不是金額，而是「沒有提前規劃」。很多家庭以為財產繼承就是「填個表、過個戶就好，但真的要辦理時，才發現政府會先收取一大筆遺產稅。如果沒有提前規劃，辛苦打拼一輩子的財富，最後大半進了國庫，而不是交到最親愛的家人手上。

再者，即使繼承人繼承了遺產，但若沒有現金繳遺產稅，繼承人可能被迫變賣房產或股票來籌錢，若遇房市低迷還急著賣房籌現金，極有可能賣不到好價格，而造成更大的損失。

## 遺產稅是什麼？誰要繳？

所謂遺產稅是指一個人過世後，其財產會被列入「遺產」，但這筆錢不是直接落入繼承人口袋，而是先扣掉政府要收的「遺產稅」，剩下的才是真正屬於繼承人的財產。

遺產稅的納稅義務人有三：

① 有遺囑執行人，以遺囑執行人為納稅義務人。
② 沒有遺囑執行人，以繼承人及受遺贈人為納稅義務人。
③ 沒有遺囑執行人及繼承人，以依法選定遺產管理人為納稅義務人。

## 遺產稅的計算三步驟

遺產繼承不只是財富的轉移，而是如何讓財富真正交給家人，遺產稅規劃的關鍵，**不在能繼承多少，而是「你能留下多少」**。遺產稅計算三步驟如圖 9-3 所示。

圖 9-3　遺產稅的課稅三步驟

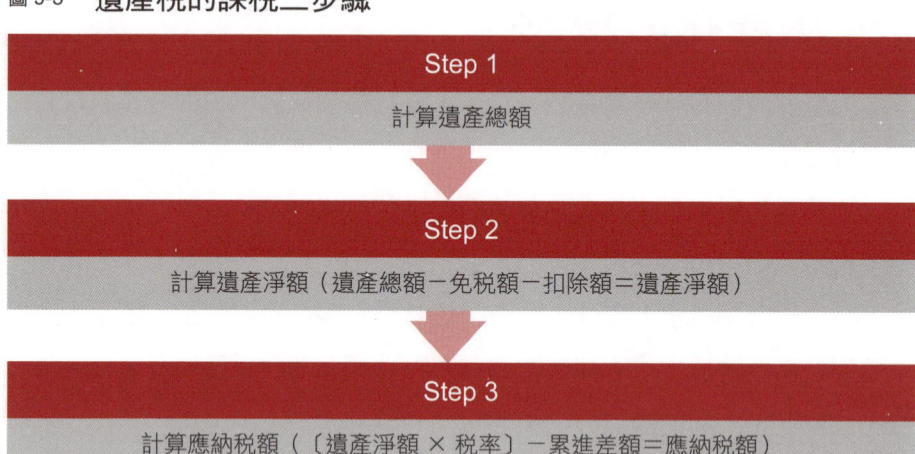

**Step 1**
計算遺產總額

**Step 2**
計算遺產淨額（遺產總額－免稅額－扣除額＝遺產淨額）

**Step 3**
計算應納稅額（〔遺產淨額 × 稅率〕－累進差額＝應納稅額）

資料來源：財政部資料，種子講師團隊高意如

### Step1：計算遺產總額

遺產總額的計算方式是：**遺產總額＝遺產金額－不計入遺產總額＋視同遺產**。

在計算遺產總額時，須計入房產、存款、股票、其他資產等資產，這些資產的價值認定，會依不同的資產類型而有其價值認定方式與計算依據，讀者可上財政部網站搜尋相關資訊。至於不需計入的財產，如表 9-6 所示。

不計入遺產總額選項中，最常使用要保人與受益人不同人，指定受益人之「人壽保險」，許多民眾為了避稅過度使用保險，如重病投保、高齡投保、密集投保、鉅額投保、舉債投保、躉繳投保、短期投保、保險給付與保險費相近等八大樣態，若投保動機涉及避稅，可能將會被國稅局要求補稅，且最低稅負制上路後，繼承人收到死亡保險理賠金 3,740 萬以下免計入最低稅負制，超出金額需在當年度 5 月列入基本所得額計算。

表 9-6　不計入遺產總額

| 類別 | 具體內容 | 備註 |
|---|---|---|
| 捐贈政府及公立機構 | 捐贈給各級政府、公立教育、文化、公益、慈善機關。 | 全額免稅 |
| 捐贈公營事業 | 捐贈給公有事業機構或全部公股之公營企業。 | 全額免稅 |
| 捐贈財團法人公益團體 | 捐贈給符合行政院標準之教育、文化、公益、慈善、宗教團體及祭祀公業。 | 需符合財團法人登記 |
| 文化、歷史、美術資產 | 繼承人向國稅局登記的文化、歷史、美術之圖書、物品。 | 若轉讓則須補繳遺產稅 |
| 被繼承人創作的權利 | 被繼承人自己創作的著作權、發明專利權及藝術品。 | |
| 生活必需品 | 日常用品總值 100 萬元以下。 | 超過部分計入遺產 |
| 職業工具 | 職業工具總值 56 萬元以下。 | 超過部分計入遺產 |
| 依法禁止或限制採伐之森林 | 受法律規範的森林資產。 | 若解禁則須補繳遺產稅 |
| 人壽保險與互助金 | 被繼承人指定的受益人 | |

資料來源：財政部資料，種子講師團隊高意如

表 9-7　視同遺產常見之風險與影響

| 視同遺產 | 常見情境 | 風險與影響 | 正確財富傳承策略 |
|---|---|---|---|
| 過世前 2 年內大量贈與財產。 | 在晚年匆忙將大量財產轉移至子女或配偶名下。 | 根據《遺贈稅法》第 15 條，過世前 2 年內的贈與將被併入遺產，無法減免遺產稅，甚至影響配偶「剩餘財產分配請求權」。 | 提早逐年贈與，利用每年 244 萬元免稅額，或設立家族信託確保財產長期規劃。 |
| 重病期間大額提領存款。 | 家屬在病重期間提領大量現金，試圖避開遺產稅。 | 國稅局可透過利息所得推估存款餘額，發現異常，若無法說明流向，仍會被併入遺產課稅。 | 保留完整資金流向紀錄，確保支出有合理用途，或投保壽險，預留繳稅資金，減少財產變動風險。 |

資料來源：財政部資料，種子講師團隊高意如

遺贈稅之稅負概略　305

許多民眾為少繳遺產稅,而提前做出提領或贈與的行為,一旦被國稅局查到,也會被以「視同遺產」論之,常見的風險與影響如上頁表 9-7。

### Step2:計算遺產淨額

遺產淨額的公式,就是:**遺產總額－免稅額－扣除額＝遺產淨額**,如圖 9-4 所示。

## ⇨ 免稅額

2025 年度遺產稅一般人免稅額為 1,333 萬元,若為軍公警等公務員因公殉職,則免稅額為 2,666 萬元。

圖 9-4　遺產稅基本架構

**遺產總額**
1. 遺產金額減不計入遺產總額
2. 加視同遺產
 • 重病期間提領
 • 死亡前 2 贈與(特定人)

**免稅額**
1. 一般人 1,333 萬
2. 軍公教人員因執行職務死亡 2,666 萬

**扣除額**

經常居住中華民國國境內之中華民國國民適用
1. 配偶 553 萬
2. 父母 138 萬／人
3. 直系血親卑親屬 56 萬／人
 (上述殘障者加扣)693 萬／人
4. 受扶養兄弟姐妹、祖父母 56 萬／人
5. 農業用地繼續作農業使用全數
6. 死亡前 6～9 年繼承之財產已納遺產稅者
 (按年遞減扣除)

中華民國境內生者為限
1. 死亡前應納稅捐、罰鍰、罰金
2. 死亡前未償還債務、具有確實之證明者
3. 喪葬費用 138 萬
4. 執行遺囑及管理財產之直接必要費用

資料來源:財政部資料,種子講師團隊高意如

## ⇨ 扣除額

扣除額則依據被繼承人遺有配偶、父母、子女等親屬而有不同額度可扣除，如直系血親卑親屬子女為未成年，可依未滿成年之年限依每年 56 萬加扣，以下整理各項扣除額，如表 9-8 所示。

表 9-8　**遺產淨額之扣除額**

| 扣除項目 | 扣除金額 | 說明 |
| --- | --- | --- |
| 配偶扣除額 | 553 萬 | 配偶繼承的遺產可扣除 553 萬。 |
| 直系卑親屬扣除額 | 每人 56 萬 | • 每名繼承人可扣除 56 萬。<br>• 若繼承人為未成年人，按距離成年年數加扣每年 56 萬。 |
| 父母扣除額 | 每人 138 萬 | 父母為繼承人時，每人可扣除 138 萬。 |
| 重度以上身心障礙扣除額 | 每人 693 萬 | 若繼承人具有重度以上身心障礙，可享特別扣除 693 萬。 |
| 扶養兄弟姊妹或祖父母扣除額 | 每人 56 萬 | 若被繼承人生前扶養兄弟姊妹或祖父母，扣除每人 56 萬未成年人可按其距成年年數每年加扣 56 萬。 |
| 農業用地繼續作農業使用 | 全數扣除。但若出現以下情形，可能導致追繳遺產稅的情況：<br>• 繼承人於 5 年內變更土地用途，如改建為住宅或商業用途。<br>• 若一度未從事農業生產，未在規定期限內恢復農業使用。<br>• 即便買方仍作農業用途，但將土地移轉，亦可能遭追繳。 ||
| 死亡前 6～9 年繼承之財產已納財產稅者 | • 按年扣除遞減按年遞減扣除，6 年內繼承扣除 80%、7 年內繼承扣除 60%、8 年內繼承扣除 40%、9 年內繼承扣除 20%。<br>• 超過 9 年以上的財產，不得扣除。 ||
| 喪葬費用扣除額 | 138 萬 | 固定扣除額，無需提供證明文件。 |

• 死亡前繳納稅捐、罰鍰、罰金。
• 死亡前支付債務，具有確實證明者。
• 配偶剩餘財產差額分配請求權。

資料來源：財政部資料，種子講師團隊高意如

表 9-8 提到，若被繼承人所遺留的財產，**是在其死亡前 6 至 9 年內取得的繼承財產，並已繳納遺產稅或贈與稅，則其應稅財產總額可按標準減除部分已繳稅額**。以下說明其計算方式。

小林的祖父 B 在 7 年前過世，父親 A 繼承其遺產總值 5 千萬。現在父親 A 去世了，小林繼承父親的遺產總額為 8 千萬，其中包括繼承自祖父 B 的財產，那麼小林該繳多少遺產稅？

按規定，因 A 於 7 年前繼承祖父的遺產，符合 60％扣除規定，因此可扣除 5 千萬 ×60％＝ 3 千萬。

調整後的應稅遺產淨額：8 千萬－ 3 千萬＝ 5 千萬

也就是說，原本小林遺產總額是 8 千萬元，但因為有了 60％的扣除額，使得遺產淨額降至 5 千萬元，有效減少遺產稅負擔。

### 死亡前支付債務的扣除

在遺產稅的計算中，被繼承人生前的債務負擔如有確實的證明，可從遺產總額中扣除，進一步減少應稅遺產金額，達到節稅的目的。但可扣除的債務項目，需具備「確實證明」，如表 9-9 所示。

### Step3：計算遺產稅額

計算遺產稅額的公式是：**遺產淨額 × 稅率－累進差額＝遺產稅額**。

遺產稅計算也是採累進稅率，其計算方式與贈與稅相同，只差淨額級距與累進差額不同，如表 9-10 所示。

表 9-9　死亡前支付債務的扣除類別

| 類別 | 適用條件 | 可扣除方式 | 備註 |
| --- | --- | --- | --- |
| 銀行貸款 | 生前向銀行借貸，仍未清償。 | 憑銀行對帳單、借款契約、還款計畫書等。 | 若有擔保品，需釐清權利歸屬 |
| 個人借款 | 生前向親友或第三人借款，仍未清償。 | 提供借據、支付利息紀錄、匯款證明等。 | 無借據或紀錄可能不被承認 |
| 房貸 | 仍有未償還的房屋貸款。 | 憑銀行貸款合約、還款紀錄。 | 貸款繼承者須與遺產分開計算 |
| 保證債務 | 生前為他人作保，死亡後需代償債務。 | 擔保契約、法院判決文件等。 | 須經法律認可 |

資料來源：財政部資料，種子講師團隊高意如

表 9-10　遺產稅累進稅率與累進差額（2025 年申報時適用）

| 遺產淨額（元） | 稅率（％） | 累進差額（元） |
| --- | --- | --- |
| 56,210,000 以下 | 10% | 0 |
| 56,210,001～112,420,000 | 15% | 2,810,500 |
| 112,420,001 以上 | 20% | 8,431,500 |

資料來源：財政部資料，種子講師團隊高意如

# 9-3 不動產之贈與和繼承

在進行不動產之贈與時，**不動產會以公告現值計價，因實務上公告現值通常比市價低許多，所以使用不動產贈與有節稅空間**，舉例來說：如果不動產的市價為 2 千萬元，但不動產的公告現值為 1,500 萬元，在計算贈與稅時是用 1,500 萬元作為贈與總額之計算。

但贈與不動產不能只考慮贈與稅，除了贈與人要繳贈與稅之外，**受贈人需負擔土地增值稅和契稅，更建議要把受贈人之後是否有出售或換屋需求也列入考量**，因為日後出售不動產時還要面臨「房地合一稅」，房地合一稅的稅率是 10%～45%，所以更要仔細計算，免得省小錢（贈與稅）花大錢（房地合一稅）。

隨著台灣房價節節高升，許多父母希望減輕子女的買房壓力，常常會考慮「提前把資產轉給孩子」。但究竟是「贈與現金讓孩子自己買房」、「直接把房子過戶給子女」、還是「將來等繼承」比較有利？又或者是否該用「出售」的方式，讓孩子用買的方式取得房子，反而更省稅？

以下說明在台灣目前稅制會面臨的贈與稅與房地合一稅（未來賣房時）等稅務影響；也會提到「繼承」這個第三種選項，做出完整分析。

### 方式 1：父母贈與現金，讓孩子自行買房

父母將現金贈與給子女，子女再用這筆錢去市場上買房，或支付頭期款搭配貸款購屋。此舉在法律上屬於「金錢贈與」行為。

從稅務的角度來分析：

① **贈與稅**：每人每年有 244 萬元免稅額（父母兩人合計 488 萬元），可透過「分年贈與」降低稅負。

② **房地合一稅**：子女未來賣房時，取得成本即為「購屋時市價」，因此不會因父母原始成本過低而承擔高額房地合一稅負。**但「持有年限」從購屋日起算，短期內出售稅率仍偏高。**

其優點在於：購屋成本即市價，有利未來節稅，父母親可靈活運用免稅額分年處理，子女也可自行挑選適合的房產。

其缺點在於：父母需具備足夠現金流，且若短期轉售，仍有較高稅負。

### 方式2：直接贈與房子給子女

父母將名下房屋贈與給子女，辦理贈與過戶。評價通常依土地公告現值與房屋評定現值，**所以具有節稅空間**。

從稅務的角度來看，此方式會產生的主要稅負有贈與稅、土增稅、契稅、房地合一稅，但其中較具變化的是贈與稅與房地合一稅，特別提出說明如下：

① **贈與稅**：以房地產公告現值認定贈與額，若超過免稅額需課贈與稅，可能一次繳出大筆稅金。

② **房地合一稅**：子女未來賣房時，**成本為贈與時之房地產公告現值，若相對較低的公告現值，加上短期轉售，稅負可能非常高**。

其優點在於：子女可立即取得房屋所有權，對有自住需求者非常便利，不需再另外挑選或購買房子。

其缺點在於：房屋價值高時，可能一次面臨大筆贈與稅；且未來出售房屋稅負重，尤其是「房地產公告現值低，持有年限短」情況下。

建議可替代的方式為：若未來想降低稅負，也可考慮讓子女「用現金向父母購屋」，提升成本基礎，節省房地合一稅。

### 方式3：繼承房產

父母過世後，子女依法繼承房產並辦理過戶，但必須於6個月內申報遺產稅，**如果不動產是以繼承取得，則不動產是以被繼承人死亡時的「公告現值」為計算基礎**。

從稅務的角度來分析：

①**遺產稅**：有基本免稅額 1,333 萬元，加上其他扣除額，總扣除通常可達 2 千萬元，若遺產不高，通常無須繳遺產稅。

②**土地增值稅**：透過繼承取得土地免課徵。

③**房地合一稅**：子女未來出售時可「沿用父母持有年限」，稅率較低，取得成本為死亡時繼承之房地產公告現值，差額大時稅負仍高。

④**適用舊制的可能性**：若父母在 2016 年前取得房產，子女未來出售時，如符合新制之自用住宅優惠，可新、舊制擇優申報，進一步降低稅率。

其優點在於：可免土地增值稅，有機會符合遺產稅免稅範圍；亦可延續父母的長期持有年限，有利降低房地合一稅。

其缺點在於：房產無法立即轉移，時間與資金規劃有不確定性；若資產分配不明確，易產生家庭爭議；且若資產總額高，仍可能課重稅。

以上三種房產取得方式之稅務與適用情境，整理如表 9-11 所示。

**表 9-11　三種取得房產方式之比較表**

| 方式 | 取得時的稅務 | 未來賣房（房地合一稅） | 適用情境 |
| --- | --- | --- | --- |
| A. 贈與現金買房 | 贈與稅<br>（可分年減稅） | 成本＝市價；短期稅高，長期稅低 | 父母有現金，子女想自選房屋 |
| B. 直接贈與房子 | 贈與稅、土增稅、契稅<br>（可能金額大） | 成本＝贈與時公告現值，短期稅高 | 房子已在父母名下，子女需即時自住 |
| C. 等繼承房子 | 可能遺產稅，免土地增值稅 | 成本低，但持有年限長；「符合舊制」，如符合資格還可，舊制與新制擇優申報 | 遺產總額不高、轉移時點可等待 |

資料來源：財政部資料，種子講師團隊許涵婷

# 9-4 遺產繼承順序

「家產分配」往往是家庭關係的試煉場，若沒有提前規劃，很可能引發爭議，甚至讓繼承人承擔不必要的稅務或債務風險。以下說明遺產繼承順位、應繼分與特留分計算，並解析「限定繼承 v.s. 拋棄繼承」，協助讀者做出最有利的財務決策。

## 遺產繼承順位與應繼分計算

在台灣，遺產繼承的分配方式取決於繼承順位，且每位繼承人的應繼分（可繼承的比例）與特留分（法律保障的最低繼承權）不同，如表9-12。

特留分保障了最低繼承比例，即使遺囑未分配財產給某位繼承人，他仍可依法主張特留分。配偶始終擁有繼承權，但與不同順位的繼承人共享遺產，比例會有所不同。

表 9-12　繼承順位與分配方式

| 順位 | 繼承人 | 應繼分 | 特留分 |
|---|---|---|---|
| 第一 | 配偶＋直系血親卑親屬（子女） | 按人數均分 | 配偶：應繼分 1/2<br>子女：應繼分 1/2 |
| 第二 | 配偶＋父母<br>（無直系血親卑親屬之情況） | 配偶 1/2<br>父母均分 1/2 | 配偶：應繼分 1/2<br>父母：應繼分 1/2 |
| 第三 | 配偶＋兄弟姊妹<br>（沒有直系血親卑親屬，父母也不在世之情況） | 配偶 1/2<br>兄弟姊妹均分 1/2 | 配偶：應繼分 1/2<br>兄弟姊妹：應繼分 1/3 |
| 第四 | 配偶＋祖父母<br>（同第三順位情況，且沒有兄弟姐妹之情況） | 配偶 2/3<br>祖父母 1/3 均分 | 配偶：應繼分 1/2<br>祖父母：應繼分 1/3 |

資料來源：財政部資料，種子講師團隊高意如

舉例，假設小張過世，留下遺產 9 千萬元，其遺產由配偶與 2 名子女繼承。應繼分是配偶佔 1/3 ＝ 3 千萬，子女各 3 千萬。特留分則是配偶 3 千萬 ×1/2 ＝ 1,500 萬，子女各 3 千萬 ×1/2 ＝ 1,500 萬

又假設小黃過世，留下遺產 6 千萬元，因無直系血親卑親屬，其遺產由配偶與父母繼承。應繼分是配偶 1/2 ＝ 3 千萬，父母均分 3 千萬，每人各 1,500 萬。

特留分則是配偶 3 千萬 ×1/2 ＝ 1,500 萬，父母 1,500 萬 ×1/2 ＝ 750 萬。也就是說，若配偶想獨得全部遺產，父母仍可依法各請求最低 750 萬元的特留分！

## 隔代繼承：繼承人過世的財產傳承

所謂隔代繼承，是指原本的繼承人（子女）在被繼承人過世前已經去世，那麼當被繼承人過世時，該子女的直系血親卑親屬（即孫子女）可以代位繼承原本父母的應繼分。

代位繼承的份額與原本的應繼分相同，換句話說，**孫子女可直接繼承其父母原本應得的遺產比例**。

這種情況在「祖父母過世，但子女（即孫子女的父母）已過世」時才會發生，孫子女直接取代父母的位置進行繼承。

## 限定繼承 v.s. 拋棄繼承

在現實中，繼承的不一定都是資產，可能還包含巨額負債！這時候，繼承人可以選擇「限定繼承」或「拋棄繼承」來保護自己免於承擔債務風險。兩者的差異如表 9-13 所示。

表 9-13　限定繼承 v.s. 拋棄繼承比較表

| 比較項目 | 限定繼承 | 拋棄繼承 |
|---|---|---|
| 適用對象 | 所有繼承人。 | 所有繼承人。 |
| 財產繼承 | 剩餘遺產歸繼承人。 | 繼承人無權取得遺產。 |
| 債務承擔 | 僅用遺產償還，不會動用繼承人的財產。 | 完全免責，不用償還任何債務。 |
| 申請期限 | 不用申請，但建議於知悉繼承開始後 3 個月內，向法院開具遺產清冊並進行陳報。 | 知悉繼承開始後 3 個月內。 |
| 申請方式 | 除非繼承人辦理拋棄繼承，原則上將自動成為限定繼承的方式。 | 向法院聲請「拋棄繼承」。 |
| 影響 | 保障繼承人財產，但需依法處理債務。 | 無法繼承遺產，但也不需負擔債務。 |
| 適用情境 | 遺產可能大於債務，但不確定債務總額。希望能繼承剩餘財產，但不想負擔過多債務。 | 確定被繼承人債務遠大於遺產，不想承擔任何與被繼承人相關的財務責任，避免個人財產受到影響。 |

資料來源：財政部資料，種子講師團隊高意如

　　所謂限定繼承是指只用遺產償還債務，超過部分不負責。比如被繼承人名下有 500 萬元存款，但仍有未清償的房貸或信用卡債務，數額不明。繼承人可選擇限定繼承，確保最多只用遺產清償債務，不動用個人財產。

　　拋棄繼承是指完全放棄繼承，遺產與債務皆不承擔。比如被繼承人名下僅有 10 萬元存款，但欠下 500 萬元貸款。繼承人若拋棄繼承，可完全不需負責這筆 500 萬元債務。

　　**除非繼承人辦理拋棄繼承，原則上將自動成為限定繼承的方式**。不過仍建議繼承人要向法院進行陳報遺產清冊，以避免在程序皆處理完後又出現新的債權人。

# 9-5 夫妻財產分配，剩餘財產計算標準

許多人關注如何增加財富，卻忽略了一個關鍵問題——夫妻財產如何分配？無論是離婚、配偶去世，甚至是提前做好財富傳承規劃，都涉及財產的歸屬與稅務影響。若無妥善規劃，可能會讓生存配偶陷入經濟困境，甚至面對沉重的遺產稅負擔。

以下說明夫妻財產制的影響、剩餘財產分配請求權的運用，以及如何透過正確的財產分配方式來降低遺產稅，確保財富順利傳承。

## 夫妻財產制與財產分配

在台灣，夫妻的財產制度並不是結婚後「自動共有」，而是可以依照雙方需求選擇不同的財產制。**財產制的選擇，決定了婚姻期間的財產管理權，以及離婚或配偶去世時的財產分配方式**，如表 9-14 所示。

舉例來說，假設夫妻小章與小芳兩人結婚 10 年，婚前小章有 1 千萬元存款，婚後兩人共同購買 2 千萬的房產。離婚時，房產與存款如何分配？

若採法定財產制，婚後財產需清算「剩餘財產」，但婚前財產歸個人。此時小章仍持有 1 千萬元婚前存款，房產 2 千萬需計算婚後所得財產，雙方平均分配。

若採分別財產制，則各自擁有財產，無需清算。至於房產歸何者，要視登記人而定，雙方無財產分配問題。

若採共同財產制，婚後財產視為共有，離婚時均分，此時 2 千萬房產需採平均分配。

表9-14　夫妻財產制比較表

| 財產制類型 | 財產歸屬 | 財產管理權 | 離婚／死亡時財產分配 | 適用情境 |
|---|---|---|---|---|
| 法定財產制（預設制） | 婚前財產各自所有，婚後財產原則上各自所有，但離婚或死亡時需清算「剩餘財產」。 | 各自管理名下財產，婚後財產離婚／死亡時清算。 | 婚後所得財產平均分配（但不包括婚前財產與繼承財產）。 | 適合一般夫妻，財產獨立但離婚／死亡需清算。 |
| 分別財產制 | 婚前、婚後財產完全獨立，各自擁有。 | 各自管理，不受對方影響。 | 離婚或死亡時，各自財產歸各自，無需分配。 | 適合高資產族群、創業者，避免財產糾紛。 |
| 共同財產制 | 婚後財產全部共有。 | 夫妻共同管理，財產處分需雙方同意。 | 離婚或死亡時，夫妻各取回其訂立共同財產制契約時之財產。共同財產制關係存續中取得之財產視為共同財產，平均分配。但另有約定者，從其約定。 | 適合希望共同累積財富的夫妻，但風險較高。 |

資料來源：財政部資料，種子講師團隊高意如

## 生存配偶之剩餘財產分配請求權

如果夫妻選擇法定財產制，當婚姻關係因離婚或配偶死亡而消滅時，生存配偶有權請求對方婚後財產的一半，以確保財產分配公平。

**剩餘財產分配計算＝（夫妻雙方婚後財產－婚後債務）÷2**
**＝剩餘財產分配請求權**

舉例來說，小章去世，妻子小芳請求剩餘財產分配。小章婚後財產總額是4千萬，婚後債務500萬。小芳婚後財產總額2千萬，婚後債務200萬。

此時夫妻剩餘財產總額＝（4千萬－500萬）＋（2千萬－200萬）
　　　　　　　　　　＝ 5,300萬

可分配財產總額＝ 5,300萬 ÷2 ＝ 2,650萬

小芳可請求分配額＝ 2,650萬－（2千萬－200萬）＝ 850萬元

也就是說，小芳可以從丈夫的遺產中請求850萬元，這筆財產可先從遺產總額中扣除，再計算遺產稅。

　　生存配偶如何透過剩餘財產分配，降低遺產稅，節稅分析如表9-15所示。行使剩餘財產分配權後，遺產稅減少85萬元，且妻子可優先取得應得財產。這筆財產在計算遺產稅時可先扣除，因此是合法的節稅方式。

　　**提前規劃財產制，確保財富順利傳承**，夫妻可依財務狀況與需求，選擇適合的財產制，並可透過律師公證變更。如無約定財產制以法定財產制為主，**適當運用剩餘財產分配請求權，不僅能確保生存配偶權益，還能降低遺產稅負擔。**

表9-15　透過剩餘財產分配降低遺產稅之節稅分析

| 項目 | 無請求（遺產稅高） | 有請求（遺產稅較低） |
| --- | --- | --- |
| 丈夫遺產總額（扣債務） | 3,500萬 | 3,500萬－850萬＝ 2,650萬元 |
| 應稅遺產額（扣除免稅額1,333萬） | 3,500萬－1,333萬＝ 2,167萬 | 2,650萬－1,333萬＝ 1,317萬 |
| 適用遺產稅率 | 10% | 10% |
| 應繳遺產稅 | 216.7萬 | 131.7萬 |
| 節省遺產稅額 | 0 | 節省85萬 |

資料來源：財政部資料，種子講師團隊高意如

CHAPTER

10

# 贈遺稅之節稅 10 大重點打擊

在財富傳承的過程中，遺產稅往往是影響資產流動性與穩定性的關鍵因素。**台灣遺產稅最高稅率為 20%，若未事先規劃，可能導致繼承人需支付高額稅款，甚至被迫出售資產以籌措稅金。**

因此，透過合法且有效的節稅工具，能夠降低遺產稅負擔，確保財富順利傳承。以下提出 10 大節稅方式，**只要提前做好稅務與財富管理，就能確保資產順利交接給下一代。**

## 重點打擊 11：積沙成塔逐年贈與，多傳承少稅負

千萬別小看涓涓細水，源遠流長的逐年贈與，長年下來極為可觀。此種方式適用於「希望能透過分批贈與，減少未來遺產稅負擔的家族」。其關鍵優勢就是利用每年 244 萬元免稅額，長期累積降低遺產總額。

運用方式就是，**每位贈與人每年可享 244 萬元免稅額，夫妻合計 488 萬元，透過多年逐步贈與，能有效降低遺產稅基**；子女婚嫁前後各「6 個

月」內，則可額外多贈與合計200萬元。

若家族資產較大，可搭配信託或股權移轉和較低稅率之贈與額度內，提前移轉資產，進一步分散財富，避免一次性轉移造成稅負增加與高額的遺產稅。

舉例來說，王董擁有5億元資產，如果沒有提前規劃，若是過世，以現在遺產稅計算，需支付近1億元的遺產稅（1.1242億元以上稅率20%），他可以如何運用這個方式來降低稅負呢？

現在有兩個方案。方案一是，王董夫婦從現在開始，以10年的時間，每年利用488萬元免稅額贈與子女。方案二是，王董夫婦同樣運用每年488萬元的免稅額贈，但在10%稅率下的額度內，逐年加碼贈與。究竟哪一種方案更為有利，可以省下更多稅負呢？

在方案一中，王董夫婦在前6年每年贈與488萬且完全免稅，第7年因子女婚嫁，該年贈與488萬額外再加碼贈與200萬婚嫁禮金，接著第9、10年分別再繼續贈與488萬，累積10年下來共計5,080萬元，透過贈與免稅額順利移轉資產給子女。

在方案二中，王董夫婦除了同方案一，運用每年488萬的贈與免稅額與婚嫁加碼贈與外，更進一步每年運用贈與稅稅率10%，級距上限贈與2,811萬元，加速移轉資產。前1～6年每年移轉資產3,299萬，贈與稅281.1萬。第7年子女婚嫁同樣加碼贈與200萬禮金，共移轉資產3,499萬，贈與稅281.1萬；接著第9、10年分別再繼續贈與。

累積10年下來，共移轉3億3,190萬元，遺產總額降為1億6,810萬元，適用20%稅率計算後，扣除累進差額843.15萬元，遺產稅額約為2,519萬元。

兩方案之比較如表10-1所示。

表 10-1　逐年贈與方式節稅比較

| 財產移轉方式 | 原案（無規劃） | 方案 1 | 方案 2 |
|---|---|---|---|
|  | 5 億全數計入遺產 | 10 年免稅額贈與＋婚嫁贈與 | 同方案一外，再加碼贈與 10% 稅率，上限金額 2,811 萬元 |
| 遺產總額 | 5 億 | 4 億 4,920 萬 | 1 億 6,810 萬元 |
| 遺贈稅 | 9,157 萬元 | 8,141 萬元 | 贈與稅 2,811 萬元〔註〕<br>遺產稅 2,519 萬元 |
| 節稅金額 | 0 元 | 1,016 萬元 | 3,827 萬元 |

資料來源：財政部資料，種子講師團隊高意如

註：由於贈與稅 10% 稅率的適用上限為新台幣 2,811 萬元，遠低於遺產稅 20% 的稅率，若能每年善用贈與免稅額，並結合 10% 級距內的贈與空間，規律性進行財產移轉，將有助於有效降低整體稅負。

透過分年贈與、婚嫁加碼及低稅率加碼贈與，可有效降低遺產總額，進而減少稅負。適當運用信託、股權移轉等工具，更能確保財富順利傳承。

**高資產家族應提早規劃，善用稅法優惠，確保財富順利傳承至下一代。**

# 重點打擊 12：
# 贈與免稅額極大化＋房地合一免稅額，最省稅

坊間常言「薪資追不上房價」，年輕人想買房大多需要父母親的資助才買得起，要如何幫助子女買房最省稅，成為許多父母心中的疑問。

首先多數的家庭在子女買房時，父母擔心子女頭期款不足，而想支援買房資金，為了幫助讀者理解，以下案例的稅額以贈與稅與房地合一稅為主要計算考量。

【案例 1】張小明出社會工作多年，因最近和交往多年的女友計劃結婚，想在高雄買房自住，其房價為 2 千萬元（公告現值 1,500 萬元），小

明的爸爸老張想資助兒子,但思索著自己也要留些老本養老,最多可以資助 400 萬元。

【情況一】老張夫妻以贈與 400 萬「現金」方式給兒子小明,作為頭期款,購買價格 2 千萬元之房地產,其公告現值 1,500 萬(土地公告現值 1,100 萬、房屋評定現值 400 萬),其贈與稅與小明出售時的土地增值稅及房地合一稅,如何計算?圖 10-1 是雙方在購屋與出售時須負擔之稅額。

**圖 10-1　購屋與出售時須負擔稅額**

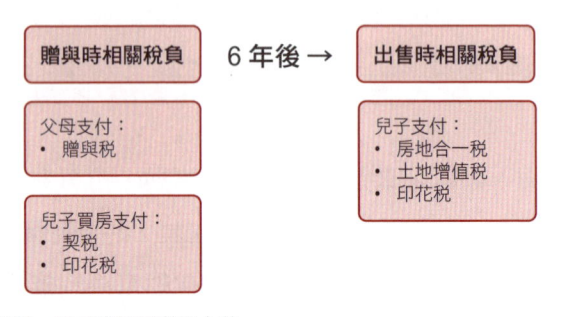

```
┌─────────────────┐                  ┌─────────────────┐
│  贈與時相關稅負  │   6 年後 →       │  出售時相關稅負  │
└─────────────────┘                  └─────────────────┘

┌─────────────────┐                  ┌─────────────────┐
│ 父母支付:        │                  │ 兒子支付:        │
│ • 贈與稅         │                  │ • 房地合一稅     │
└─────────────────┘                  │ • 土地增值稅     │
                                     │ • 印花稅         │
┌─────────────────┐                  └─────────────────┘
│ 兒子買房支付:    │
│ • 契稅           │
│ • 印花稅         │
└─────────────────┘
```

資料來源:財政部資料,種子講師團隊梁力芳

父母贈與時,可以使用每年每位贈與人之免稅額,2025 年開始每人每年 244 萬元,以及子女婚嫁前後各 6 個月內,可多贈與 100 萬元的免稅額。若兒子買房是自住使用且符合自住房地條件,日後出售房地產不要忘了使用個人自住房地資格,房地合一稅享有 400 萬的免稅額,超過的部分之固定稅率為 10%。表 10-2 是老張可適用之贈與稅策略。

假設小明買房 6 年後因有了孩子需換房,房地產出售 3,000 萬元,土地公告現值 1,500 萬,取得與改良費用 30 萬,那麼其土增稅和房地合一稅如何計算?

土地漲價總數額=出售時土地公告現值 1,500 萬元-原土地公告現值 1,100 萬元 = 400 萬元

表 10-2　老張買房時可贈與兒子的最高免稅額

| 贈與策略一 | 父＋母＝每年 488 萬免稅額 |
|---|---|
| 贈與策略二 | 如單親可年底贈與＋年初贈與＝ 488 萬免稅額 |
| 贈與策略三 | 488 萬＋結婚加碼贈與 200 萬＝ 688 萬免稅額 |
| 綜合策略四 | 父母 488 萬年底贈與＋父母 488 萬年初贈與＋結婚加碼 200 萬＝ 1,176 萬免稅額 |

資料來源：財政部資料，種子講師團隊梁力芳

自用住宅優惠土地增值稅單一稅率 10％

土地增值稅＝ 400 萬元 ×10％＝ 40 萬元

房地合一稅＝（3,000 萬－成本 2,000 萬－費用 30 萬－土地漲價總數額 400 萬元－自住房地免稅額 400 萬）× 自住房地優惠稅率 10％
　　　　　＝ 17 萬元

總稅負＝贈與稅 0 萬元＋土地增值稅 40 萬元＋房地合一稅 17 萬元
　　　＝ 57 萬元

【情況二】老張夫妻支付 400 萬元的頭期款後，其餘貸款支付尾款，房地產先登記在老張名下，其房地產價 2 千萬元（公告現值 1,500 萬元），土地公告現值 1,100 萬，房屋評定現值 400 萬。父母用「房屋」方式贈與給小明並附帶房貸 1,600 萬元，其贈與稅和兒子出售時的土增稅與房地合一稅分別是多少？下頁圖 10-2 是雙方在購屋與出售時須負擔之稅額。

父母贈與時須考慮贈與稅：因房貸可為贈與總額之減項，其房貸 1,600 萬大於房地產公告現值 1,500 萬元，故贈與稅金額為 0。

圖 10-2　購屋與出售時須負擔稅額

```
┌─────────────┐         ┌─────────────┐
│ 贈與時相關稅負 │ 6年後 → │ 出售時相關稅負 │
└─────────────┘         └─────────────┘
┌─────────────┐         ┌─────────────┐
│ 父母支付：    │         │ 兒子支付：    │
│ • 贈與稅     │         │ • 房地合一稅  │
│ • 土地增值稅  │         │ • 土地增值稅  │
│ • 契稅       │         │ • 印花稅     │
│ • 印花稅     │         │             │
└─────────────┘         └─────────────┘
```

資料來源：財政部資料，種子講師團隊梁力芳

假設小明買房 6 年後因有了孩子需換房，房地產出售 3 千萬元，土地公告現值 1,500 萬，取得與改良費用 30 萬，那麼其土增稅和房地合一稅如何計算？

原始取得成本＝基本上會用房地產的現值 1,500 萬元當取得成本，實務上也能用「房貸 1,600 萬元」當作取得成本。（取最有利之金額當成本）

土地漲價總數額＝土地現值 1,500 萬元－土地現值 1,100 萬元
　　　　　　　＝ 400 萬元

自用住宅優惠土地增值稅單一稅率 10％

土增稅＝ 400 萬元 ×10％＝ 40 萬元

房地合一稅＝（3,000 萬－成本 1,600 萬－費用 30 萬－土地漲價總數額 400 萬元－自住房地免稅額 400 萬元）× 自住房地優惠稅率 10％
　　　　　＝ 57 萬

總稅負＝贈與稅 0 萬元＋土地增值稅 40 萬元＋房地合一稅 57 萬元
　　　＝ 97 萬元

從表 10-3 可得知，父母若有贈與房地產給子女的計劃，**必須事先規劃，把握時間點以及把時間拉長數年，都可多出許多贈與資金給子女。同**

表 10-3 　現金贈與房屋贈與之總稅負

| 項目 | 情況一：現金贈與買房 | 情況二：房屋贈與 |
|---|---|---|
| 贈與時相關稅負 | 0 萬元 | 0 萬元 |
| 贈與稅 | | |
| 出售時相關稅負 | 40 萬 | 40 萬 |
| 土地增值稅 | | |
| 房地合一稅 | 17 萬 | 57 萬 |
| 總稅負 | 57 萬 | 97 萬 |
| 節稅金額 | 40 萬 | |

資料來源：財政部資料，種子講師團隊梁力芳

時要把出售時的房地合一稅列入考量，如未考慮妥善，極有可能日後兒子要出售房地產時，必須多支付 40 萬的房地合一稅。此案例中使用自用住宅，能享有優惠稅率 10％相對較低，如不適用自用住宅優惠，其房地合一稅稅率更高達 45％～15％，其稅金更是驚人。

【案例 2】傅先生是高資產者，有意傳承或移轉資產，想用房地產贈與來節稅，傅先生該用現金給兒子小傅買房，還是直接購買房產贈與給兒子小傅呢？其房產價 2 千萬元（公告現值 1,500 萬元），土地公告現值 1,100 萬，房屋評定現值 400 萬，全額付清沒有申請房貸。這過程中會產生何種稅負？

傅先生贈與時稅負：

房地產贈與稅＝（1,500 萬元－244 萬元）×10％＝125.6 萬元

現金贈與稅＝（2千萬元－244萬元）×10％＝175.6萬元

房地產贈與較現金贈與節稅50萬。

假設兒子小傅6年後有了孩子需換房，房屋出售3千萬元（土地公告現值1,500萬），取得與改良費用30萬，其土增稅和房地合一稅為何？

土地漲價總數額＝土地現值1,500萬元－土地現值1,100萬元

　　　　　　　＝400萬元

自用住宅優惠土地增值稅單一稅率10％

其贈與稅、土地增值稅與房地合一稅如表10-4之計算。

從表10-4可知，如想利用房地產壓縮資產贈與給子女，**除了贈與稅，日後是否出售也要列入考量**，否則在購屋時省了贈與稅50萬元，但出售

表10-4　現金贈與買房與購買房贈與之稅負

| 稅額 | 現金贈與2千萬買房 | 購買房屋產贈與 |
|---|---|---|
| 贈與時相關稅負<br>贈與稅 | （2,000萬－244萬）×10％<br>＝175.6萬 | （1,500萬元－244萬元）×10％<br>＝125.6萬元　　比現金贈與省下50萬 |
| 出售時相關稅負<br>土地增值稅 | 400萬×10％＝40萬 | 400萬×10％＝40萬 |
| 房地合一稅 | （3,000萬－成本2,000萬－費用30萬－土地漲價總數額400萬元－400萬自住房地免稅額）10％自住房地優惠稅率＝17萬元 | （3,000萬－成本1,500萬－費用30萬－土地漲價總數額400萬－自住房地免稅額400萬）×10％自住房地優惠稅率＝67萬元 |
| 總稅負約 | 232.6萬元 | 232.6萬元　　多付房地合一稅50萬 |

資料來源：財政部資料，種子講師團隊梁力芳

時卻因房地合一稅又多繳 50 萬元回去，豈不是白忙一場？！更甚者，如果不是適用自用住宅優惠 10%，一般情況房屋持有 6 年，房地合一稅稅率是 20%，其房地合一稅更高達 134 萬元，所以常常房地合一稅多繳的稅負比贈與稅省的多更多，豈不是賠了夫人又折兵，不見得划算。

所以贈與時不能只考慮贈與稅，需把日後出售情況考量進來，而且每個人的情況都不相同，更需詳細計算和比較，才能知道最適合自己的節稅方法。當然也有例外，除非此房地產贈與後確定不出售要當傳家寶，一直傳承下去，那麼或許就不用考慮房地合一稅爆增的問題了。

## 重點打擊 13：不動產留當「傳家寶」，稅省省省！

擁有房地產的父母想要把房地產傳承給子女，常會問是「贈與」好？還是留當「遺產」好呢？以下我們只就稅務考量討論。

**若以「贈與」方式傳承，就房地合一稅而言相對不利，會大幅增加轉手時的稅負。**

**若以「繼承」來傳承房地產，一般房地產的繼承只要繳遺產稅，因繼承取得土地免徵土地增值稅。**且繼承房地產後出售之所得，與一般購買取得和受贈取得也有所不同，如被繼承人於 2016 年 1 月 1 日以後取得房地產，其繼承人再出售即適用新制之外，其他案件原則上都適用舊制。

且被繼承人和繼承人的持有期間可合併計算，如適用舊制者同時符合新制自用住宅優惠稅率（免稅額 400 萬元，超出部分以 10%稅率計稅），也可選擇以新制申報，至於新制好還是舊制划算，要視個案情況實際計算後擇優申報。

看到這裡，聰明的讀者應該發現，**不動產用「繼承」比「贈與」方式更省稅**，為了更清楚了解實際繼承，我們來看以下的例子。

老張 2014 年 1 月 1 日購入房地產，小明 2017 年 1 月 1 日繼承取得該筆房地產市價 2 千萬元，公告現值 1 千萬元（土地公告現值 800 萬，房屋評定現值 200 萬），2021 年 1 月 2 日小明把房地產出售價 3 千萬元（現值 1,600 萬，土地公告現值 1,200 萬，房屋評定現值 400 萬），出售時要選舊制還是新制呢？以下以圖 10-3 來分析相關稅負。

圖 10-3　購屋與出售時須負擔稅額

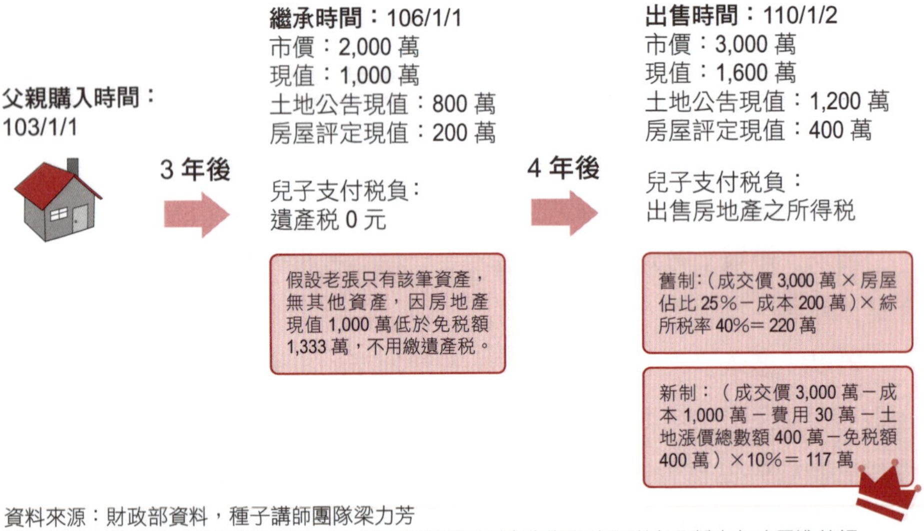

父親購入時間：103/1/1

3 年後

繼承時間：106/1/1
市價：2,000 萬
現值：1,000 萬
土地公告現值：800 萬
房屋評定現值：200 萬

兒子支付稅負：
遺產稅 0 元

假設老張只有該筆資產，無其他資產，因房地產現值 1,000 萬低於免稅額 1,333 萬，不用繳遺產稅。

4 年後

出售時間：110/1/2
市價：3,000 萬
現值：1,600 萬
土地公告現值：1,200 萬
房屋評定現值：400 萬

兒子支付稅負：
出售房地產之所得稅

舊制：（成交價 3,000 萬 × 房屋佔比 25％－成本 200 萬）× 綜所稅率 40％＝ 220 萬

新制：（成交價 3,000 萬－成本 1,000 萬－費用 30 萬－土地漲價總數額 400 萬－免稅額 400 萬）× 10％＝ 117 萬

資料來源：財政部資料，種子講師團隊梁力芳
註：假設小明之綜所稅適用稅率 40％，且不考慮繼承到出售期間的通膨率及暫先忽略累進差額。

綜合以上所言，**不動產留待繼承可免課大額的土地增值稅**。另外，原適用舊制的不動產在繼承後，**出售還可在「新制」房地合一稅、「舊制」房屋交易所得稅擇優申報**，如擇新制還可將父母持有期間合併計算，有機會適用較低稅率。

如小明這個案例，他選擇新制 117 萬元即可省下 103 萬元的稅負支出，

所以結論是：不動的房地產留在身後給子女，如果產權清楚，未來不會有糾紛，而且持有投資效益，不輸給其他資產的成長，**那麼留下不動產，只從節稅角度而言，會比先贈與給子女更節稅。**

## 重點打擊 14：夫妻本是同林鳥，稅負當前各自算

在家庭財產規劃中，夫妻間互相贈與不動產是相當常見的情況，例如一方將名下的房地贈與給另一方，以達到資產配置、房貸資格、或是未來轉售節稅的目的。不過，在進行不動產贈與時，**除了注意贈與稅免稅的規定外，也應充分了解土地增值稅的適用優惠與繼承免稅的可能性。**

夫妻間若進行不動產贈與，須留意以下情況。

### 1. 夫妻間贈與，免贈與稅——
### 　　但注意仍需繳納契稅，與可能的土增稅

根據《遺產及贈與稅法》第 22 條第 1 項第 5 款，**夫妻間互相贈與財產（包括不動產）免課贈與稅**。然而，這並不代表整個移轉過程完全免稅：

①房屋部分仍需繳納契稅（稅率 6％）。

②土地部分之土地增值稅得緩課，待移轉給夫妻以外第三人時須合併夫妻持有期間全部的漲價總數額，一併課徵。

### 2. 夫妻雙方均可各使用一次「自用住宅土地優惠稅率」

根據《土地稅法》第 34 條，自用住宅用地在移轉時，若符合條件，可適用土地增值稅「一生一次」10％優惠稅率（而非一般稅率 20％、30％、40％級距）。

常見的誤解是只有一次機會。**但事實上是夫妻雙方各自享有一次優惠**

使用權。亦即，如果先生名下的土地已用過一次 10％優惠，贈與不動產給太太將來出售，仍可使用太太的一生一次土增稅優惠。其要點條件包括：①本人／配偶或直系親屬設立戶籍。②房屋及土地皆為自住使用。③出售前 1 年無出租、營業用途。④出售面積限制都市土地未超過 3 公畝或非都市土地 7 公畝以下。

### 3. 繼承取得土地可「免徵」土地增值稅

若土地是透過繼承方式取得，根據《土地稅法》第 28 條規定，**繼承取得的土地在過戶時可免徵土地增值稅**。這項制度的設計，是基於「已繳遺產稅，不重複課稅」，為避免加重家屬負擔所做的稅負豁免。

也因此，在辦理繼承時：**需檢附死亡證明、繼承系統表、協議分割書或法院判決書等**，因為國稅局與地政機關會審查繼承正當性，若無買賣行為，即可全額免徵土地增值稅。

但仍需注意的是，未來若將繼承取得之土地出售，仍需課徵「房地合一稅」與土地增值稅。

舉例來說，假設太太將市區一筆自用住宅土地贈與給先生，會產生那些稅負？

首先，夫妻贈與行為產生時，免贈與稅，契稅按房屋現值課 6％。

在土地方面，若先生出售該筆土地，可使用他本人的「一生一次 10％土增稅優惠」，需符合條件。

最後，若該筆土地將來是由子女繼承，那麼過戶當下免徵土地增值稅。表 10-5 說明此贈與之稅負細項。

總得來說，在規劃夫妻間贈與不動產轉移時，**應評估未來的出售計畫與稅務策略，其中「一生一次」的稅負優惠使用時機應妥善安排**，如全家

表 10-5　夫妻間贈與不動產與適用稅制

| 類別 | 適用稅制 | 說明 |
| --- | --- | --- |
| 夫妻間不動產贈與 | 免贈與稅 | 須申報備查 |
| 契稅 | 照常課徵 | 房屋現值 ×6% |
| 土地增值稅 | 夫妻贈與時緩課 | 待移轉給第三人時，合併課徵 |
| 繼承取得土地 | 繼承時，免土地增值稅 | 僅限繼承當下移轉 |
| 未來出售 | 課徵土增稅和房地合一稅 | 受贈人或繼承人可使用本身的「一生一次」土增稅優惠 |

資料來源：財政部資料，種子講師團隊吳亮均

只有一間房，還有「一生一屋」的稅負優惠可以使用若有涉及繼承，可結合家族信託或遺產規劃，進一步降低稅負與爭議。

## 重點打擊 15：正確運用保險，財富傳承無痛接軌

在財務規劃中，**保險不僅是一種風險管理工具，還能有效協助財富傳承與節稅**。然而，要透過保險必須妥善規劃，否則可能導致額外的稅負成本。以下說明如何合理運用保險，以避免潛在稅務風險。

### 以保險進行節稅之優勢

選擇以保險做有效降低遺產稅負擔與優化傳承的優勢有以下 4 種：

**優勢 1｜不受特留分限制，對遺產有控制權。**

根據《民法》，遺產需依特留分規定分配，**但保險給付指定受益人者，得不作為被保險人之遺產，還可以自由指定受益人，不受強制分配限制。**適用對象是希望將財富留給特定家族成員，如配偶、特定子女、企業接班人等，避免遺產分割糾紛。

贈遺稅之節稅 10 大重點打擊　331

**優勢 2｜人壽保險費用從遺產扣除，身故保險金可免列入遺產。** 適用於希望透過保險轉移財富，減少遺產稅負擔者，但需注意投保的八大態樣可能被依「實質課稅原則」列入遺產總額。

舉例來說，爸爸有 1 億元資產，買了一張保費 1 千萬元保單，身故保險金理賠 3 千萬元。其中要保人和被保人為爸爸，子女為身故受益人，理賠為身故保險金。

那麼遺產稅計算基礎變為 9 千萬元（1 億 − 1 千萬），減少遺產稅負擔。3 千萬元的保險理賠不列入遺產，且低於最低稅負制 3,740 萬，受益人可免稅領取。

**優勢 3｜保險金可作為遺產稅的預留稅源。**

**遺產稅須於 2 個月內繳清**，若主要財產為不動產或股票，短時間內難以變現，可能被迫低價出售資產。**但保險理賠通常 15 日內即發放，可作為即時繳稅資金，避免財產損失。** 適用於持有大量不動產、公司股權的富裕人士，確保遺產繼承不受稅負影響。

**優勢 4｜死亡給付在 3,740 萬元以下，免計入最低稅負制。**

根據最低稅負制規定，**死亡給付每位受益人享有 3,740 萬元免稅額。適用於高資產家庭，確保保險給付不被額外課稅。**

舉例來說，假設爸爸設立 1 億元壽險，有 3 位子女，且 3 子女皆為所得稅獨立申報戶。其中要保人和被保人為爸爸，子女為身故受益人，理賠為身故保險金。**那麼每位子女可免稅領取 3,740 萬元，超過部分才需計入最低稅負制，減少額外稅負。**

### 以保險進行節稅之風險與限制

即使以保險能有效進行財富優化傳承，但如果投保方式異常，可能被

國稅局認定為「租稅規避」，依「實質課稅原則」列為遺產總額，以下是可能被視為投保異常的 8 大風險樣態：

① 高齡短期內購買大額保單。
② 重大疾病後密集投保。
③ 投保後立即借款。
④ 透過貸款支付保費。
⑤ 期滿後返還金額接近總保費。
⑥ 受益人為非親屬但仍獲大額保險金。
⑦ 投保人短期內變更。
⑧ 頻繁變更受益人。

解決方法就是：**提早投保，避免短期內異常購買大額保單**。同時確保投保動機符合「保障」目的，避免被視為刻意節稅。

此外，投保亦須納入整體財務規劃，避免報酬率過低，畢竟保險是以「保障」為主，報酬率普遍低於投資市場，**若將過多資產投入保險，可能因通膨侵蝕資產價值，影響長期財富增值**。

建議資產配置不宜過度集中於保險，應搭配信託、不動產、股權傳承等方式。同時確保保險不影響現金流與投資回報率，避免未來影響財務靈活度。

綜上所言，想要有效運用保險作為財富傳承工具，應提早規劃，避免短期內購買大額保單，以降低被國稅局認定為租稅規避的風險。同時分散財富配置，避免過度依賴保險影響資產增值與報酬率。再搭配信託、不動產、股權安排，確保傳承規劃完整，降低遺產糾紛與稅負影響；**最後將保險作為遺產稅的預留稅源，確保繼承人不因繳稅而被迫賤賣資產**。

### 將保險作為存錢工具時的 4 大稅務問題

很多父母想透過保險幫孩子存錢。將保險作為存錢工具的好處就是讓人「感覺」有安全感，但卻可能忽略了稅務規劃，出現以下情況，導致未來被國稅局追稅，務必留意之。

① **變更要保人可能被認定為贈與**。保單財產屬於要保人，若變更要保人，如將父母改為子女，會被視為財產移轉，如此超過免稅額 244 萬的部分可能需繳贈與稅。

② **要保人提前身故，保單價值納入遺產**。若父親為要保人、母親為被保人，當父親先過世時，保單價值在父親身故後將被納入父親的遺產，需繳遺產稅，無法達到節稅效果。

③ **滿期金給受益人，可能被視為贈與**。若要保人與受益人不同，當受益人領取滿期金時，視為要保人對受益人的贈與，超過 244 萬免稅額需繳贈與稅。

④ **父母直接支付保費，可能被視為贈與**。子女為要保人，若父母直接繳保費，可能被視為「無償代繳」，超過 244 萬免稅額需課贈與稅。

建議方案：讓小孩同時擔任要保人與受益人，並由小孩帳戶支付保費，確保保單財產歸屬明確，避免所有稅務問題。

以下以案例故事，來分析以保險存錢的稅務陷阱。

李先生是一位 45 歲的企業主，想為 10 歲的兒子小杰存一筆教育基金，他購買了一張 6 年期的儲蓄險，年繳保費 100 萬元，總保費 600 萬元，預計在小杰 16 歲時領回 650 萬元當作留學基金。

當時，業務員告訴李先生：「這是很棒的教育基金，未來你兒子可以無稅領回這筆錢！」李先生信以為真，於是設計了以下保單安排──要保

人是李先生，負責繳保費；被保險人是小杰，也就是保險保障對象；滿期受益人也是小杰。

沒想到 6 年保單期滿後，小杰 16 歲，準備領取 650 萬元滿期金時，李先生卻收到國稅局的補稅通知，要求其繳納 40.6 萬元的贈與稅（650 萬－244 萬免稅額 ×10%）。李先生很困惑，認為自己只是「幫兒子存錢」，為什麼還要繳稅？國稅局的解釋是：

① 要保人李先生擁有保單財產權，這筆 650 萬元是李先生的資產。

② 受益人小杰領取保險金，視為李先生對兒子的「財產贈與」，超過 244 萬元免稅額的部分，應繳 10% 贈與稅。

不想繳這筆稅金的李先生向業務員求助，想用變更要保人的方式來解決問題。於是業務員又建議：「你可以把要保人改成小杰，這樣他自己領錢就沒事了。」但這樣做真的可行嗎？當然不行！**因為「變更要保人＝父親將保單財產轉移給兒子」，仍屬贈與行為，依舊要補繳贈與稅。**

所以本案例的**建議解決方案就是：小孩一開始就是要保人與受益人。**

如果當初李先生直接讓小杰成為「要保人」與「受益人」，並將繳交保費的資金先轉入小杰的帳戶，再由小杰帳戶內繳費，如此這筆錢就不會被視為贈與，保險金也能無稅領回。

## 重點打擊 16：信託讓財富增值不減值

在財富管理與傳承的過程中，信託是一種靈活性高、法律保障強，且能有效節稅的資產管理工具。無論是高資產族群、企業主，還是希望保護家人財務安全的一般家庭，都能透過信託達到長期管理資產、確保受益人權益、避免財富流失的目的。

信託是一種財產管理制度，財產所有人（委託人）將資產交給信託機構（受託人）代為管理，並依照契約約定將收益給付給指定受益人。這種制度的好處是，財產不會直接進入受益人名下，而是由專業機構管理，確保財產運用符合規劃目標。

採用信託傳承財產的好處包括：

① **確保財富傳承**：父母擔心子女理財能力不足，可以透過信託分階段給付資金，避免一次繼承後揮霍一空。

② **提供穩定現金流**：年長者可透過年金信託，確保退休後每月有固定收入，無需擔心資產耗盡。

③ **避開債務風險**：企業主可將資產放入信託，避免因公司財務風險影響家族財產。

④ **合法節稅**：信託可透過特定結構，降低遺產稅、贈與稅，達到財富保值效果。

## 信託的基本架構與運作方式

信託的運作涉及三大核心角色：

① 委託人：其職責是設立信託、提供資產。比如：王董事長將1億元資產轉入家族信託。

② 受託人：負責管理與運用信託財產。比如：信託公司按照契約，每月發放100萬元生活費給王董事長的子女。

③ 受益人：信託財產的最終受益者。比如：王董事長的子女，每年可獲得1,200萬元的生活費。

信託契約可依委託人的需求設計，包括資金分配條件、給付方式、受益人權益保障等內容，以確保資產管理符合目標。

信託的設立方式主要有**契約信託、遺囑信託、法律強制信託**等三種，信託人可根據不同需求選擇合適的類型，設立方式如表 10-6 所示。

### 信託架構：本金自益，孳息他益

信託是一項強大的工具，特別是「本金自益，孳息他益」的，更是高資產家庭經常運用的方式。

表 10-6　**三種信託的設立方式**

| 信託類型 | | 說明 |
|---|---|---|
| 契約信託（生前信託） | 適用對象 | 高資產族群、企業主、希望提前規劃財產者。 |
| | 設立方式 | 最常見的信託形式。<br>由委託人（資產擁有者）與受託人（銀行或信託公司）簽訂信託契約，設定財產管理方式與受益人分配條件。 |
| | 適合用途 | 家族財富傳承：確保子女逐步繼承財富，避免揮霍。<br>不動產管理：確保房產長期出租，提供穩定收益。<br>企業股權管理：確保股權集中，不因繼承而分散。 |
| 遺囑信託 | 適用對象 | 希望指定財產繼承方式者。 |
| | 設立方式 | 確保財產按計畫分配。<br>委託人透過遺囑指定信託內容，並於身故後生效，由遺囑執行人負責交由信託機構管理。 |
| | 適合用途 | 確保遺產公平分配：避免繼承人爭產。<br>提供長期經濟保障：確保配偶、子女生活無虞。<br>降低遺產稅：透過信託規劃減少遺產稅負擔。 |
| 法律強制信託 | 適用對象 | 特定人士，如身心障礙者、無行為能力者。 |
| | 設立方式 | 特定情境下的強制規定。<br>依照法律規定，由法院或政府機構強制設立信託。 |
| | 適合用途 | 確保弱勢族群的財產管理。<br>避免監護人濫用資產。 |

資料來源：財政部資料，種子講師團隊高意如

「本金自益，孳息他益」意指本金的受益人是委託人自己，而信託期間所產生的孳息則歸屬於其他受益人。這種信託設計的核心概念是：本金（如股票、不動產）歸屬於委託人（自益）；孳息（如股利、租金）則給予指定受益人（如子女）。

**此設計不僅能確保財產的控制權，還能有效減少贈與稅與遺產稅負擔，同時讓受益人獲得穩定的收益。** 信託的節稅優勢包括：

### 1. 減少贈與稅

在傳統的財產轉移方式中，若每年直接贈與受益人股利或租金，超過244萬元的部分將需繳納10%的贈與稅。但透過「本金自益，孳息他益」信託，稅務計算方式不同：

① 因贈與認定時點為信託成立時，不知未來配息多少？其贈與稅依郵局一年期定存利率（1.725%）折現計算，而非按實際孳息課稅。

② 若股利或租金收益率高於折現率，則可大幅降低贈與稅負擔。

如此受益人可以獲得較高的收益，且僅需繳較低的贈與稅。

### 2. 保留本金所有權，避免額外課稅

傳統的贈與方式會讓受贈人取得資產的完整所有權，可能在未來面臨更高的遺產或贈與稅。但在信託架構下，本金仍歸委託人所有，不會產生贈與稅，僅孳息部分涉及贈與。而受益人領取孳息時，僅需繳納所得稅，可選擇適用較低稅率的家族成員，進一步降低稅負。

但設立「本金自益，孳息他益」信託仍有以下三大注意事項：

① **避免被國稅局認定為規避稅務**。委託人不得具有盈餘分配之控制權，否則股利仍視為委託人所得，須繳納所得稅。建議受託人為專業機構能依實際情況給與專業提醒，進而降低稅務風險。

② **利率變動影響贈與稅**。郵局一年期定存利率愈高，折現後的贈與價值愈大，稅負可能增加。建議低利率時設立信託較有利，能壓低贈與稅。

③ **受益人仍需繳所得稅**。股利收入須併入受益人所得申報，可選擇適用較低稅率的家族成員降低整體稅負。

以下以老張為例，說明他如何運用信託來聰明節稅。

老張是一位 55 歲的企業家，擁有 1 億元的股票資產，這些股票每年穩定配息 5%（500 萬元）。他希望將這筆財富傳承給兩個孩子，但又不想一次性轉移，導致高額贈與稅。

如果是傳統方式，每年直接贈與股利，那麼每年贈與 500 萬元，會超過 244 萬免稅額，需繳 25.6 萬贈與稅。如此 3 年累積下來，需繳 76.8 萬元的贈與稅。但如果使用「本金自益，孳息他益」信託，依郵局定存利率 1.725% 計算折現，信託利益約 500 萬元，一次性繳納贈與稅是 25.6 萬元，3 年下來節省 51.2 萬元的贈與稅。

**【計算過程】**

1. 本金現值 ＝ 1 億 ÷ $(1 + 1.725\%)^3$ ＝ 1 億 ÷ 1.0526 ≒ 9,500 萬元
2. 信託利益（贈與價值）＝ 1 億 － 9,500 萬 ＝ 500 萬元
3. 贈與稅計算（信託架構下）

   應課贈與稅金額 ＝ 500 萬元 － 免稅額 244 萬元 ＝ 256 萬元

   贈與稅 ＝ 256 萬 × 10% ＝ 25.6 萬元

4. 若未使用信託（每年直接贈與股利）

每年股息：1 億 ×5％ ＝ 500 萬元

每年贈與稅：（500 萬 － 244 萬）×10％ ＝ 25.6 萬元

3 年合計：25.6 萬 ×3＝76.8 萬元

從上述計算可看出，使用信託的贈與稅是 25.6 萬元，未使用信託的贈與稅 76.8 萬元，節稅金額達 51.2 萬元。如表 10-7 所示。

表 10-7　使用信託與否之節稅效果比較

| 方式 | 贈與稅金額 |
| --- | --- |
| 使用信託 | 25.6 萬元 |
| 未使用信託 | 76.8 萬元 |
| 節稅金額 | 51.2 萬元 |

資料來源：財政部資料，種子講師團隊高意如

**「本金自益，孳息他益」是一種合法且高效的節稅工具**，只要透過合理規劃，可顯著降低贈與稅負擔，在確保資產安全之虞，同時穩定傳承財富給下一代。

## 重點打擊 17：利用股權移轉，確保企業順利傳承

企業傳承是一個涉及股權結構、經營權穩定與稅務規劃的複雜課題，**若未提前布局，可能導致高額遺產稅與贈與稅**，使企業經營權面臨風險。根據台灣現行法規，遺產稅與贈與稅最高可達 20％，如果企業主未妥善規劃，股權移轉將可能造成巨額稅負，甚至迫使家族出售企業資產來支付稅款，影響企業穩定運作。

因此，透過適當的股權移轉策略，企業主可有效降低遺贈稅負擔，確保企業經營權穩固，讓企業能夠順利傳承至下一代。本文將探討股權移轉如何降低遺贈稅負擔，並提供具體案例分析，協助企業主提前規劃，避免因股權繼承問題影響企業的永續發展。

### 遺贈稅對企業股權傳承的影響

根據《遺產及贈與稅法》，企業主若直接將股權遺留給下一代，將可能面臨以下的稅務負擔。若企業主過世後，其持有的公司股權將列入遺產計算，繼承人需繳納最高 20％遺產稅。若企業主選擇在生前贈與股權給子女，超過 244 萬元免稅額的部分，將課徵 10％～ 20％贈與稅。

在股權的轉移上，遺贈稅對企業傳承可能造成的問題包括：

① **股權價值高，稅負沉重**：企業價值可能數億甚至數十億元，若未規劃，遺產稅可能達數億元。

② **資金流動性受限**：企業主的主要資產通常是公司股權，繼承人若無足夠現金繳稅，可能被迫出售企業股權，影響經營權穩定。

③ **股權分散風險**：若股權直接繼承給多位家族成員，可能導致經營決策分歧，影響企業運作。

### 常見的股權移轉節稅策略

為了降低這些風險，企業主應提前透過股權移轉策略來降低稅負，並確保企業控制權穩定。常見的股權移轉節稅策略如下。

#### 1. 分年贈與，降低贈與稅負擔

台灣稅法規定，每人每年享有 244 萬元贈與免稅額，企業主可透過分

年贈與的方式，逐步將股權移轉給下一代，減少一次性大額贈與所產生的稅負。

比如：企業主 A 持有公司股權 1 億元，若一次性贈與子女，將面臨（1 億－244 萬）×20%≒1,530 萬元（需扣累進差額 1,405,500）贈與稅。

其節稅方法是：若每年贈與 244 萬元，則可完全免稅，約 41 年可完成股權移轉，節省 1,530 萬元稅負。

此種方式適用無立即股權移轉需求的企業主，或是希望透過長期規劃，穩定地讓下一代承接企業股權。

但須留意的是，**分年贈與雖能降低稅負，但需較長時間完成股權轉移**，若企業主年紀較大，應搭配其他規劃方式。

## 2. 透過家族控股公司集中股權

相較於直接繼承，企業主可成立家族控股公司，先將企業股權轉移至控股公司，再逐步讓下一代承接控股公司股權。如此還能確保企業經營權集中，避免股權分散問題。

比如：企業主 B 持有公司 5 千萬元股權，若直接繼承，需繳納 5 千萬 ×10％＝500 萬元遺產稅。若企業主成立家族控股公司，並透過分年贈與方式將控股公司股權轉移至子女，可大幅減少稅負。

此種方式的優勢在於可降低一次性遺產稅負擔，透過分年贈與逐步移轉股權。同時確保企業控制權不受影響，避免股權分散。且子女未來可透過控股公司持續經營企業，無需擔心遺產稅影響資金運作。

但須留意的是，**家族控股公司需符合公司法與稅務規範，確保股權轉移的合法性與稅務優勢**。

### 3. 設立家族信託，確保股權長期管理

相較於直接繼承，若企業主擔心下一代經營能力不足，或希望進一步降低遺產稅負擔，可考慮家族信託。透過信託機制，企業主可將股權轉入信託，並規定未來的管理與分配方式。適用於家族企業規模較大，需確保長期穩定發展的企業主。

比如：企業主 C 希望將 5 億元企業股權傳承給子女，但擔心子女無法妥善管理公司。若直接繼承，子女需繳納 1 億元遺產稅，且可能因股權分散影響經營權。

此時企業主 C 可將股權轉入家族信託，並指定信託機構管理股權，確保企業穩定經營。子女可透過信託獲取股利收益，但不得任意處分股權，確保企業不會因個人財務問題而影響經營。

此種方式的優勢在於確保股權管理穩定，不因家族內部問題影響企業營運。**子女仍可享有企業收益，但股權所有權受信託保護**。但須留意的是，家族信託設立需符合《信託法》，並由專業信託機構管理。

透過提前規劃股權移轉，企業主可有效降低遺產稅與贈與稅負擔，確保企業經營權穩固。企業主應根據自身需求，搭配不同策略，確保企業與家族財富能夠順利傳承，達到最低稅負、最高經營效率的目標。

## 重點打擊 18：
## 用公益基金會傳承財富，擴大社會影響力

在財富規劃中，企業主與高資產人士不僅關心財富的累積，更在意如何有效傳承、降低稅負，並透過資產創造長遠的社會價值，讓財富發揮更深遠的社會影響力。而設立公益基金會就是可運用的方式之一，**不僅能實現節稅與資產保全，還能確保企業或家族的價值理念得以延續**。

## 公益基金會的優勢

設立公益基金會是一種兼顧節稅、企業永續發展與社會責任的財務規劃工具。基金會的核心概念是將部分財產轉入基金會，並透過長期管理，讓資產持續發揮價值。其主要優勢包括：

### 1. 有效降低稅負

在遺產稅減免上，捐贈資產至基金會可免除 20％遺產稅，避免家族財富遭受高額稅負影響。在贈與稅減免上，只要符合政府認可的公益基金會條件，將資產轉入基金會可免徵贈與稅。在企業所得稅抵減上，企業若每年捐款至基金會，該筆金額可抵減應稅所得，降低所得稅負擔，提高財務效率。

### 2. 保障企業經營權與財富穩定

企業股權可轉入基金會，確保經營權集中，不因家族成員的資產變動而影響企業發展。同時企業主可擔任基金會董事，確保基金會的運作方向符合企業或家族價值觀。

### 3. 財富可長期發揮影響力

基金會可透過股權收益、不動產租金或投資收益持續運作，支持各類公益事業。透過基金會機制，家族成員也可參與公益事業管理，確保家族價值代代相傳。

舉例來說，王董擁有市值 10 億元的企業與 5 億元不動產，若未提前規劃，未來其家族將面臨 3 億元的遺產稅負擔。

此時王董可以成立公益基金會，並將 3 億元企業股份及 1 億元不動

產捐贈給基金會。基金會透過股息收入與租金收益長期支持社會公益計畫，王董與其家族成員則擔任基金會董事，確保管理權。其節稅效果如表 10-8 所示。

表 10-8　王董個人設立公益基金會對王董之節稅效果

| 項目 | 原始狀況 | 設立基金會後 |
| --- | --- | --- |
| 遺產總額 | 15 億元 | 11 億元（捐出 4 億） |
| 遺產稅（20%） | 3 億元 | 2.2 億元（節省 8 千萬元） |
| 贈與稅 | 最高 20% | 0 元（公益捐贈免稅） |

資料來源：財政部資料，種子講師團隊高意如

另外，王氏企業每年稅前淨利 2 億，適用 20％營利事業所得稅，每年需繳納 4 千萬元。透過成立公益基金會的方式，企業也可降低稅負，提升品牌價值。

此時王氏企業也可以設立企業附屬基金會，每年捐贈 5 千萬元支持教育、環保等公益計畫，該捐款可抵減應稅所得，降低營利事業所得稅。

捐贈私立基金會有所得額 10％的上限規定，王氏企業在成立基金會後。王氏企業透過基金會節省 400 萬元營利事業所得稅，同時提升品牌影響力，增強投資人與消費者信任。

1. **計算課稅所得：**

    課稅所得＝稅前淨利－可扣抵之捐贈金額（稅前淨利的 10％）

    課稅所得＝ 2 億－ 5 千萬＋ 3 千萬（超過 10％的捐贈額）＝ 1.8 億

2. **計算營利事業所得稅（適用 20％稅率）：**

    營利事業所得稅＝課稅所得 × 稅率＝ 1.8 億 ×20％＝ 3,600 萬

表 10-9　王氏企業設立基金會對企業之節稅效果

| 項目 | 原始狀況 | 設立基金會後 |
| --- | --- | --- |
| 企業稅前淨利 | 2 億元 | 2 億元 |
| 捐款額 | 0 | 5 千萬元 |
| 可扣抵捐款 | 0 | 2 千萬元 |
| 調整後應稅所得 | 2 億元 | 1.8 億元 |
| 營利事業所得稅（20%） | 4 千萬元 | 3,600 萬元（節省 400 萬元） |

資料來源：財政部資料，種子講師團隊高意如

因此，透過扣抵捐贈金額後，企業所得稅由原本的 4 千萬降為 3,600 萬，可節省稅額 400 萬元。其節稅效果如表 10-9 所示。

### 如何設立公益基金會？

財富不只是累積，更要善加運用。透過基金會，財富的影響力將超越個人與家族，成為社會的長久資產。

企業若欲成立基金會，首先決定基金會類型。家族基金會可確保家族價值與影響力延續。企業附屬基金會可減少企業所得稅，提升社會責任。一般公益基金會則用於支持特定公益領域，如教育、醫療或環保等。

接著設定資金來源，可捐贈企業股權、不動產、現金作為基金會的啟動資本。運用投資收益，可確保基金會長期運作。

最後須確保合規運作，基金會的運作必得符合政府法規，確保免稅資格。同時定期發布財報與進行審查，以確保基金會資產用於公益目的。

## 重點打擊 19：不動產贈與，移轉多更多

遺產節稅的核心，在於提前做好財務規劃。透過生前贈與、保險、信

託、股權轉移、不動產策略與公益捐贈，能夠有效降低遺產稅負擔，確保財富穩定傳承。**其中不動產贈與適用於擁有大量資產或不動產，且希望透過價格差異降低遺產稅負擔的家族。**

不動產贈與的關鍵優勢在於：**利用不動產「公告現值」與「市價」的落差，降低贈與總額。**

這是因為台灣不動產的公告現值通常遠低於市價，若以公告現值計算贈與稅，即可有效降低課稅基礎。若要提前將不動產轉移給子女，避免未來市價上升導致遺產稅負擔加重；同時分批轉移不動產，並搭配「自住房地優惠」，進一步減少土地增值稅與房地合一稅。其中農業用地有三免：免遺產稅、贈與稅、土地增值稅，更應妥善運用。

舉例來說：陳董用 1 億元買進市價 1 億不動產，公告現值 5 千萬元，如贈與給子女其贈與稅是用公告現值 5 千萬元計算，贈與稅約為 573 萬元，如百年後此不動產計入遺產，按繼承當時公告現值計算遺產稅。

假設繼承時公告現值 7 千萬元，其遺產稅約 769 萬元，遠低於現金計算的遺產稅約 1,219 萬元（1 億 ×15％ － 281.05 萬累進差額），節稅 450 萬元，如更進一步買入農業用地和其上農作物，可依照台灣遺產稅法規定，若遺產中的農業用地與其上農作物符合以下條件，可全額扣除，不計入遺產總額，免徵遺產稅：

① 被繼承人死亡時為農業使用，且繼承人或受遺贈人須繼續作農業使用。

② 須持續耕作至少 5 年，否則會被追繳應納遺產稅。

但仍特別注意以下三點，以免未來導致追繳遺產稅的情況：

① 繼承人於 5 年內變更土地用途，比如改建為住宅或商業用途。

② 若一度未從事農業生產，未在規定期限內恢復農業使用。
③ 將土地移轉，即便買方仍作農業用途，亦可能遭追繳。

　　由此可見不動產有壓縮資產的效果，可省下贈與稅或遺產稅，但如用不動產贈與，除了要考慮贈與稅之外，日後出售時的房地合一稅也需一併考量。**因房地合一稅計算扣減的「取得成本」原則也用「公告現值」計算，且房地產持有時間長短，稅率 45%～15% 也不低**，因此運用上可要仔細計算，否則容易省小錢（贈與稅）虧大錢（房地合一稅）。

　　此外，不動產如符合「自用住宅」條件，有 400 萬元的免稅額和單一稅率 10% 的優惠可使用，這些不動產相關稅負「眉角」都可省下不少的稅金。

　　但不動產有不易變現的特性，且房價易受景氣波動之影響，有可能省了稅金虧了房價，造成投資虧損。還有近幾年財政部已逐年逐步大幅調整土地公告現值、增加房屋稅等積極課稅之政策，未來持有的稅負成本勢必愈來愈高，可壓縮的稅負空間也愈來愈小，若想運用此種方式傳承財富需多加留意。

## 重點打擊 20：避免高額稅負與法律風險，不踩雷

　　許多人在財富傳承時，因不了解法律規定或缺乏提前規劃，導致資產受到高額稅負侵蝕，甚至引發法律風險與家族爭端。或是辛苦一輩子的財富，最後卻有一大部分進了國稅局。以下列出常見的不當財富傳承地雷，以及說明如何合法節稅，保全資產，讓財富順利傳承給家人！

### 地雷 1 ｜高齡或重病時才購買保險

【常見情境】退休後或罹患重大疾病才投保，試圖轉移財富避免遺產稅。

【風險與影響】國稅局可能依「實質課稅原則」將保險金併入遺產總額，視為規避遺產稅，需補稅。

【正確財富傳承策略】年輕時規劃壽險，確保符合「風險分散」目的，並搭配信託管理，確保保險金按計劃運用。

【合法節稅】70 歲時投保 1 億元壽險，國稅局認定為規避遺產稅，併入遺產總額，需繳 2 千萬元遺產稅。若是 40 歲時規劃壽險，符合保險原則，受益人免遺產稅，即可節省 2 千萬元之稅額。

### 地雷 2 ｜過世前 2 年內大量贈與財產

【常見情境】在晚年匆忙將大量財產轉移至子女或配偶名下。

【風險與影響】根據《遺贈稅法》第 15 條，過世前 2 年內的贈與將被併入遺產，無法減免遺產稅，甚至影響配偶「剩餘財產分配請求權」。

【正確財富傳承策略】提早逐年贈與，利用每年 244 萬元免稅額，或設立家族信託確保財產長期規劃。

【合法節稅】過世前 1 年將 5 千萬存款轉給子女，國稅局依《遺贈稅法》第 15 條併入遺產，需繳 500 萬元遺產稅。若是提前 20 年，逐年贈與每年 244 萬元免稅額，則無需繳納贈與稅或遺產稅，即可省下 500 萬元之稅額。

### 地雷 3 ｜重病期間大額提領存款

【常見情境】家屬在病重期間提領大量現金，試圖避開遺產稅。

【風險與影響】國稅局可透過利息所得推估存款餘額，發現異常，若無法說明流向，仍會被併入遺產課稅。

【正確財富傳承策略】保留完整資金流向紀錄，確保支出有合理用途，或投保壽險，預留繳稅資金，減少財產變動風險。

【合法節稅】C 先生在重病期間大額提領現金 2 千萬元，無法證明用途，被國稅局視為隱匿遺產，併入遺產總額，需繳 200 萬元遺產稅。若保留完整資金紀錄，確保支出符合醫療用途，國稅局核准扣除，如此可節省 200 萬元。

### 地雷 4 ｜透過子女名義購買不動產（三角移轉）

【常見情境】父母提供資金，讓子女「假購買」房產，以避開贈與稅。

【風險與影響】國稅局可透過財產交易紀錄查核，若發現子女實際未付款，則視為贈與，需補繳 10％～ 20％贈與稅，甚至可能加罰。

【正確財富傳承策略】逐年贈與，利用 244 萬元免稅額，或設立不動產信託，確保財產合理分配。

【合法節稅】D 先生透過第三人轉手，讓子女名義購買房產 4,000 萬，國稅局查核後視為贈與，可能需補繳 15％贈與稅，稅額 600 萬元。若調整為逐年贈與房產，或透過不動產信託合法傳承，即可節省 600 萬元稅額。

### 地雷 5 ｜透過法人轉手不動產（房地合一稅規避）

【常見情境】先將房產賣給自己持有的公司，再由公司轉手出售，試圖避稅。

【風險與影響】國稅局可透過股權結構與資金流查核，房地合一稅仍適用，甚至可能因虛假交易遭補稅。

【正確財富傳承策略】長期持有房產，享有房地合一稅優惠，或設立不動產信託，透過租賃方式穩定傳承。

遺贈稅不是資產傳承的終點，而是財富管理的重要一環，愈早開始規劃，能夠運用的節稅工具與策略愈多。透過專業的財務規劃與稅務安排，確保資產能夠在合法的前提下，**最大化其價值，真正實現「智慧傳承，富過三代」的目標**！

## 10 重點精華

避免陷入不當財富傳承陷阱的作法：
- 提早規劃：避免臨時轉移財產，引發國稅局查核。
- 現金優先：善用免稅額＋減輕未來房地合一稅負。
- 留待繼承：節省土增稅與房地合一稅，稅負更有利。
- 「一生一次」優惠：一次機會，全家受惠，夫妻各有一次10%稅率優惠，但如全家只有一房還有「一生一屋」優惠可以使用，更不要忘使用「重購退稅」。
- 正確使用保險：年輕時購買壽險，確保符合風險分散原則。
- 逐年贈與：利用244萬元免稅額，降低遺產總額。
- 設立信託：設立家族信託或是不動產信託，確保資產長期管理。
- 保留完整交易紀錄：避免被國稅局視為隱匿資產提前規劃財富傳承，不僅能確保資產順利傳給家人，更能合法節稅，讓財富發揮最大價值。

又上財經　投資理財 003

# 阿甘節稅法
### 全方位理財第三堂課，讓你隱形加薪，退休金翻倍

作　　　者／闕又上
責任編輯／陳麗、王淑君
封面設計／Javick Studio
內頁排版／陳家紘
特約編輯／葉惟禎

出　版　者／萬化企業
公司地址／台東縣台東市成功里正氣路 108~110 號 2 樓
通訊地址／台北市建國北路一段 67 巷 21 號
電　　　話／（02）2509-2809
又上財經學院／https://www.utrustcorp.com

總　經　銷／大和書報圖書股份有限公司
電　　　話／(02) 8990-2588
出版發行／ 2025 年 4 月第一版第一次印行
　　　　　 2025 年 4 月第一版第二次印行
定　　　價／ 500 元

有著作權，侵害必究
缺頁或破損請寄回更換

**國家圖書館出版品預行編目 (CIP) 資料**

阿甘節稅法：全方位理財第三堂課，讓你隱形加薪，退休金翻倍 / 闕又上作 . -- 第一版 . -- 臺北市：萬化企業, 2025.04
　面；　公分 . -- ( 投資理財 ; 3)

ISBN 978-626-99592-0-4( 平裝 )

1.CST: 節稅 2.CST: 理財

567.073　　　　　　　　　　　　　　　　　　　　　114003097

# 讀者與作者，釋疑與勘誤

以前有一部電影叫《路客與刀客》，一聽就是江湖味極濃的武俠片，當了作者之後，才能體會其中有一些樂趣是「讀者與作者」之間的互動或共鳴。雖然撰寫「節稅」這種議題的書並不容易，不過仍有許多讀者給予看得下去的評論，實為欣慰。更令人鼓舞的是，竟提出有幾個他們用得上的例子，讓團隊最初的規劃與設計，有了回報和共鳴。

不過，多數國家的稅法多如牛毛，實在很難有一位專家能夠完全通曉，這個分工之細，說不定也像牙醫一樣，32 顆牙齒，未來就有 32 種專家分類。

本書問世以來，陸續接到讀者和會計師的提問和賜教，其中有一個議題重複出現，看起來它是讀者和專家共同關切的部分。以下我們就以時間推移作為軸承，來看看作者與讀者之間的互動，協助大家能把有些議題看得更清楚。

感謝專業會計師與讀者們在閱讀本書後給予的意見回饋，有關讀者們陸續提出的疑問，以下特此說明。

## 7-1 及 7-2 的內容疑義

**Q1：TSM ADR 股利預扣 21% 是分離課稅嗎？**

**答：**

**種子講師亮均：** TSM ADR 的預扣 21% 屬於適用於外國居民的就源扣繳。

**會計師：** TSM ADR 的預扣 21% 屬於適用於外國居民的就源扣繳。因為 ADR 分配股利時無法辨認誰是境內、誰是境外，所以只能一律當作境外稅務居民，做就源扣繳。

**兆豐證券：** 台積電 ADR 是一種美國存託憑證，所表彰的是註冊地在台灣的台積電股權，若取得該公司所「獲配的股息」，則該股息的所得分類「原則上為國內的股息所得」。

但實務上為了課稅的便利性，在美國以 ADR 形式掛牌的台灣公司，如台積電（TSM）、聯電（UMC）、日月光（ASX），**目前針對其所分配的股**

讀者與作者，釋疑與勘誤　　001

息皆按照「就源扣繳」的方式直接分離課稅，不用合併於國內綜合所得稅申報，目前 ADR 的扣繳率為 21%。

**永豐金證券豐雲學堂**：ADR（美國存託憑證）是美國以外的上市公司，到美國掛牌上市所發行的股票，因此 ADR 的稅額是依照上市公司當地對外國人的計稅方式。例如：買台積電 ADR，是扣 21% 股息稅，買英國的股票則不需支付股息稅 0%。（註：ADR 的稅率計算每年都可能有調整。）

**Q2：政府未掌握 TSM ADR 股利配發給國人之名單嗎？國家已提供現成報稅系統，書中採用的退稅流程是最簡便的嗎？**

**答：**

**種子講師亮均**：政府沒有掌握 TSM ADR 股利配發給國人之名單。是，因為就是網路申報會有的步驟。

**會計師**：種子講師說的我認同，我覺得沒問題。

**種子講師力芳：**

【情況一】匯款到美國，直接在美國券商購買 TSM ADR，資金未匯回台灣，政府難以掌握，但建議如實申報，因日後資金匯回國內，有了金流，國稅局可要求提出完整金流證明，如未能提供或說明清楚可推定逃漏稅，連補帶罰。

【情況二】透過國內券商購買 TSM ADR，國稅局要查當然很容易，因海外所得是自主申報且不是「查調所得」範圍，國稅局不會主動幫申報人加入「國內股利所得」，需申報人自主加入國內股利所得計算應納稅額，待在計算應退／補稅額時，提出已繳稅證明，做為可扣減稅額項目，使得最終繳稅金額減少。

如：原 ADR 股利所得 100 萬，需自主申報股利所得 100 萬，待計算出應納稅時，提出 ADR 已預扣 21% 之已繳稅額，提出抵減稅額，此情況對所得稅率如 30% 以下族群才有退稅效果。

如所得稅率 30%（含）以上族群，ADR 股利就不用這麼麻煩了，ADR 股利被視為外國人的「就源扣繳」21% 稅率，比所得稅率 30%（含）以上有

利，再自主申報 ADR 股利恐怕沒有退稅還要補繳稅。

以上內容詢問財政部南部國稅局（法務組）建議使用網路申報，在自行申報欄鍵入資料後，系統可試算並會提醒需準備之證明文件。

**Q3：美股（債）投資相關所得，要匯回國內才算海外所得嗎？**
**答：**
**種子講師亮均：**當產生收益時，就算已有海外所得，而非匯回國內才產生。
**會計師：**美股（債）投資相關所得，要匯回國內才算海外所得嗎？這點分成直接投資或者間接投資。基本上，複委託或開國外券商做法，都屬直接投資而非間接投資。因為是直接投資，所以只要股利入到自己戶頭，不論國內帳戶或者海外帳戶都要申報所得，否則就有漏報的問題。
**財政部稅務入口網站：**個人海外所得計入基本所得額之年度？
2010 年 1 月 1 日以後給付之海外所得，才要於給付日所屬年度，計入個人基本所得額。如果是股票交易所得，所稱給付日所屬年度，指股票買賣交割日之年度；如果是基金受益憑證交易所得，指契約約定核算買回價格之日所屬年度。
**種子講師力芳：**根據國稅局網站內容說明，依法收到所得年度就需如實申報，如投資人因資金匯往國外在國外交易，而認為國稅局不容易查核故未誠實申報，待國內與國外帳戶有資金流動，有了金流，國稅局即可要求提出完整金流證明，如未能提供或說明清楚可推定逃漏稅，將又是免不了被「連補帶罰」的命運。

**Q4：以美股（債）投資相關所得預扣 30% 後，剩餘的 70% 來算海外所得嗎？**
**答：**
**種子講師力芳：**為了能更完整與正確回答此問題，我們多方查證國稅局

相關單位，最後根據《憲法》第七條平等權之要求而生的「量能課稅原則」與最低稅負制課稅原則，更正如下——

正確申報要先以全額總所得申報，如：原海外所得 100 萬，申報海外所得 100 萬，待算出應納稅時，提出海外已納稅額（依不重複課稅原則），提出抵減稅額，但非全數可抵稅，需以國內稅法規定計算公式，比例抵稅。

在個人所得申報表背面第八項有列計算公式。

## 感謝胡宗奇會計師來函勘誤

非常感謝胡宗奇會計師的來信，胡會的來信如下：

dear 闕又上老師及團隊各位好：
近日拜讀大作阿甘節稅法獲益良多，
於閱讀過程中恰有發現疏漏的地方，特整理成附檔。
以供再版參考使用，並非保證絕對正確，僅為閱讀過程中所見把它紀錄下來。
謝謝闕又上老師及團隊辛苦撰擬本書

讀者 胡宗奇

以下茲將胡會計師之勘誤內容整理如下，請讀者參酌。

| 頁數 | 勘誤處 | 勘誤內容 | 正確 |
| --- | --- | --- | --- |
| P74 | 重點打擊 10，第 3 段。 | 例如在 2016 年取得的房屋 | 例如在 2015／12／31 以前取得的房屋 |
| P100 | 第 4 段第 3 行 | 多少對薪資所得又有額外費用支出的**授信**階層 | 多少對薪資所得又有額外費用支出的**受薪**階層 |
| P101 | 標題：信託的意義。第 1 段第 3 行 | 除了台灣的信託有所謂的「本金自**溢**，利息他**溢**」的策略以外 | 除了台灣的信託有所謂的「本金自**益**，孳息他**益**」的策略以外 |
| P102 | 第 1 段第 1 行 | 那是因為台灣「本金自**溢**，利息他**溢**」的節稅方案中， | 那是因為台灣「本金自**益**，孳息他**益**」的節稅方案中， |

| | | | |
|---|---|---|---|
| P124<br>P142 | 圖 4-4 ③<br>圖 5-1 ③<br>特別扣除額 | 幼兒學前（**五歲以下**） | 幼兒學前（**六歲以下**） |
| P126 | 標題：預先扣繳稅款的收入。<br>第 1 段第 3 行 | 這就是「**扣繳制度**」的影響。 | 這就是「**扣繳**」的影響。 |
| P127 | 最後一段 | 要留意的是，這些已經被預扣繳的利息不用併入綜合所得，也不用儲蓄投資特別扣除額來減稅。由於這筆錢已是預扣稅額，**如果最終應納稅額為負數，預扣多繳的稅是可以拿回來的。詳細內容請見4-4〈分離課稅〉之介紹。** | 【胡會計師建議修正】<br>扣繳如基於分離課稅，既不計入綜合所得總額，溢繳稅款亦不得申請退還。<br><br>【種子講師修正】<br>刪除第 127 頁的最後一行「詳細內容請見 4-4（分離課稅）之介紹。」<br>刪除的原因是：<br>因「預扣繳稅」與「分離課稅」大不相同，在薪資預繳的章節卻提到了分離課稅，易引起誤解，故刪除 127 頁最後一行，避免讀者混淆。 |
| P138 | 類型 4。第 3 行 | 持有 2 年內出售之稅率 45%，持有 2 至 5 年之稅率 35%，持有 5 年至 10 年之稅率 20%。 | 持有 2 年內出售之稅率 45%，持有 2 至 5 年之稅率 35%，持有 5 年至 10 年之稅率 20%，**超過 10 年稅率 15%**。 |
| P144 | ②人身保險費 | 每人上限 24,000 元。需檢附保險公司提供之保險費繳費證明，且保單應為納稅人本人、配偶或受扶養親屬投保之人壽、健康或傷害保險。 | 每人上限 24,000 元。需檢附保險公司提供之保險費繳費證明，且保單應為納稅人本人、配偶或受扶養**直系**親屬投保之人壽、健康或傷害保險。 |
| P146 | 表 5-1 幼兒學前特別扣除額 | **5** 歲以下育兒家庭 | **6** 歲以下育兒家庭 |
| P147 | 2. 長期照顧特別扣除額（排富條款）。第 1 段 | ③納稅義務人、配偶或受扶養**直系**親屬合計的基本所得額，超過最低稅負制免稅額， | ③納稅義務人、配偶或受扶養**直系（刪除）**親屬合計的基本所得額，超過最低稅負制免稅額， |
| P147 | 綜合所得淨額算式 | 長期照顧特別扣除**費** 12 萬 | 長期照顧特別扣除**額** 12 萬 |

讀者與作者，釋疑與勘誤　　005

| 頁碼 | 位置 | 原文 | 修正 |
|---|---|---|---|
| P158 | 【BOX節稅解析】扶養親屬的認定標準 | 3. 否為主要的經濟來源,而非偶爾的金錢資助。 | 3. 是否為主要的經濟來源,而非偶爾的金錢資助。 |
| P179 | 表6-6 | 5. 股利所得:企業發給股東的股利總額,包括現金股利(股票股利不適用)。 | 5. 股利所得:企業發給股東的股利總額,包括現金股利(股票股利不適用)(刪除)。 |
| P213 | 3. 特定保險給付 | 當受益人與要保人不同時,年金或死亡保險給付需計入,但每戶年度合計3,740萬元以下的部分可免計入。 | 受益人與要保人非屬同一人之人壽保險及年金保險給付,但死亡給付每一申報戶全年合計數在3,740萬元以下部分免予計入。 |
| P219 | 1. 資本利得稅之②台灣。第2段第2行 | 美國政府不會對這200萬資本利得課稅,然而一旦我們把這200萬匯回台灣時,就算海外所得 | 美國政府不會對這200萬資本利得課稅,對台灣政府來說,當產生收益的時候,就算有海外所得 |
| P248 | 第3段 | 在交易稅負擔方面,0050ETF在股市交易時,買賣皆需繳0.3%的證交稅 | 在交易稅負擔方面,0050ETF在股市交易時,賣出時需繳0.1%的證交稅, |
| P267 | 方法1之第4段 | 誰設立戶籍才算自住?舉凡房屋所有人本人、配偶或未成年子女。 | 誰設立戶籍才算自住?舉凡房屋所有人本人、配偶或直系親屬。 |
| P274 | 表8-5 面積限制 | 都是土地面積300平方公尺 | 都市土地面積300平方公尺 |
| P287 | 表8-11 下,第5行 | ③舊制下的房屋可列舊折舊、裝修費用、仲介費等 | ③舊制下的房屋可列舊折舊、(刪除)裝修費用、仲介費等 |

## 海外所得稅務再說明

胡宗奇會計師對於「美股(債)投資相關所得預扣30%後,剩餘的70%來算海外所得」,與國稅局南部區之看法相似。因此針對此項議題,後續再詢問朱會計師,其回覆如下,一併提供給讀者參酌。

**朱會計師**:參照〈財政部就各商業同業公會所詢個人海外所得課徵基本稅額疑義之說明〉,**證券商無法提供投資人國外繳稅證明時,可否按稅後之實收金額計算投資人所得額?**

此題財政部之回覆為：**證券商如無法提供投資人國外繳稅證明，可按稅後之實收金額計算投資人所得額，惟不可再通報或填報國外已納稅額。**（如下表）

所以實務上，**可以用剩餘的 70% 來算海外所得。**

| 編號 | 疑義 | 財政部說明 |
| --- | --- | --- |
| 5 | 證券商無法提供投資人國外繳稅證明時，可否按稅後之實收金額計算投資人所得額？ | 證券商如無法提供投資人國外繳稅證明，可按稅後之實收金額計算投資人所得額，惟不可再通報或填報國外已納稅額。 |

**結論：**

1. 原則上應採「稅前金額」列入海外所得，這是最符合《基本所得條例》與財政部查核原則的方法。

2. 若能提出「美國稅扣繳證明」，則可列入外國已納稅額進行抵稅。

3. 只有在完全無法提供國外稅單的情況下，才可退而求其次，採稅後金額認列，但不得申報扣抵稅額。

更多海多投資疑問，可參照〈財政部就各商業同業公會所詢個人海外所得課徵基本稅額疑義之說明〉。

## 一次繳清租金模式

另有關胡宗奇會計師對於一次繳交租金模式之建議，我們的看法與說明如下。

房東與房客關係容易陷入零和思維的陷阱裡，房東為了少繳稅不讓房客報租金支出，不但是違法，且只關注於節稅，而忘了投資的獲利可能大過於節稅。誠如查理‧蒙格所說：「鐵鎚人傾向綁架了思考和解決問題的方法。」

如果只有節稅的方向思考，這個案例是效益有限，或有諸多限制的，例如會計師提醒的，租金的申報，是以實際收到的金額為準，而非 5% 折扣後的金額，這個是事實，不過有其他幾個利益，才是我們想要表達和論述的。

這個個案的設計，與整本書強調的，跳脫鐵鎚人的思維，要用節稅和投資兩種工具，來完成理財的節流及開源。

一旦把投資的效益給予關注和靈活運用，不但能節稅還能獲利，過程中凸顯跨域思考與運用的可貴。

### 例如：要如何創造房東與房客的雙贏？

房東 B 將原每月租金 15,000 元，整年 18 萬租金打 95 折給房客 A 後，實收實報全年租金收入為 17.1 萬，表面少了 9,000 元的租金收入。

### 1. 從「稅務」角度上來看：

房東 B 在申報租金收入上也少了 9,000 元，達到節稅效果。

### 2. 從「投資」的效益來看：

接著房東 B 如把先拿到的 17.1 萬元投入 0050ETF，以年化平均報酬率 7% 計算，獲利為 11,970 元；再加上目前投資資本利得停徵中。

所以整體來看——

房東 B 不僅節了租金收入的所得稅，還能把少收取的租金收入 9,000 元用於投資 0050ETF 賺回來，且投資獲利免繳稅。

另外一個金錢以外的收益，租金 5% 的折扣，說不定可以物色許多更好、更愛乾淨與愛惜物品的房客。

於此同時，房客 A 在此方案下可順利申報租金支出特別扣除額，省下 9,000 元的房租支出。

這個個案的呈現，如果在會懂得投資的房東或房客身上，都可以在省稅的基礎上，再擴大投資的效益。希望閱讀完本書之後，你也能懂得「節稅與投資的雙劍合璧」。